全国导游人员资格考试系列教材

DAOYOU YEWU

导游业务

第9版

全国导游人员资格考试教材编写组◎编

北京·旅游教育出版社

图书在版编目（CIP）数据

导游业务 / 全国导游人员资格考试教材编写组编.
9 版. -- 北京 ： 旅游教育出版社， 2024. 7.（2025. 1重印） -- （全国
导游人员资格考试系列教材）. -- ISBN 978-7-5637
-4729-0

Ⅰ. F590.63

中国国家版本馆CIP数据核字第2024K24P53号

全国导游人员资格考试系列教材

导游业务

（第9版）

全国导游人员资格考试教材编写组　编

责任编辑	贾东丽
出版单位	旅游教育出版社
地　　址	北京市朝阳区定福庄南里 1 号
邮　　编	100024
发行电话	（010）65778403　65728372　65767462（传真）
本社网址	www.tepcb.com
E - mail	tepfx@163.com
排版单位	北京旅教文化传播有限公司
印刷单位	文畅阁印刷有限公司
经销单位	新华书店
开　　本	710毫米 × 1000毫米　1/16
印　　张	19
字　　数	284 千字
版　　次	2024 年 7 月第 9 版
印　　次	2025 年 1 月第 2 次印刷
定　　价	34.00 元

（图书如有装订差错请与发行部联系）

修订说明

作为专业的全国旅游教材出版机构，我社曾于1994年配合国家旅游局人教司编写出版了全国第一套导游人员资格考试教材。该套教材是全国诸多同类教材中历史最久、使用面最广、内容最权威的教材，对帮助广大考生学习导游专业知识、规范全国导游人员考试起到了积极的推动作用。为适应旅游业蓬勃发展的需要，我们不断对该套教材进行修订。该套教材因其权威性、实用性和先进性一直广受好评，畅销不衰。

为给国家和社会选拔合格和更高素质的导游人才，国家旅游局从2016年起实行全国统一的导游人员资格考试制度。过去的几年里，我社在以往导游考试教材的基础上根据新大纲修订编写出新的导游考试教材。该套教材为考生顺利通过导游考试发挥了积极作用。今年，根据社会对考试情况的反馈，文化和旅游部又及时修订了大纲以适应新形势的发展要求。我社在前几年统编教材的基础上组织了一批有多年旅游行业管理、一线旅游院校教学、导游人才培训和丰富命题经验的专家组成教材编写组。编写组人员认真研究新大纲、讨论编写内容及体例，以服务考生为基本宗旨，严格按照新大纲修订编写了全国导游人员资格考试系列教材。

此套教材优点突出、特色鲜明，具体情况如下：

第一，教材编写与大纲紧密贴合。此套教材完全根据国家新大纲规定科目编写，每本书的框架也是根据大纲要求考生掌握的内容来制定的。此套教材根据大纲“了解”“熟悉”“掌握”三个层级对内容的要求确定重点与非重点，内容全面涵盖要点，细处高度契合大纲条目，论述详略得当，条目清楚，知识点明晰，便于考生识记，从容应考。

第二，编写团队由旅游业内一线专家和学者组成。作者是多年从事旅游行政管理、旅游院校教学和旅游人才选拔培训的一线人员，有着丰富的实践经验和深厚的理论修养。他们的编写态度严谨认真、精益求精。编审团队也是由社内最专业的编辑和社外专家组成，进一步保证了知识的准确性、权威性。

第三，教材内容既有近三十年专业导游人员资格考试教材的深厚积淀，又体现了与时俱进的时代特色和先进性。此套教材既秉承了原教材的优点，又紧紧抓住旅游业发展对导游人员素质提出的新要求，反映了国家旅游及相关行业的演变进程及新成果。

第四，教材备考体系全方位、立体化、高效能。根据新大纲的规定科目，我们的全国导游人员资格考试系列教材包括《政策与法律法规》《导游业务》《全国导游基础知识》《地方导游基础知识》。同时，我社还开发了与之配套的《全国导游人员资格统一考试模拟试题汇编》，来帮助考生梳理每个科目的核心内容和重要知识点，并进行同步强化练习，巩固掌握知识点。为了提高导游的实操能力，本次教材修订充分体现了立体化教材的特点，根据内容增加了随堂练、微课视频、法律法规文件、实操文本、经典图片等实用性的拓展知识。这些知识都是针对导游需要掌握的重点、难点而精心制作和遴选的，有助于打通教与学过程中的关键脉络。除此之外，我社还将在纸质书出版后，及时在"我是导游"小程序上推出与此配套的在线题库、在线模拟试卷、导游词，帮助考生随时随地利用碎片时间高效学习备考。

最后，感谢所有参与此套教材论证、编写的专家、学者，以及对此套教材提出宝贵意见的用户和读者！我们将以优质的服务、专业的知识为考生尽心竭力地服务，为国家导游人才的选拔和培养贡献自己的一份力量。

旅游教育出版社

2024 年 7 月

导游业务
在线题库

全真模拟冲刺试卷套装

CONTENTS

目 录

第一章 导游服务 …… 1

第一节 导游服务的内涵及类型 …… 1

第二节 导游职业产生及发展历程 …… 9

第三节 导游服务的特点和原则 …… 15

第四节 导游服务的地位和作用 …… 20

第二章 导 游 …… 24

第一节 导游的定义、分类和管理 …… 24

第二节 导游的服务能力和职责要求 …… 30

第三节 导游领队引导文明旅游规范 …… 36

第四节 导游服务礼仪规范 …… 43

第三章 团队导游服务规范 …… 60

第一节 地陪导游服务程序及服务要求 …… 60

第二节 全陪导游服务程序及服务要求 …… 85

第三节 出境游领队服务程序和服务要求 …… 99

第四章 散客导游服务规范 …… 113

第一节 散客旅游的内涵和特点 …… 113

第二节 散客的导游服务程序和服务要求 …… 116

第五章　导游语言技能 ······ 122
第一节　导游语言的内涵及特性 ······ 122
第二节　导游口头语言表达技巧 ······ 130
第三节　导游态势语言运用技巧 ······ 134
第四节　导游语言的沟通技巧 ······ 139

第六章　导游带团技能 ······ 149
第一节　导游的主导地位和形象塑造 ······ 149
第二节　导游提供心理服务的技巧 ······ 153
第三节　导游引导旅游者审美的技巧 ······ 160
第四节　导游组织和协调的技巧 ······ 165
第五节　导游接待不同类型旅游者的技巧 ······ 171

第七章　导游讲解技能 ······ 175
第一节　实地导游讲解常用技法 ······ 175
第二节　实地导游讲解的要领 ······ 184

第八章　导游应变技能 ······ 189
第一节　旅游者个别要求的处理 ······ 189
第二节　问题与事故处理 ······ 201
第三节　重大自然灾害的避险方法 ······ 226

第九章　导游相关知识 ······ 232
第一节　旅行社知识 ······ 232
第二节　旅游饭店知识 ······ 244
第三节　旅游景区知识 ······ 248
第四节　入出境知识 ······ 249
第五节　交通知识 ······ 262
第六节　其他相关知识 ······ 275

参考文献 ······ 295

第一章
导游服务

【学习目标】

了解导游服务的内涵、特点和原则，导游职业的产生及发展历程。熟悉导游服务的地位和作用。

第一节　导游服务的内涵及类型

一、导游服务的内涵

导游服务是指导游代表被委派的旅游企业接待或陪同旅游者进行旅游活动，并按照组团合同或约定的内容和标准向旅游者提供的旅游接待服务。

导游服务的内涵，具体来说包括以下几层含义：

首先，导游服务的主体是具有导游资格的导游，而且导游必须是旅游企业（包括线上和线下旅游企业或景区景点）委派的。

其次，导游服务的主要内容是为旅游者提供向导、讲解及迎接送行、交通、住宿、用餐、游览、购物、文化娱乐等相关旅游服务。一般来说，多数导游是在陪同旅游者旅行、游览的过程中向其提供导游服务的，但是也有些导游是在旅行社设置的不同地点的柜台前接待客人，向客人提供旅游咨询服务，帮助客人联系和安排各项旅游事宜。他们提供的同样是接待服务，所不同的是，前者是在游览中提供接待服务，后者则是在出游前提供接待服务。

最后，向旅游者提供的接待服务，对于团队旅游者而言，导游必须按组团合同的规定和导游服务质量标准实施，对于散客则应按事前约定的内容和标准实施。导游不得擅自增加或减少甚至取消旅游项目，也不得降低导游服务质量标准。

因此，导游服务是整个旅游服务的灵魂，导游在导游过程中所体现出的敬业精神、文化修养、人格魅力和服务艺术（包括服务技能、服务效率、语言艺术和组织应变能力等）对旅游者的综合旅游感受会形成最直接的影响。不仅如此，导游服务工作的优劣还会直接影响到整个旅游行业的声誉，对旅游业的发展产生正面或负面的影响。

二、导游服务的类型

导游服务包括图文声像导游和实地口语导游两种方式。

（一）图文声像导游

图文声像导游亦称物化导游，是指作为旅游者旅游指导的招徕宣传品和旅游纪念品，包括多种不同形式的图文印刷资料和声像制品。

1. 图册类

导游图、交通图、旅游指南、景点介绍册页、画册、旅游产品目录等。

2. 纪念品类

有关旅游产品、专项旅游活动的宣传品、广告、招贴以及旅游纪念品等。

3. 声像类

有关国情（城市）介绍、景点介绍的录像带、录音带、电影片、幻灯片和光盘等。

旅游业发达的国家和地区对图文声像导游极为重视，各大中城市、旅游景点以及机场、火车站、码头等处都设有摆放着各种印制精美的旅游宣传资料的"旅游服务中心"或"旅游问讯处"，旅游者可以随意翻阅、自由索取。工作人员还热情、耐心地解答有关旅游活动的各种问题并向问询者提供有参考价值的建议。很多旅行社通过定期向公众放映有关旅游目的国（地）的电影或录像、举办展览会等方式来影响潜在的旅游者。组团旅行社通常在旅游团出发前，在领队向团员介绍目的地的风俗民情及旅游注意事项的同时，为旅游者放映有关旅游目的地的电影、录像或幻灯片，散发《旅游指南》等资料，帮助旅游者了解即将前往参观游览的旅游目的地。此外，许多博物馆、教堂和重要的旅游景点都装备有先进的声像设施，方便旅游者参观游览，帮助旅游者较为深刻地理解重要景观景物的文化内涵和艺术价值，从而获得更多美好的享受。

4. 语音导览器

自助式语音导览器具有多种语言可供选择，可通过红外无线连接，采用图、文、声、像全方位多媒体技术对展览内容进行翔实的介绍，使展览得到更大程度的扩展和延伸。

5. 智慧旅游

通过融合通信与信息平台，利用云计算、物联网和互联网技术，借助全球卫星定位系统，使用便携式移动终端上网设备，主动感知旅游相关信息，实现导游服务。简单地说，就是旅游者与网络实时互动，让游程安排进入触摸时代。如使用百度、高德等导航软件，可以方便地实现向导服务；利用景区开发的第三方应用程序（APP），可以实现景区游线规划、景点讲解、安全提示、旅游商品销售等目的。智慧旅游无疑是物化导游重要的表现形式。

近几年，不少企业抓住"非接触经济"的风口，积极拥抱移动互联网，利用5G、VR等技术，开辟线上展厅、线上博物馆、网络直播间等，打造了一系列"云游"产品。

（二）实地口语导游

实地口语导游亦称讲解导游，它包括导游在旅游者旅行、游览途中所做的介绍、交谈和问题解答等导游活动，以及在参观游览途中所做的导游讲解。

随着时代的发展、科学技术的进步，导游服务方式越来越多样化、高科技化。图文声像导游形象生动、便于携带和保存的优势将会进一步发挥，在导游服务中的作用会进一步加强。然而，同实地口语导游相比，图文声像导游仍将处于从属地位，实地口语导游在导游服务中的核心地位是不可替代的，并将永远发挥着主导作用。其原因主要有以下三个方面。

1. 导游服务对象是有思想和目的的旅游者，需要导游提供有针对性的导游服务

由于社会背景和旅游动机的不同，不同旅游者的出游动机和目的不尽相同，其表达方式也存在差异。有的人直截了当，有的人则比较含蓄，还有的人可能缄默不语。单纯依靠图、文、声、像一类千篇一律的固定模式介绍旅游景点，是不可能满足不同社会背景和出游目的的旅游者的需求的。导游可以通过实地口语导游了解旅游者对旅游景点的喜好程度，在与旅游者的接触和交谈中，掌握不同旅游者的想法和出游目的，然后根据旅游者的不同需求，在对景观景物进行必要的介绍的同时，有针对性、有重点地进行导游讲解。这是图文声像导游难以企及的。

2. 现场导游情况复杂多变，需要导游灵活、妥善处理

现场导游的情况是纷繁复杂的，在导游对景观景物进行介绍和讲解时，有的旅游者会专心致志地听，有的则满不在乎，有的还会借题发挥提出各种稀奇古怪的问题。这些情况都需要导游沉着应对，妥善处理。在不降低导游服务质量标准的前提下，一方面要满足那些确实想了解旅游目的地景观景物知识的旅

游者的需求，另一方面要想方设法调动那些对旅游目的地不感兴趣的旅游者的游兴，还要对提出古怪问题的旅游者做必要的解释，以活跃整个团队的旅游气氛。此类复杂情况并非现代科技导游手段可以解决的，只有人，而且是高水平的导游才能得心应手地加以处理。

3. *旅游是一种人际交往和情感交流活动，需要导游的参与和沟通*

旅游是客源地的人们到旅游目的地的一种社会文化活动，旅游者通过接触目的地居民来了解目的地的社会文化，实现不同国度、不同地域、不同民族之间的人际交往和情感交流。导游是旅游者率先接触且接触时间最长的目的地居民，其仪容仪表、神态风度和言谈举止都会给旅游者留下难以磨灭的印象。通过导游的介绍和讲解，旅游者还可以了解旅游目的地的文化，增长知识，陶冶情操。经过一段时间的接触和交往，旅游者和导游之间会自然而然地产生一种情感交流，建立起相互信任和友谊。这种导游与旅游者之间建立的正常的人与人之间的情感关系是提高导游服务质量的重要保证，这同样是高科技导游方式难以做到的。

三、导游服务的范围

导游服务的范围是指导游向旅游者提供服务的领域，亦即导游业务工作的内容。导游服务繁重纷杂，范围很广，食、住、行、游、购、娱几乎无所不包（图1–1）。但归纳起来，导游服务主要包括以下几类。

（一）导游讲解服务

导游讲解服务包括旅游者在目的地旅行时导游所做的沿途讲解、参观游览地的导游讲解，以及座谈、访问和某些参观点的口译服务等。

导游讲解服务有助于传播文化、增进了解和陶情怡性。导游的介绍、讲解或翻译，可以帮助旅游者认识一个国家（或地区）的历史文化、传统风俗、生活方式和现代文明，以及当地居民的精神面貌、价值观念和道德水准，使旅游者通过对目的地社会文化和精神风貌的切身体验，获得惬意的审美感受和美好的回忆。高质量的导游讲解服务还可以在某种程度上弥补旅途生活服务中的某些不足，消除因生活服务不尽如人意而造成的不愉快。

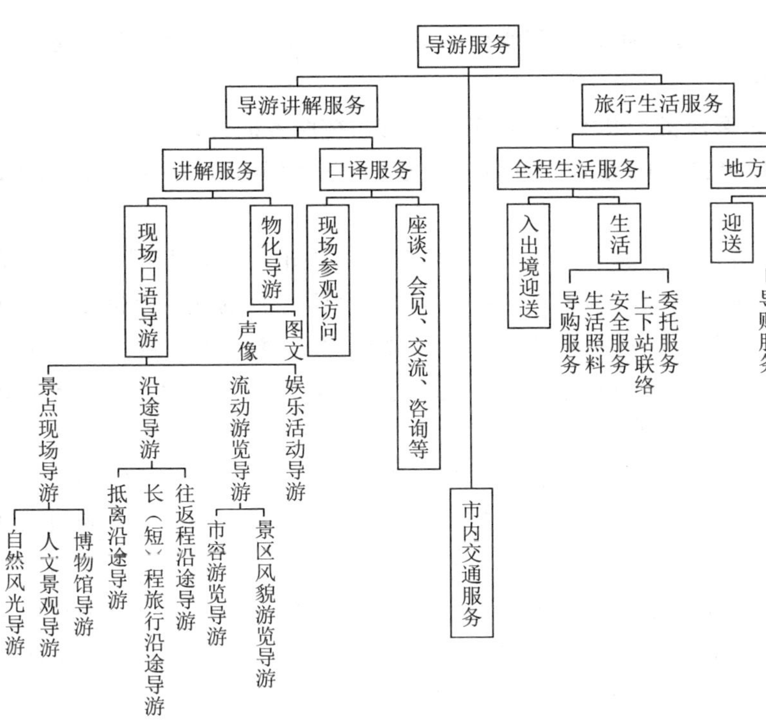

图 1–1　导游服务示意图

（二）旅行生活服务

旅行生活服务包括旅游者抵离的迎送、旅途生活照料、安全服务以及上下站联络等。

旅行生活服务是目的地旅游接待工作中不可缺少的环节，也是导游服务的重要内容。首先，导游通过做好迎送旅游者、帮助旅游者办理住店离店事宜、安排旅游者行李运送、注意保护旅游者安全等日常工作，以及与饭店、餐馆、商店等旅游相关接待单位进行必要的协调、沟通，可使旅游者在旅游期间的生活顺利、愉快；其次，提供令人满意的旅行生活服务，可使旅游者对导游产生信赖感，逐渐消除初见时的隔膜和距离；最后，提供热情周到的旅行生活服务，使旅游者的旅游生活丰富多彩、精神轻松愉快。客、导之间关系融洽，有利于旅游者集中精力倾听导游的讲解，从而使导游讲解取得良好的效果。

（三）市内交通服务

市内交通服务是指导游同时兼任驾驶员为旅游者在市内和市郊旅行游览时提供的驾车服务。这种服务在西方旅游发达国家比较普遍，目前在我国还处于萌芽状态，但随着导游职业模式多元化，导游在履行合法手续并经旅游企业或旅游者同意后，将逐渐把为散客或小型团队提供的市内及周边交通服务纳入导游服务的范畴。

（四）导游讲解服务、旅行生活服务与旅游接待服务的关系

导游向旅游者提供的导游讲解服务和旅行生活服务是旅游接待服务的重要组成部分。

一方面，从导游讲解服务来说，旅游者到目的地来主要是为了增加对目的地社会文化等方面的了解，获取在目的地的旅游经历。目的地的旅游接待工作就是要满足旅游者的这种需要，满足的办法则是安排旅游者在目的地参观游览，而导游带领旅游者参观游览并对参观游览的内容及相关知识进行讲解或翻译是满足旅游者需要的主要途径。导游的介绍、讲解或翻译，能帮助旅游者认识一个国家（或地区）及其民族的历史文化、传统习俗、生活方式和现代文明，进而了解他们的精神面貌、价值观念和道德风尚，使旅游者对所访目的地的社会文化和精神风貌有切身的体验。

另一方面，从旅行生活服务来说，它也是目的地旅游接待工作不可缺少的一环。在现代，旅游者以实现享受需要为其出游的主要目的之一。因此，认真做好旅游者的旅行生活服务显得十分重要。在这方面，导游是做好旅游者旅行生活服务的重要环节，除了迎送旅游者、帮助旅游者住店离店、安排行李运送、注意保护旅游者安全等项事宜，导游还要与饭店、餐馆、商店等服务行业进行必要的沟通，使旅游者在旅游期间的生活顺利、愉快，这不仅有利于增加旅游者对目的地的认识和了解，提高旅游者的满意程度，而且也有利于激发旅游者对目的地旅游的兴趣，增加对导游为其提供各项服务的好感和信赖。总之，做好旅游者的旅行生活服务会给旅游者留下美好的印象。

导游讲解服务与旅行生活服务之间是相辅相成的关系。虽然二者满足旅游者需要的方面不同，然而它们都是旅游者整体旅游需要的一部分，相互之间既密切联系又互相补充。对导游来说，一个方面服务上的某些欠缺在某种程度上可用另一方面服务的加强予以弥补，即高质量的导游讲解服务在某种程度上可以弥补旅行生活服务上的某些不足，反过来热情周到的旅行生活服务在某种程度上也可以弥补导游讲解中的某些不足。

四、导游服务的发展趋势

（一）旅游活动的发展趋向

1. 世界旅游业发展增速虽然放缓，但仍将持续增长

近几年来由于全球经济不振、复苏乏力，中东和北非政局动荡，中美贸易摩擦以及恐怖主义威胁等因素，给旅游业带来了不利影响。2019 年全球国际旅游总人次达到 15 亿，虽然比 2018 年增长近 4%，却为 2016 年以来的最低增速。增速放缓与全球经济状况有关，全球经济增速在 3% 左右，另外，围绕英国“脱欧”、俄乌战争，地缘政治紧张局势加剧，世界上最古老的托马斯 · 库克旅行社倒闭，这些对国际旅游者数量增速放缓造成了影响。2020 年全球旅游业遭受新冠疫情重创，国际旅游业增长陷入停滞状态，全年国际旅游者人次下降为 4.5 亿人次。2022 年全球旅游业逐渐回暖。世界经济论坛 2024 年 5 月 21 日最新发布的旅游业研究报告显示，由于疫情结束和巨大需求的释放，2024 年国际游客接待量和旅游业对全球国内生产总值（GDP）的贡献预计将恢复至疫情前水平。

2. 我国居民出游势头强劲

过去 30 多年中，中国国民经济的持续快速发展，城乡居民收入水平的大大提高，推动了中国公民国内旅游和出境旅游的迅速发展。1985—2019 年，中国居民国内旅游人数年均增长 9.9%；1987—2019 年，中国居民出境旅游人数年均增长 34%，2019 年已达 1.55 亿人次，中国成为世界最大的客源市场和世界第一大旅游消费国。

21 世纪中国居民的国内旅游和出境旅游将继续发展，其消费水平会进一步提高，这是因为：

第一，我国国民经济的发展速度今后虽然可能放缓，但仍居于世界各国的前列，随着经济的发展，我国国力不断增强。随着“一带一路”倡议的实施，我国同世界各国的经济联系将日益加深，同世界各国的文化往来将日益频繁，公务和商务出境旅游将继续扩大。

第二，随着城镇化的发展，城市人口将不断增加，城市居民的实际收入水平将进一步提高。在国家扩大内需、鼓励消费政策的引导下，城乡居民进行国内旅游的人数将进一步增多，旅游平均消费水平将有较大提高。在我国居民中，尤其是那些率先致富的家庭，更有实力进行国内和出境旅游。

第三，双休日假期的实行、公共假期的延长和带薪休假的逐步落实为人们出游提供了条件。随着时代的发展，人们的生活方式正在发生变化，出外休闲度假已成为人们提高生活质量的一种方式。

（二）导游服务的发展趋势

未来旅游活动的发展趋向对导游服务将会产生直接影响并对其提出新的要求。导游服务在未来将出现如下五种趋势。

1. 导游内容高知识化

导游服务是一种知识密集型的服务，即通过导游的讲解来传播文化、传递知识，促进世界各地区间的文化交流。在未来社会，人们的文化修养更高，对知识的更新更加重视，获取旅游相关知识的途径更加便捷，加上文化旅游、专业旅游、科研考察的发展，对导游服务提出了更高的知识要求。

根据这一趋势，导游必须提高自身的文化修养，不断吸收新知识和新信息。导游掌握的知识不仅要有广度，还要有深度；导游不仅能同旅游者讨论一般问题，还能较深入地谈论某些专业问题。这样使导游讲解的内容进一步深化，更具有科学性，导游讲解更有说服力。总之，在知识方面，导游不仅要成为“杂家”，还要成为某些知识领域的“专家”。

2. 导游手段科技化

随着科学技术的发展，越来越多先进的科技手段运用到导游服务中来。如图文声像导游、网络导游等先进的导游手段，甚至AR、VR、“元宇宙”等新兴技术也在加快对旅游业的渗透。在游览前或在游览现场引导旅游者参观游览过程中，这些新兴手段和技术不仅让旅游者看到（听到）了景观景物的现状，还能引导他们进一步了解其历史沿革等相关知识，起到深化实地导游讲解和以点带面的作用，成为导游服务不可或缺的辅助手段。因此，导游必须学会使用它们，并在游前导、游中导和游后导中运用自如，与实地口语导游密切配合，使二者相辅相成，为导游讲解锦上添花。同时，在导游过程中讲解科技知识、运用科技手段，能够使旅游者了解到旅游和高科技发展之间的关系，使导游服务与时俱进，充满时代气息。

3. 导游方法多样化

旅游活动日趋多样化，尤其是参与性旅游活动的兴起和发展，要求导游随之变化其导游方法。参与性旅游活动的快速发展，意味着人们追求自我价值实现的意识在不断增强。追求自我价值不仅体现在工作中，人们还将其转移到娱乐活动之中。人们参加各种节庆活动，与当地居民一起活动、生活，在旅游目的地学习语言、各种手艺和技能，甚至参加冒险活动等。这都要求导游不仅会说（导游讲解），还要能动，与旅游者一起参加各种活动。

4. 导游服务个性化

今天的社会包容个性张扬，个性化发展成为时代的主题，人们对旅游的需求个性化，旅游产品的消费也呈现个性化的趋势。一方面，导游服务的个性化要求导游要根据旅游者的个体差异和不同的旅游需求提供有针对性的服务，使不同的旅游者获得更大的心理满足；另一方面，导游服务的个性化有利于导游根据自己的优势或特长、爱好，形成自己的个性风格，朝品牌化导游方向发展，给旅游者留下特色鲜明的印象。

5. 导游执业自由化

从世界各国导游发展的历史来看，导游作为自由职业者是必然趋势。他们身份自由、行动自由、收入自由，靠为旅游者提供良好的服务和高尚的职业道德获得社会认同。导游的收入取决于带团机会，服务水平高、个人声誉好的导游带团机会就多，收入就高，体现了“优胜劣汰”的原则。目前，我国各地区成立的导游自由执业平台、导游公司或导游服务中心就是这一趋势的反映。

总之，未来的旅游业要求导游不仅要有“十八般武艺”，而且还要掌握更多的导游技艺，来满足旅游者不断变化的旅游需求，只有这样，导游才能胜任未来的导游服务工作，才有可能将导游服务做得有声有色。

第二节　导游职业产生及发展历程

导游职业是旅游活动发展到一定阶段的产物，伴随着旅游活动的发展而发展。

一、导游职业的产生与发展

在人类历史上，人类有意识地外出旅行是由于产品或商品交换引起的。早在原始社会旅行活动就已经开始，但产生导游职业的条件还未形成。奴隶社会和封建社会时期，人类的旅游活动有了一定的发展，外出旅游的人数不断增加，旅游的目的也不再单一，但旅游活动仍处于一种小规模、无组织、无领导的状态。虽然已出现有人在旅行时聘请当地熟悉路途的人做向导，但是这些向导都只是临时性的，正如“借问酒家何处有，牧童遥指杏花村”中所描述的，其作用仅是为旅行者引路的“牧童”而已，还不是我们现代意义上的导游。作为一种商业性质的职业导游，是到了近代才产生的。

（一）导游职业的产生

18 世纪 60 年代后，以英国为代表的西方国家开始进入工业革命时期。随着生产力的迅速发展，旅游活动产生了本质性的变化，其最突出的标志是近代旅游业的诞生和导游职业的产生。

世界公认的第一次商业性旅游活动是由英国人托马斯·库克（Thomas Cook）组织的。1841 年 7 月 5 日，托马斯·库克组织了 570 人，利用包租火车的方式，从莱斯特到拉夫巴勒参加一次禁酒大会。这次活动虽然不是一次纯粹的商业性活动，却成了近代旅游活动的标志，更重要的是托马斯·库克从中看到了巨大的商机。1845 年，托马斯·库克又组织了一次 350 人的团体消遣性旅游活动，从莱斯特到利物浦，为期一周。为组织这次活动，托马斯·库克做了大量的先期准备工作，印制了世界上最早的旅游指南《利物浦之行手册》，不仅自己全程陪同，而且在卡那封城堡和斯诺登山游览中还聘请了地方导游，因此可以说这是世界上第一次大规模的、有组织的、纯粹以商业为目的的旅游活动。同年，托马斯·库克在莱斯特创办了世界上第一家商业性旅行社。此后，他放弃了原来的工作，开始专门从事旅游代理业务，成为世界上第一位专职的旅行代理商。

1846 年，托马斯·库克亲自带领一个旅行团到苏格兰旅行。旅行社为每个成员发了一份活动日程表，还为旅行团专门配备了向导，这是世界上第一次有商业性导游陪同的旅游活动，导游作为一种职业正式登上了历史的舞台。

1865 年，托马斯·库克与儿子约翰·梅森·库克（John Mason Cook）将原来的托马斯·库克旅行社更名为托马斯·库克父子公司（后来的通济隆旅游公司），迁址于伦敦，并在美洲、亚洲、非洲设立分公司。1872 年，托马斯·库克亲自带领一个 9 人旅行团访问纽约、南北战争战场、多伦多等地，把旅游业务扩展到了北美洲。这次环球旅行使其声名远播，产生了极大的影响。

1892 年，托马斯·库克还创造性地发明了一种流通券。凡持有流通券的国际旅游者可在旅游目的地兑换等价的当地货币。这种流通券即旅行支票，这更加方便了旅游者进行跨国和洲际旅游。

后来，欧洲、北美诸国和日本纷纷仿效托马斯·库克组织旅游活动的成功模式，先后组建了旅行社或类似的旅游组织，招募陪同或导游，导游队伍逐渐形成。这个时期不仅出现了导游，而且从事这一工作的人员分成了全程陪同导游和地方游览讲解导游两种类型，为现代导游职业形成奠定了坚实的基础。

（二）导游职业的发展

第二次世界大战后，由于世界范围的和平与发展，以及科学技术的快速发展，特别是喷气式飞机的出现，大众化旅游活动迅速发展，导游队伍得以不断壮大，现代导游职业由此进入了发展时期。特别是 20 世纪 60 年代以来，由于世界经济的稳步发展，人们收入水平不断提高，闲暇时间增多，出于各种目的的旅行和旅游活动得到了迅速发展。世界旅行与旅游理事会（WTTC）发布的年度经济影响报告（EIR）显示，2019 年，旅游业为全球经济贡献了 9.2 万亿美元，相当于全球 GDP 的 10.4%，提供了 3.34 亿个工作岗位，占全球工作岗位的 10.6%。随着新冠疫情阴霾逐渐消散，2022 年上半年以来，全球旅游业逐渐回暖，欧美市场率先复苏，亚太地区紧随其后。2023 年春节后，我国国内旅游行业开始重新抬头，呈现良好反弹态势，多地甚至出现人民群众被积压已久的旅行需求报复性释放的现象，旅游业复苏势头强劲。2024 年一季度，我国国内旅游市场迎来首季开门红。国内旅游总人次 14.19 亿，同比增长 16.7%；国内旅游收入 1.52 万亿元，同比增长 17.0%。随着旅游市场的恢复，对导游的需求也在迅速增加。

随着现代旅游的不断发展，世界导游队伍的不断扩大，旅游服务质量，特别是导游服务质量引起了各国政府的高度重视，各国纷纷采取措施，制定旅游服务质量标准，加强了对导游的执业资格、选拔、培训以及服务质量的管理，形成了不同类型的导游管理体制，从而实现对导游的规范化管理。

1.“封闭式·严格型”的导游管理体制

（1）资格准入门槛高

以新加坡和以色列这两个国家为代表。新加坡和以色列均规定：想申请做导游工作者，必须参加并通过全国统一组织的导游资格考试，才能取得导游资格，否则会受严厉的处罚。

（2）执业管理很严格

新加坡：对导游行业实行定期报告、换证和在册导游培训制度。导游每隔半年要报告过去 6 个月的接团量。注册导游每隔一定年限须参加一次导游考试，通过者换发新证，未通过者将被取消导游资格。客人的意见和评价直接关系到导游的就业机会。出现对导游服务质量的投诉，旅行社会根据情况决定是否续聘该导游。旅游局收到投诉后也要进行调查，情况属实则发出警告，多次被投诉者会被取消导游资格。

以色列：以色列旅游部发给每个导游统一编号的导游证和胸卡，导游在以色列国内提供导游服务时，必须佩戴胸卡以接受监督和检查。对违章导游，旅游部将收回导游证和胸卡，取消其资格，并且一般不批准其重新参加导游培训和资格考试的申请。

2.“开放式·宽松型”的导游管理体制

（1）资格准入很宽松

以澳大利亚、英国和德国为代表。

澳大利亚：有意当导游者，可自愿参加由澳大利亚入境旅游组织举办的导游资格考试，通过者可获得导游资格证书和导游胸卡。但这一证书只作为专业水平的证明，而非导游必备的条件。

英国：与澳大利亚类似，获得资格证书有助于寻找工作，但没有这一证书也可以当导游。

德国：无职业导游，所有导游都是临时、兼职或业余的。所以，德国不设导游资格考试制度。

（2）执业管理靠旅游者

实行“开放式·宽松型”体制的国家，导游监管主要靠雇主——旅行社和服务对象——旅游者进行。

澳大利亚：导游是自由职业者，无专门的机构去监管，主要靠雇主根据旅游者的反映增减付给导游的薪金，或做出是否续聘的决定来实施动态管理。对不合格的导游，目前尚无任何处罚规定。

德国：目前尚无监督管理导游服务质量的专门机构，旅游者的评价就是最好的监督，旅行社据此决定是否续聘该导游。

3.“开放式·严格型”的导游管理体制

以我国为例，随着旅游业的发展，为适应旅游市场的需求，我国的导游管理体制经历了由“封闭式·严格型”向“开放式·严格型”的转变，呈现出以下特点：

（1）导游资格终身制

导游资格证在全国通用，而且终身有效。

（2）导游多渠道执业

导游除了可以由旅行社委派外，还可以由旅游者通过线上平台或线下自主联系预约导游获得工作，实现交易完全开放。

（3）导游管理信息化

取消导游年审制度，通过导游公共服务监管平台，用信息化手段实现对导游的常态化管理。

二、我国导游职业的产生和发展

在我国古代，虽然没有现代意义上的导游职业，但人们的旅行活动中也存在着一些类似向导的角色。例如，古代的文人墨客在游历名山大川时，可能会有当地的居民为他们指路、介绍当地的风土人情。此外，古代的商人在进行长途贸易时，也可能会雇用一些熟悉路途的人作为向导。然而，这些向导的职责相对简单，与现代导游的职业内涵存在较大差异。

19 世纪中叶，随着西方列强的入侵，中国的门户逐渐被打开，一些外国人开始来到中国旅游。为了满足这些外国人的旅游需求，一些外国商人在我国沿海城市创办了旅行社，开始组织旅游活动。这些旅行社的工作人员在一定程度上承担了导游的职责，他们为游客安排行程并且提供翻译、讲解景点等服务。这可以看作我国近代导游职业的萌芽。而我国导游职业真正起步于 1923 年 8 月，至今经历了五个发展阶段。

（一）起步阶段（1923—1949 年）

1923 年 8 月，上海商业储备银行总经理陈光甫先生在其同仁的支持下，在该银行下创设了旅游部。1927 年 6 月 1 日，旅游部从该银行独立出来，成立了中国旅行社，其分支社遍布华东、华北、华南等地区 15 个城市。与此同时，中国还出现了其他类似的旅游组织。这些旅行社和旅游组织承担了近代中国人旅游活动的组织工作，同时也产生了我国的第一批导游。

（二）开拓阶段（1949—1978 年）

中华人民共和国成立后，我国旅游事业有了进一步发展。第一家旅行社“华侨服务社”于 1949 年 11 月在厦门正式营业。此时便诞生了中华人民共和国成立后的第一批导游。1954 年 4 月 15 日，中国国际旅行社在北京西交民巷 4 号诞生。其后又在各地设立分支社，主要负责接待外宾，为外国人来华旅游提供方便，但不承担自费旅游的接待业务。到 1956 年，由于中国国际旅行社与苏联国际旅行社签订了《相互接待自费旅游者的合同》，来华旅游的苏联旅游者逐渐增多，加上华侨、港澳同胞等回国观光探亲的人越来越多，旅行社开始接待自费旅游者。1964 年 6 月，国务院批准成立“中国旅行游览事业管理局”作为国务院直属机构，加强对旅游事业的组织和领导。在此期间导游队伍逐渐形成，规模有二三百人，十几种语言导游。这一时期导游服务以外事接待工作为主要内容，他们的工作具有较强的政治性和外交性。导游需要具备良好的政治素质、外语水平和服务意识，以展示我国的良好形象。因此，从事导游服务的工作人员均称为翻译导游。

（三）发展阶段（1978—1988 年）

中国共产党第十一届三中全会后，我国实行对外开放政策，吸引了大批海外旅游者，国内旅游也蓬勃发展。1978 年，“中国旅行游览事业管理局”改名为“中国旅行游览事业管理总局”，各省、自治区、直辖市都设立相应的旅游局。1980 年 6 月，中国青年旅行社总社成立，几个中央部委如邮电、教育、铁路等也相继成立了旅行社。1984 年，旅行社外联权下放，全国各行业和地区性旅行社迅速发展。到 1988 年年底，全国形成了以国旅、中旅、青旅为主干框架的近 1600 家旅行社体系，全国导游队伍迅速扩大到 25 000 多人。但由于增长速度过快，导游队伍中出现了鱼龙混杂的局面。

（四）规范阶段（1988—2016 年）

为了整顿导游队伍，使导游服务水平适应我国旅游业发展的需要，1988 年国家旅游局开始在上海和浙江设立导游考试试点，1989 年举行全国导游考试，随后每年开展一次导游资格考试。这一制度的实施，使得导游队伍的整体素质得到了提高，导游职业也逐渐走向规范化。为配合导游资格考试，中国旅游报社等单位发起了“春花杯导游大奖赛”，此后又举办了多次全国导游大奖赛，对提高我国的导游服务水平、推进导游工作规范化的进程做出了贡献。这一时期为了规范导游行为，提升导游服务质量，保障游客合法权益，最终提升我国旅游业的总体形象和地位，我国不断加强对导游的管理，导游职业进入规范化阶段。

（五）自由执业阶段（2016 年至今）

进入 21 世纪，中国旅游业发展呈井喷之势，导游人数也急剧增加。目前，全国旅游监管服务平台数据显示，我国现有约 65 万名持证导游，其中与旅行社签订劳动合同的不到 30%，社会导游数量占全国导游总数的 70% 左右，他们已经成为各地旅游接待的主体力量。这样一个庞大的职业群体走到了改革的路口上，职业导游锐减，导游自由执业成为必然趋势。

导游执业方式自由化是导游自由执业的核心，目前导游自由执业主要有两大类型和五种模式。

1. 导游自由执业的两大类型

（1）线上导游自由执业

指导游向通过网络平台预约其服务的消费者提供单项讲解或向导服务，并通过第三方支付平台收取导游服务费的执业方式。

（2）线下导游自由执业

指导游向通过旅游集散中心、旅游咨询中心、A 级景区旅游者中心等机构预约其服务的消费者提供单项讲解或向导服务，并通过第三方支付平台收取导游服务费的执业方式。

2. 导游自由执业的五种模式

（1）“旅行社委派”模式

指导游接受旅行社委派，为旅游者提供服务的模式。是现有旅行社委派导游经营模式的延续。

（2）“旅行社预订”模式

指旅游者通过旅行社预订导游服务的模式。旅行社保留的与部分优秀导游的劳动关系或雇佣关系，在导游自由执业后依然存在。

（3）“协会预订”模式

指旅游者通过旅游行业协会，譬如导游协会预订导游服务的模式。只要旅游行业协会能够真正成为“导游之家”，维护导游的合法权益，旅游行业协会必然会成为导游的集聚地。旅游者通过旅游行业协会预订导游服务，必定会成为导游自由执业后的趋势之一。譬如，张家界“导游协会”、四川“导游之家”。

（4）“导游服务公司”模式

指导游服务公司、导游经纪公司为旅游者提供导游服务的模式。这里所指导游服务公司，与目前正在营运的一些导游服务公司不是一个概念。现在的导游服务公司多为半官方性质，能按照市场化模式运转的少之又少。只要导游自由执业全面实施，导游服务公司等经济实体必将应运而生，专职从事预订和提供导游服务。

（5）“旅游者直联”模式

指旅游者直接与导游本人联系，预订其导游服务。这种模式为那些业务素质精湛、服务质量高的导游提供了施展才华的天地，目前只适用于试点省市（地区）。

第三节　导游服务的特点和原则

导游是旅游业的“形象大使”，他们所提供的服务也被看作旅游业的标志性产品。作为旅游业的代表性工种，导游服务具有鲜明的行业特征和不同于其他服务的特点。

一、导游服务的特点

导游服务是旅游服务中具有代表性的工作，有着鲜明的个性特征。

（一）独立性强

导游服务工作独当一面。在旅游者整个旅游活动过程中，往往只有导游与旅游者朝夕相处，时刻照顾他们食、住、行、游、购、娱等方面的需求，独立地提供各项服务，特别是在回答旅游者政策性很强的问题或处理突发性事故时，常常要当机立断、独立决策，事后才能向领导和有关方面汇报。导游讲解也是比较独特的，因为在同一景点，导游要根据不同旅游者的不同特性、不同时机进行针对性的导游讲解，以满足他们的精神享受。这是每位导游都必须努力完成的任务，其他人无法替代。

(二)脑体高度结合

导游服务是一项脑力劳动与体力劳动高度结合的服务性工作。由于旅游活动涉及面广，要求导游具有丰富而广博的知识，只有这样才能使导游服务工作做到尽善尽美、精益求精。除了掌握导游服务规范，导游还必须具有一定的政治、经济、历史、地理、天文、宗教、民俗、建筑、心理学、美学等方面的基本知识，还必须了解我国当前的大政方针和旅游业的发展状况及有关的政策法规，掌握旅游目的地主要游览点、旅游线路的基本知识。同时，还要了解客源国（或地区）的政治倾向、社会经济、风土人情、宗教信仰、禁忌习俗等。导游在进行景点讲解、回答旅游者问题时，都需要运用所掌握的知识和个人智慧来应对，这是一种艰苦而复杂的脑力劳动。此外，导游的工作量也相当大，除了在旅行游览过程中进行介绍、讲解，还要随时随地应旅游者的要求，帮助解决问题，事无巨细，也无分内与分外之分。尤其是旅游旺季时，导游往往会连轴转，整日、整月陪同旅游者，无论严寒酷暑长期在外作业，体力消耗大，又常常无法正常休息。因此，要求导游具备较强的事业心和良好的身体素质。

(三)客观要求复杂多变

导游服务具有较为规范的工作流程，如接站、送站、旅途服务和各方面关系的接洽、协调等，均按一定的程序进行工作，具有较强的规范性和可操作性。但导游服务中更多的是不确定性和未知性，即使是在预定的行程和规程范围内，由于服务对象不同、人际关系复杂、旅游者需求多样，具体情况可能千差万别，各种矛盾可能随时显现，甚至意外情况也有可能出现。因此，导游必须具备处理各种偶然和意外情况的能力。归纳起来，导游服务的复杂性主要体现在以下四个方面。

1. 服务对象复杂

导游服务的对象是旅游者，他们来自五湖四海，不同国籍、民族、肤色的人都有，职业、性别、年龄、宗教信仰和受教育的情况各异，性格、习惯、爱好等各不相同。导游面对的就是这样一个复杂的群体，而且每一次接待的旅游者都互不相同，这就更增加了导游服务的难度和复杂性。

2. 旅游者需求多样

导游除按计划安排和落实旅游活动外，还要处理旅游者随时随地提出的各种个别要求，以及解决旅游过程中可能出现的问题和情况，如会见亲友、传递信件、转递物品、旅游者患病、旅游者走失、旅游者财物被窃与证件丢失等。而且由于对象不同、时间场合不同、客观条件不同，同样的要求或问题也会出现不同的情况，这需要导游审时度势、判断准确并妥善处理。

3. 人际关系复杂

导游是旅行社的代表，他们既代表着旅行社的利益，又要维护旅游者的利益，在安排和组织旅游者活动时还要同饭店、餐馆、旅游景区、商店、娱乐、交通等部门和单位的人员接洽、交涉和协调，人际关系相当复杂。与此同时，导游还要处理和协调导游中全陪导游、地陪导游与外方领队的关系，争取各方面的支持和配合。虽然导游面对的这方方面面的关系是建立在共同目标基础之上的合作关系，但每一种关系的背后都有各自的利益，落实到具体人员身上，情况就更为复杂。

4. 直面“精神污染”

导游常年接触各方旅游者，直接面对各色各样的意识形态、政治、经济、文化观点、价值观念和生活方式，有时还会面临金钱、色情、利益、地位的不断诱惑，耳濡目染，直接面对“精神污染”的概率大大高于常人。常言道“近朱者赤，近墨者黑”，导游如果缺乏高度的自觉性和抵抗力，往往容易受其影响。

（四）跨文化性

导游服务是传播文化的重要渠道，起着沟通和传播文明、为人类创造精神财富的作用。旅游者来自不同的国家和地区，民族习性不同，文化背景各异。导游必须在各种文化的差异中，甚至在不同民族、不同地域文化的碰撞中工作，架设不同文化间沟通的桥梁，找到不同文化间的共同语言，减少文化接触中的负面冲撞，增加文化交融互补的机会，尽可能多地了解不同文化间的差异，圆满地完成文化传播的任务。

二、导游服务的原则

（一）满足旅游者合理需求的原则

导游服务的根本是满足旅游者的需求。旅游者是导游服务的对象，没有旅游者，就没有旅游，也就没有导游服务。旅游者是旅游活动的主体，是旅游产品的购买者和消费者。对旅游目的地和旅游企业来说，对旅游者要竭诚服务，要把在合理而可能的基础上努力满足旅游者的需要作为服务的准则。

1. 以“宾客至上”为主旨

所谓“宾客至上”，首先，就是要求导游的工作要以旅游者的利益为出发点，努力维护旅游者的合法权益；其次，要礼貌待客，在态度、言语和行为上尊重旅游者；最后，要平等待客，无论旅游者来自境内还是境外，也不论其肤色、宗教信仰、消费水平如何，都应一视同仁、平等相待，绝不能厚此薄彼。

2. 认真落实接待计划

接待计划是旅游者或其组团社同接待旅行社达成的约定或所签合同内容的具体安排计划，它反映了旅游者的共同需求，是旅游者购买旅游产品的主要兴趣之所在。因此，导游应将落实接待计划规定的内容放在导游服务的第一位，它是衡量导游是否履行职责的基本尺度。

3. 规范化服务与个性化服务相结合

规范化服务又称标准化服务，是由国家和（或）行业主管部门所制定并发布的某项服务（工作）应达到的统一标准，导游应按照《导游服务规范》、《旅行社国内旅游服务规范》和《旅行社出境旅游服务规范》的要求向旅游者提供规范化的服务。然而，规范化服务并不等于优质服务，它只是导游在服务中必须达到的基本要求。导游向旅游者提供的服务可以而且应该比上述标准要求的更高、更好。导游应从旅行社的发展和我国旅游业的根本利益出发，在落实旅游合同规定的服务内容时，向旅游者提供优质的导游服务，即将规范化服务与个性化服务密切结合起来。

个性化服务又称特殊服务，是导游按照规范化服务的要求落实旅游接待计划之外，为满足部分旅游者或个别旅游者的合理需求而提供的服务。

（二）维护旅游者合法权益的原则

旅游者作为旅游产品和服务的购买者和消费者，其权益也应受到《中华人民共和国消费者权益保护法》的保护。旅游者的合法权益主要有以下几个方面。

1. 旅游自由权

旅游自由权包括旅行自由权和逗留权。前者是指旅游者在不违背有关法律法规和履行了必要的手续的条件下，有权按照自己的意愿前往各地旅行，其旅行方式、旅行时间和旅行地点均不应受到不合理的干涉；后者是指旅游者在旅游目的地和途中有权根据自己的需要逗留，其逗留的时间、方式也不应受到不合理的限制。

2. 旅游服务自主选择权

旅游服务自主选择权是指旅游者有权自行选择旅游目的地、旅游经营的企业、旅游线路、旅游项目和旅游服务等级，不受任何部门、企业、单位和个人的干预。

3. 旅游公平交易权

旅游公平交易权是指旅游者在购买旅游经营企业的产品和服务时有权获得公平、公正的待遇，旅游经营企业不得用任何欺骗、恐吓的手段来诱骗和强制旅游者购买。旅游者对交易的旅游产品和服务不满意时拥有拒绝购买和签约的权利。

4. 旅游服务内容知悉权

旅游服务内容知悉权是指旅游者在购买和接受旅游服务时，有获悉包括服务内容和其他相关信息的权利，旅游经营企业有向旅游者提供真实情况和信息的义务。如旅游者购买和接受导游服务时，有权了解旅游目的地和游览的景点的知识，导游则有义务向旅游者做真实的介绍。

5. 依约享受旅游服务权

依约享受旅游服务权是指旅游者有权享受所签旅游合同中约定的服务数量和质量，旅游经营企业和导游应当按照合同提供相应数量和质量的旅游服务。对合同规定之外的服务，旅游者有权予以拒绝。

6. 人身和财物安全权

人身和财物安全权是指旅游者在购买了旅游经营企业的旅游产品和服务后，享有其人身和财物不受侵犯的权利，旅游经营企业和导游有采取一切措施保障旅游者的人身和财物安全的义务。

7. 医疗、求助权

医疗、求助权是指旅游者在旅游过程中患病或受伤时享有治疗的权利和在遇到困难时享有请求获得帮助的权利，旅游经营企业和导游有予以协助的义务。

8. 求偿权和寻求法律救援权

求偿权是指旅游者的上述合法权益受到损害或侵犯时，有向有关部门投诉和要求有关旅游经营企业或保险公司赔偿的权利。寻求法律救援权是指旅游者的合法权益受到侵害而又得不到满意的解决时有向法院提起诉讼的权利。

（三）注重经济效益和社会效益的原则

导游服务既是一种文化传播的社会活动，又是一种可以获取经营收入的经济活动。前者的主旨在于扩大影响，提高社会效益；后者的目标在于增加经营收入，提高经济效益。在导游服务中，要同时注重经济效益和社会效益的提高，二者不能偏废，这也是导游服务中应遵循的一项基本原则。

旅游服务的经济效益分为直接经济效益和间接经济效益。直接经济效益从包价旅游来说又分为两部分，一部分表现为旅行社的经营收入，另一部分则表现为相关旅游接待部门、单位或个体的经营收入。间接经济效益包括三个方面：一是旅游者在包价范围以外的支出而引起旅游目的地其他部门、单位和个人增加的收入，如购物收入、邮电通信收入等，旅游者在这些方面的消费额不仅在旅游目的地旅游收入构成中占有较大比重，而且需求弹性也较大；二是通过导游的牵线搭桥，可促进国家之间或地区之间的投资和经济交流；三是优质的导游服务为旅游目的地和旅行社创造了潜在客源，从而为将来赢得经济效益创造了条件。

社会效益是指由导游服务所引起的对社会各方面的影响和作用。导游服务的社会效益主要表现为三个方面：一是优质的导游服务有助于树立和提高旅游目的地和旅行社的形象和声誉，优质的国际导游服务则有助于树立和提高一个国家在国际上的形象和声誉；二是导游服务能增进不同国家人民之间或不同地区人民之间的了解和友谊，有利于促进和谐社会和和平事业的发展；三是导游服务有助于推进不同国家或地区之间文化和科技的传播与交流。

注重经济效益和社会效益对于导游来说都同等重要。只注重经济效益而无视社会效益，导游服务就会偏离方向，满足旅游者的需要就可能成为一句空话；反过来，只注重社会效益而无视经济效益，导游服务就会脱离市场经济的轨道，导游便失去了作为旅游企业一员的价值。

第四节　导游服务的地位和作用

旅行社在现代旅游业的三大板块中处于核心地位，而在旅行社接待工作中处于第一线的关键角色则是导游。因此，世界各国的旅游专家都把导游服务视为现代旅游业的代表性工种，并给予高度的评价。譬如日本旅游专家土井厚就认为“任何行业都有代表性的业务，在旅游业中，就是导游服务”。有些国际旅游界人士甚至直言“没有导游的旅行，是不完美的旅行，甚至是没有灵魂的旅行”，并为导游冠以“旅游业的灵魂”“旅行社的支柱”“旅游活动的导演”等美誉。虽然赞词各异，但都说明导游服务在旅游接待工作中有着不可或缺的作用。

一、导游服务的地位

导游服务贯穿旅游活动的始终，涉及食、住、行、游、购、娱六大旅游要素，是整个旅游服务中最重要的一个部分，在现代旅游业中具有极其重要的地位。

(一)导游服务在旅游服务中具有主导地位

对旅游者而言，导游是旅行社的代表，是旅游产品的提供人。旅行社对客服务的各项业务，如产品设计、线路组合、市场促销、车(船、机)票预订，最终都通过导游服务传递给旅游者。因此可以说，旅行社各部门的工作都是围绕导游服务这条主线展开的，都是导游服务的幕后支持者。

(二)导游服务是旅游服务水平和质量的体现

导游服务是直接面对旅游者的服务，旅游者对导游服务的质量也最敏感，因此可以说，导游服务的质量代表着旅游服务的质量。一般来说，如果导游服务质量好，可以弥补其他旅游服务质量的某些欠缺；如果导游服务水平低，则最容易引起旅游者的不满。

(三)导游服务是旅游竞争的焦点

旅游竞争重要的方式之一就是导游服务质量的竞争。优质的导游服务能使旅游者增长知识，使旅游活动更富有魅力、更充满情趣。拥有一流的导游队伍无疑是旅行社扩大知名度、争取更多客源的法宝，也是旅行社最大的一笔财富。

(四)导游服务是旅游产品改进的主要途径

导游工作在旅游第一线，熟悉旅游产品链中每一个环节的服务质量，了解旅游者的消费心理，可以及时将有关信息反馈给旅行社，有利于旅行社改进服务方式，提高产品的针对性，推出更具竞争力的旅游产品。

二、导游服务的作用

(一)纽带作用

导游服务是旅游接待服务的核心和纽带。导游在旅游服务各环节之间起着沟通上下、连接内外、协调左右的作用。

1. 沟通上下

导游是国家方针政策的宣传者和具体执行者，代表旅行社执行并完成旅游计划，同时，旅游者的意见、要求、建议乃至投诉，其他旅游服务部门在接待中出现的问题及其建议和要求，一般也通过导游向旅行社和各级旅游行政管理部门传递，直至上达国家最高旅游行政管理部门。

2. 连接内外

导游既代表接待方旅行社的利益，又肩负着维护旅游者合法权益的责任；导游既有责任向旅游者介绍中国，同时又要多与旅游者接触，进行调查研究，了解外国，了解旅游者。

3. 协调左右

导游是旅行社与饭店、餐馆、游览点、交通部门、商店、娱乐场所等企业之间的第一联络员，在各旅游企业之间起着重要的协调作用。各旅游企业的相互协作，是导游服务中的生活服务部分得以顺利进行的重要保障，对提高旅游质量至关重要，而导游处在各项旅游服务协调的中心位置，责任重大，作用显著。

（二）标志作用

导游服务质量是旅游服务质量高低的最敏感的标志。导游服务质量包括导游讲解质量、为旅游者提供生活服务的质量和各项旅游活动安排落实的质量。导游与旅游者朝夕相处，因此旅游者对导游的服务接触最直接，感受最深切，对其服务质量的反应最敏感。因此，旅游者旅游活动的成败更多地取决于导游服务质量。导游服务质量的好坏不仅关系到整个旅游服务质量的高低，而且关系着国家或地区旅游业的声誉和形象。

（三）反馈作用

在旅游消费过程中，旅游者会根据自己的需要对旅游产品的型号、规格、质量、标准等做出这样或那样的反应。而导游由于处在接待旅游者的第一线，同旅游者交往和接触的时间最长，对旅游者关于旅游产品方面的意见和需求最了解。导游可充分利用这种有利条件，根据自己的接待实践，综合旅游者的意见，反馈到旅行社有关部门，促使旅游产品的设计、包装和质量得到不断改进和完善，更好地满足旅游者的需要。

应当指出的是，旅游服务是一项综合性服务，导游服务只是其中一个重要环节。若没有其他各项旅游服务的配合，导游服务也无法做好，旅游产品的价值就不可能充分实现。

（四）扩散作用

优质的导游服务能对旅游目的地的旅游产品和旅行社形象起到扩散或传播作用。旅游产品质量主要由旅游资源质量、旅游服务质量、旅游活动组织安排质量和旅游环境质量构成。它们都与导游服务质量密切相关。因为旅游资源的特色需要导游的讲解才能被认同，“景观景物美不美，全靠导游一张嘴”。各种旅游服务质量和活动安排都离不开导游的业务水平及其对工作的投入。

旅游者往往通过导游带领其进行旅游活动的情况来判断旅游产品的使用价值。如果导游服务质量高，旅游者感到满意，便会认同旅游产品、导游和旅行社，而且会以其亲身体验向亲朋好友进行义务宣传，进而扩大旅游产品的销路。若导游服务质量不高，则会导致旅游者的抱怨和不满，从而阻碍旅游产品的销售。

总之，导游服务质量的高低，均会对旅游产品的销售起到扩散作用，质量高时起到正面作用，质量低时则起到负面作用。

随堂练

案例

第二章
导　游

【学习目标】

了解导游的定义、分类和管理。熟悉导游的职责内容和礼仪要求。掌握导游服务能力要求，掌握导游引导文明旅游的规范内容。

第一节　导游的定义、分类和管理

一、导游的定义

在日常工作中，导游服务的主体又被称为导游、导游员及导游人员。这三者含义是不同的。“导游”一词有多层含义，既可指导游工作、导游业务、导游服务，也可用作对导游工作人员的简称。

在《导游人员管理条例》中规定：“本条例所称导游人员，是指依照本条例的规定取得导游证，接受旅行社委派，为旅游者提供向导、讲解及相关旅游服务的人员。”所以，应将导游服务主体称为“导游人员”。

而《中华人民共和国职业分类大典》中规定：导游是指从事旅游向导、讲解及旅途服务工作的人员。且《中华人民共和国旅游法》中也都称为导游。由于“法”大于标准和条例，称“导游”更朗朗上口。因此，导游服务主体应称为“导游”。

《导游服务规范》（GB/T 15971—2023）中亦将“提供向导、讲解及相关旅游服务的人员”称为“导游”。

结合以上内容，我国导游的定义应表述为：导游是指取得导游证，接受旅游企业委派，为旅游者提供向导、讲解及相关旅游服务的人员，包括全陪导游、地陪导游和领队。

对导游的内涵可从以下几个方面来理解：

第一，在现代旅游活动中，人们远离常住地来到异国他乡，追求物质和精神生活的满足。其活动空间极其广阔，活动内容十分复杂。但如果没有导游的参与，这些都会黯然失色。所以，在国际旅游界形成了这样的共识：没有导游的旅行，是不完美的旅行，甚至是没有灵魂的旅行。

第二，导游的工作范围很广。既要指导参观游览，提供导游讲解服务；又要落实安排旅游者的食、住、行、游、购、娱等活动，提供生活服务；还要与旅游者沟通思想、交流感情、建立友谊。因此，导游为旅游者提供的服务是智力与操作兼而有之的综合性劳动服务。

第三，旅游是当今世界最大规模的民间交往活动。在旅游活动中，导游通过自己的辛勤劳动，增进了各国人民和各民族之间的相互了解与友谊，客观上也带动了旅游地经济和社会发展，支持了贫困地区脱贫攻坚工作，促进了民族文化的传承和自然生态环境的保护，为旅游业快速、健康和可持续发展做出了贡献。

第四，导游服务的性质和任务决定了从事这项工作的人，必须具备一定的资格和条件。只有通过旅游管理部门的审查、考核后，获取从业资格证书，并在工作中不断提高自己的业务水平，方可成为一名合格的导游。

二、导游的分类

因导游服务范围广泛、对象复杂，加之各国各地区的具体情况不尽相同，这使得世界各国对导游的分类方法不一，很难有一个世界公认的统一分类标准。

（一）按业务范围划分

按照业务范围，可将我国导游分为以下三种类型，其区别见表 2-1 所示。

表 2-1　按业务范围划分不同导游的区别

类　型	委派单位	讲解内容	陪同范围	是否提供旅途生活服务
出境旅游领队	组团社（派出方）	旅游目的地（国）情况（行前介绍）	全程陪同	是
全陪导游	组团社（接待方）	沿途各站点情况	全程陪同	是
地陪导游	地接社	接待地及当地游览景点情况	接待地陪同	是

1. 出境旅游领队

出境旅游领队是指依法取得从业资格，受组团社委派，全权代表组团社带领旅游团出境旅游，监督境外接待旅行社和导游等执行旅游计划，并为旅游者提供出入境等相关服务的工作人员。

2. 全陪导游

全陪导游是指监督并协助地接社、地陪导游及相关接待者的服务，以使组团社的旅游接待计划得以按约实施，为旅游者提供境内全程陪同导游服务的人员。这里的组团旅行社（或组团社）是指接受旅游者或海外旅行社预订，制订和下达接待计划，并可提供全程导游服务的旅行社。

3. 地陪导游

地陪导游是指实施接待计划，在境内旅游目的地为旅游者提供导游服务的人员。

（二）按劳动就业方式划分

按照职业性质，可将我国导游分为以下两种类型。

1. 旅行社专职导游

旅行社专职导游是指在一定时期内被旅行社固定聘用，以导游工作为其主要职业的导游。这类导游大多数受过中、高等教育，或受过专门训练，为旅行社正式员工，专职为旅行社带团，并由旅行社支付劳动报酬、缴纳社会保险费用。

2. 社会导游

社会导游主体是取得导游资格证书并在相关旅游行业组织（导游协会）注册而取得导游证的导游，但也包括旅行社临时特聘的导游。社会导游有自由执业导游和兼职导游两类。

（1）自由执业导游。是以导游工作为主要职业，但并不受雇于固定的旅行社，而是通过签订临时劳动合同为多家旅行社服务，或者通过导游自由执业平台为散客提供导游服务的人员。自由执业导游是西方大部分国家导游队伍的主体，近年来在我国导游队伍中也占据了主体地位，其主要收入来源是旅行社（或旅游者）支付的导游服务费。

（2）兼职导游。亦称业余导游，是指不以导游工作为主要职业，而是利用业余时间从事导游工作的人员。目前这类导游可细分为两种：一种是通过了国家导游资格考试并取得导游证但只是兼职从事导游工作的人员，他们一般有其他职业，只在空闲时帮助旅游企业带团；另一种是没有取得导游证，但具有特定知识或语种语言能力，受聘于旅行社，临时从事导游工作的人员。兼职导游是我国导游队伍中一支不可缺少的生力军。

（三）按使用语言划分

按照使用语言，可将我国导游分为以下两种类型。

1. **中文导游**

中文导游是指使用普通话、地方话或者少数民族语言从事导游业务的导游。目前，这类导游的服务对象主要是国内旅游中的中国公民和入境旅游中的港、澳、台同胞。

2. **外语导游**

外语导游是指运用外语从事导游业务的导游。目前，这类导游的服务对象主要是入境旅游的外国旅游者和出境旅游的中国公民。

（四）按技术等级划分

按照技术等级，可将我国导游分为以下四种类型。

1. **初级导游**

《中华人民共和国旅游法》中明确规定，参加导游资格考试成绩合格，与旅行社订立劳动合同或者在相关旅游行业组织注册的人员，可以申请取得导游证。也就是说，具有高中、中专及以上学历，通过文化和旅游部组织的统一考试，获得导游资格证书并进行岗前培训，与旅行社订立劳动合同或在相关旅游行业组织注册后，直接认定为初级导游。

2. **中级导游**

取得初级导游等级满 2 年，具有大学专科及以上学历，至申请评定前 2 年内在全国旅游监管服务平台的带团记录不少于 30 次或 120 天，旅游者反映良好，无重大服务质量投诉。经笔试《导游专题知识》、《中国语言文学知识》或《外语》，合格者晋升为中级导游。

3. **高级导游**

取得中级导游等级满 2 年，具有大学专科及以上学历，至申请评定前 2 年内在全国旅游监管服务平台的带团记录不少于 25 次或者 90 天，旅游者反映良好，无重大服务质量投诉，经笔试《导游能力测试》和《导游综合知识》，合格者晋升为高级导游。

4. **特级导游**

取得高级导游等级满 3 年，具有大学本科及以上学历，至申请评定前 3 年内在全国旅游监管服务平台的带团记录不少于 25 次或者 90 天，无旅游服务质量投诉，游客和社会反映良好，具备深厚的旅游知识和广博的文化知识，对旅游领域的某个方面有深入的研究和独到的见解。具备高超的导游艺术和独特的导游风格，能够独立创作富有思想性和艺术性的导游词，对导游相关工作有深入研究，并形成一定的研究成果，通过全国特级导游考核评定后晋升为特级导游。

中级、高级导游等级考核评定通过笔试等形式组织，原则上每 2 年开展一次；特级导游等级考核评定通过论文答辩等形式组织，原则上每 4 年组织一次。

三、导游的管理

作为旅游目的地形象典型代表的导游，其业务素质、服务质量的高低直接影响旅游者对旅游目的地的最终评价。为了建设一支素质稳定的导游队伍，我国采取了严格的导游资格准入的考试制度。1989 年我国开展了第一次全国导游资格考试，随后每年举办一次。2016 年国家旅游局发布的《关于深化导游体制改革加强导游队伍建设的意见》中明确导游资格证终身有效。2017 年导游资格被人力资源社会保障部列入国家认可的 140 项职业资格目录中，成为旅游系列中唯一入选的职业资格，极大地提升了导游资格的含金量。

我国不断加强对导游的管理，并将这种管理纳入法治化轨道。主要的管理措施有：

（一）法治化管理

20 世纪 80 年代后期，我国开始了导游管理的立法建设，根据不同阶段旅游业的发展动态，不断建立导游行业法规、制度，到《中华人民共和国旅游法》最终立法，经历了一个逐步完善的过程。

1987 年国务院批准国家旅游局发布《导游人员管理暂行规定》。

1994 年国家旅游局建立了导游等级考核制度，将导游的等级分为初级、中级、高级和特级四个级别，进一步加强导游队伍建设；同年，国家旅游局联合国家技术监督局发布了《导游人员职业等级标准（试行）》。

1995 年发布国家标准《导游服务质量》。1999 年 5 月国务院颁发的《导游人员管理条例》标志着我国导游队伍的建设进入法治轨道。

2001 年国家旅游局颁布《导游人员管理实施办法》（2016 年国家旅游局发布第 40 号令废止）。

2002 年，国家旅游局开展整顿和规范旅游市场秩序活动，把全面清理整顿导游队伍作为三个重点环节之一来抓，明确提出严厉查处乱拿、私收回扣，打击非法从事导游活动，坚决清理一批政治、道德、业务素质不合格的导游，建立和完善“专职导游”和“社会导游”两套组织体系和教育管理体系，全面推行导游记分制管理和 IC 卡管理等举措，促进了导游工作的规范化，加强了导游队伍的建设。

2013 年 10 月 1 日，《中华人民共和国旅游法》正式施行。该法将经过实践证明行之有效的政策、制度上升为法律制度，对导游的资格考试、注册和从业行为再次进行了明确规定。该法对导游准入条件做出重大修改，从源头保证各类导游都有固定的收入渠道，规范了导游与旅行社之间的利益分配关系，并且进一步明确了导游执业行为应该承担的法律责任。该法为推进我国导游的职业化进程、全面提升导游素质和社会地位打下坚实基础。

2018 年 1 月 1 日开始施行的《导游管理办法》对导游执业许可、管理、保障和激励等进行了规定。

2024 年 4 月 1 日开始实施的新版《导游服务规范》在导游服务能力、服务要求等方面进行了重组与优化，并完善了突发事件和常见问题的处理要求，对促进旅游市场在更高水平上实现供需良性循环具有重要意义。

这些法规对导游资格的取得、导游证的申领、导游的权益保障、导游从业行为规范和违法责任进行了明确的规定，为推进我国导游的职业化进程、保障导游合法权益、规范管理导游队伍和全面提升导游的社会地位打下了坚实的基础。

（二）信息化管理

2001 年，国家旅游局运用现代科学技术手段建立导游数据库，在全国范围内推行导游电子信息网络化管理。

2016 年 1 月 29 日，全国旅游工作会议提出要深化导游管理体制改革，导游从“行政化、非流动、封闭式”管理向“市场化、自由化、法治化”管理转变。

2016 年 5 月 5 日，国家旅游局印发了《关于开展导游自由执业试点工作的通知》，附带《导游自由执业试点实施方案》《导游自由执业试点管理办法（试行）》两个文件，决定从 2016 年 5 月开始，正式启动在江浙沪三省市、广东省的线上导游自由执业试点工作，在吉林长白山、湖南长沙和张家界、广西桂林、海南三亚、四川成都的线上线下导游自由执业试点工作。由此，标志着导游进入自由执业阶段。在试点过程中，国家旅游局为导游自由执业划定了门槛：持有在试点地区注册的初级及以上导游证，身体健康，且两年内未受到行政处罚的导游，由各试点地区的旅游主管部门审核，可以参与导游自由执业。同时，参与自由执业的导游应该具有导游自由执业责任保险，每次事故每人责任限额应不低于 50 万元人民币。

为了方便导游执业，加强对导游的信息化管理和制度保障，2016 年 8 月 24 日全国导游公共服务监管平台正式上线。该平台的功能主要有：导游执业管理、导游执业信息全记录、导游服务评价和投诉、旅游部门监管执法及其他公共服务。随着平台建设不断完善，将实现导游网上培训、星级评价、信息咨询、突发事件应急管理等公共服务。同年 9 月 27 日宣布废止《导游人员管理实施办法》，停止实施导游岗前培训考核制度、计分管理制度、年审管理制度和导游资格证3年有效制度，并在2018年1月1日起实施的《导游管理办法》中做了明确规定。

第二节　导游的服务能力和职责要求

早在20世纪60年代，周恩来总理就对包括翻译导游在内的我国外事工作人员提出了“三过硬”和“五大员”的要求。“三过硬”即要思想过硬、业务过硬、外语过硬，“五大员”是指要当好宣传员、调研员、服务员、安全员和翻译员。改革开放以来，我国导游工作发生了较大的变化，著名导游专家王连义认为，当今导游要真正做好导游服务工作，真正成为旅游者喜欢的导游，必须当好“八大员”，即国情讲解员、导游翻译员、旅游协调员、生活服务员、安全保卫员、情况调查员、座谈报告员和经济统计员。

一、导游服务能力

根据《导游服务规范》（GB/T 15971—2023），一名合格的导游应该从以下四个维度要求自己。

（一）思想素质

1. 热爱祖国，践行社会主义核心价值观

（1）热爱社会主义祖国是作为一名合格的中国导游的首要条件。首先，导游所从事的工作是社会主义祖国整个事业的一部分，社会主义祖国培育了导游，为导游创造了良好的工作环境与发挥自己智慧和才能的条件。其次，导游的一言一行都与社会主义祖国息息相关。如前所述，在海外旅游者的心目中，导游是国家形象的代表，旅游者正是通过导游的思想品德和言行举止来观察、了解中国的。最后，导游向旅游者介绍和讲解的内容都是祖国灿烂的文化、壮丽的河山、祖国人民的伟大创造和社会主义事业的辉煌成就，没有这些丰富的内容，导游讲解就成了无源之水、无本之木。

（2）党的十八大报告明确提出“三个倡导”，即“倡导富强、民主、文明、和谐，倡导自由、平等、公正、法治，倡导爱国、敬业、诚信、友善，积极培育社会主义核心价值观”，这是对社会主义核心价值观基本内容的精辟概括，即概括了国家的价值目标、社会的价值取向和公民的价值准则。

党的二十大报告再次明确：广泛践行社会主义核心价值观。社会主义核心价值观是凝聚人心、汇聚民力的强大力量。

“富强、民主、文明、和谐”，是我国社会主义现代化国家的建设目标，也是从价值目标层面对社会主义核心价值观基本理念的凝练，在社会主义核心价值观中居于最高层次，对其他层次的价值理念具有统领作用。

“自由、平等、公正、法治”，是对美好社会的生动表述，也是从社会层面对社会主义核心价值观基本理念的凝练。它反映了中国特色社会主义的基本属性，是我们党矢志不渝、长期实践的核心价值理念。

“爱国、敬业、诚信、友善”，是公民基本道德规范，是从个人行为层面对社会主义核心价值观基本理念的凝练。它覆盖社会道德生活的各个领域，是公民必须恪守的基本道德准则，也是评价公民道德行为选择的基本价值标准。

2. 践行旅游行业价值观

“游客为本，服务至诚”是旅游行业价值观。“游客为本”即一切旅游工作都要以游客需求作为最根本的出发点和落脚点，它是旅游行业赖以生存和发展的根本价值取向，解决的是“旅游发展为了谁”的理念问题。“服务至诚”即以最大限度的诚恳、诚信和真诚做好旅游服务工作，是旅游行业服务社会的精神内核，是旅游从业人员应当树立的基本工作态度和应当遵循的根本行为准则，解决的是“旅游发展怎么做”的理念问题。导游工作是旅游工作的重要组成部分，是一项传播文化、促进友谊的服务性工作。导游应树立远大理想，将个人的抱负与事业的成功紧密结合起来，立足本职工作，热爱本职工作，恪守职业道德，爱岗敬业，刻苦钻研，不断进取，全身心地投入工作之中，热忱地为旅游者提供优质的导游服务。真正做到“游客为本，服务至诚”。

3. 自觉地遵纪守法

遵纪守法是每个公民的义务，作为旅行社代表的导游尤其应树立高度的法纪观念，自觉地遵守国家的法律、法规，遵守旅游行业的规章，严格执行导游服务质量标准。秉承契约精神，按合同的约定提供导游服务，维护旅游者和旅行社的合法权益。对于提供涉外导游服务的导游，还应牢记“内外有别”的原则，在工作中多请示汇报，切忌自作主张，更不能做违法乱纪的事。

（二）技术技能

旅游的本质是一种追求文化的活动。随着时代的发展，现代旅游活动更加趋向于对文化、知识的追求，人们出游除了消遣，还想通过旅游活动增长知识、丰富阅历、获取教益，这样就对导游提出了更高的要求。为了适应旅游者的需要，为旅游者提供优质导游服务，导游必须拥有以下技能。

1. 语言能力

语言是导游最重要的基本功，是导游服务的工具。导游若没有过硬的语言能力，就根本谈不上做好服务工作。导游应具备良好的语言表达能力，熟练运用相应语种提供导游服务。应有使用礼貌语言的意识，合理使用体态语言，并熟练掌握讲解语言技巧，做到讲解正确、清楚、生动、灵活。

2. 接待操作能力

导游工作是一项难度较大、复杂而艰巨的工作，导游的接待操作能力直接影响到对客服务的效率和服务效果。导游应具备独立工作能力，能代表旅行社履行合同义务，完成旅游接待任务。同时，具备较强的人际交往能力，身心健康，与旅游者相处融洽，善于协调、处理与相关接待者、旅游者之间的关系。在工作中能引导旅游者文明旅游，引导旅游者节约资源，保护生态环境。且具备旅游突发事件防范和应急处置能力，在旅游行程中能按照《旅行社安全规范》的要求进行安全提示和监督。

3. 信息技术应用能力

2019 年，全球正式迈入 5G 时代，移动通信技术实现了质的飞跃，信息技术在导游服务中的应用不仅仅是提供导游工具，还可以改善导游服务的质量和效率。导游应较熟练地掌握移动通信终端与导游服务相关应用软件的使用方法，包括社交、通信、移动办公等软件，导游可以通过社交软件和旅游网站与旅游者进行实时互动，解答旅游者的问题，提供个性化的旅游建议；导游可以利用大数据分析旅游者的需求和偏好，为旅游者提供更加个性化的旅游服务；导游还可以利用各种软件管理团队，提高协作效率和管理水平。此外，导游在日常工作中，还需要能协助旅游者通过移动互联网进行产品预订、定位导航、信息咨询、服务评价等活动。

（三）业务知识

1. 旅游客源地和旅游目的地相关知识

（1）法律法规常识

法律法规是导游工作的指针。导游在导游讲解、回答旅游者的问题或同旅游者座谈有关问题时，必须以国家的法律法规做指导，否则会让旅游者造成误解，甚至给国家造成损失。旅游过程中出现的有关问题，导游必须根据国家的法律法规予以正确处理。导游自身的言行也要符合国家法律法规的要求，应自觉地遵纪守法。

（2）政治、经济、社会知识

由于旅游者来自不同国家（地区）的不同社会阶层，他们中一些人往往对旅游目的地的某些政治、经济和社会问题，尤其是某些时事比较关注，喜欢询问一些相关的问题，有的人还常常把本国本地的社会问题同旅游目的地的社会问题进行比较。另外，在旅游过程中，旅游者随时可能见到或了解到旅游目的地的某些社会现象，从而引发他们对某些社会问题的思考，要求导游给予相应的解释。所以，导游应关心时事，掌握相关的政治、经济、社会知识。

（3）史地文化知识

史地文化知识包括历史、地理、宗教、民族、风俗民情、风物特产、文学艺术、古典建筑和园林等诸方面的知识。这些知识是导游讲解的素材，是导游服务的“原料”，是导游的看家本领。导游要对本地及邻近省、市、地区的旅游景点、风土人情、历史掌故、民间传说等了如指掌，对国内外的主要名胜景区、景点应有所了解，还要善于将本地的风景名胜与历史典故、文学名著、名人逸事等有机地联系在一起。

（4）民族民俗知识

世界各地民族众多，风俗民情各有千秋，其感染力主要体现在居住、饮食、服饰、娱乐、节庆等日常活动方面的差异性与独特性，而各民族禁忌也各不相同，导游要了解旅游客源地和目的地的风土民情、婚丧嫁娶习俗、宗教信仰和禁忌习俗等，以便更好地做好导游服务工作。

（5）心理学知识

导游的工作对象主要是形形色色的旅游者，还要与各旅游服务部门的工作人员打交道，导游工作集体三成员（全陪导游、地陪导游和领队）之间的相处有时也很复杂。导游是做人的工作，而且往往是与人短暂相处，因而掌握必要的心理学知识具有特殊的重要性。导游要随时了解旅游者的心理活动，有的放矢地做好导游讲解和旅途生活服务工作，有针对性地提供心理服务，从而使旅游者在心理上得到满足，在精神上获得享受。

（6）美学知识

旅游活动是一项综合性的审美活动。导游不仅要向旅游者传播知识，也要传递美的信息，让他们获得美的享受。一名合格的导游要懂得什么是美，知道美在何处，并善于用生动形象的语言向具有不同审美情趣的旅游者介绍美，还要用美学知识来指导自己，使自己的仪表、仪容、仪态符合美的要求。因为导游代表着一个国家（或地区）的旅游形象，其自身就是旅游者的审美对象。

2. 旅行常识

导游率领旅游者在目的地旅游，在提供导游服务的同时，还应随时随地帮助旅游者解决旅行中的种种问题。因此，导游掌握必要的旅行知识，对旅游活动的顺利进行就显得十分重要。旅行知识主要包括旅行证件知识、领事保护知识、客货运知识、机票政策、海关及移民管理机关规定和必备的应急医疗常识等。

3. 旅游产品策划、线路设计专业知识

在现代旅游业中，旅游产品的策划、线路设计均至关重要。这不仅能够满足游客多样化的需求，也是导游提升服务质量和竞争力的关键所在。导游应在了解游客需求的基础上，结合实际情况进行产品策划和设计。这包括确定旅行的目的地、行程安排、景点选择、餐饮住宿等方面的考虑。导游需要根据不同的游客需求提供不同的旅游产品。而到达旅游景区后，导游也应有根据游客的需求、景点的特点、交通的便利性等方面设计线路的能力，以满足游客的需求，让游客在旅行中得到最好的体验。

（四）职业形象

导游应仪表端庄，着装整洁、大方、得体，表情稳重自然，态度和蔼诚恳，富有亲和力，言行有度，举止符合礼仪规范。

二、导游的职责要求

（一）导游的基本职责

导游的基本职责是指各类导游都应履行的共同职责。各类导游由于其工作性质、工作对象、工作范围和时空条件各不相同，职责重点也有所区别。但他们的基本职责是共同的，就是为旅游者提供良好的导游讲解和旅行服务。

导游的基本职责有以下五个方面。

1. 接受导游任务，引导文明旅游

导游应接受旅行社分配的导游任务，按照接待计划安排和组织旅游者参观、游览，以身作则，遵守文明旅游规范，并引导旅游者开展文明旅游活动。

2. 进行导游讲解，传播中国文化

导游负责向旅游者导游、讲解，介绍我国（或地方）的传统文化和各地的旅游资源。

3. 安排旅游事宜，保护旅游者安全

在旅游过程中，导游应配合和督促有关部门安排、落实旅游者的交通和住宿，保护旅游者的人身和财产安全。

4. 反映意见要求，安排相关活动

对旅游者的意见和要求，导游应及时向上级反映，并积极协助有关部门安排会见、座谈等活动。

5. 解答旅游者问询，处理相关问题

对旅游者提出的问题或相关咨询，导游应耐心予以解答，并协助处理旅游者在旅游过程中遇到的问题和事故。

（二）全陪导游的主要职责

全陪导游在导游工作集体中处于中心地位，起着主导作用。在海外旅游者心目中，他们是东道国的代表，是旅游团在华活动的主要决策人。对于国内旅游团队而言，全陪导游是国内组团旅行社的代表，负责全程陪同旅游团完成旅游活动。全陪导游的主要职责有以下五个方面。

1. 实施旅游接待计划

全陪导游应按旅游合同或约定实施组团旅行社的接待计划，监督各地接待单位的执行情况和接待质量。

2. 做好联络工作

全陪导游负责旅游过程中同组团旅行社和各地接待旅行社的联络，做好旅行各站的衔接工作，确保旅游活动的连贯性、一致性和多样性。

3. 做好组织协调工作

全陪导游应协调旅游者与地接社及地陪导游之间、领队与地陪导游、司机等各方面接待人员之间的合作关系，协调旅游团在各地的旅游活动，听取旅游者的意见。

4. 维护安全，处理问题

全陪导游应维护旅游者的人身和财物安全，处理好各类突发事件，转达旅游者的意见和要求，力所能及地处理旅游者的意见、要求乃至投诉。

5. 宣传、调研工作

全陪导游应耐心解答旅游者的问询，介绍我国（地方）文化和旅游资源，开展市场调研，协助开发、改进旅游产品的设计和市场促销。

（三）地陪导游的主要职责

地陪导游是地方接待旅行社的代表，是旅游计划的具体执行者。就一地而言，地陪导游是典型的、完全意义上的导游，他的工作责任最大，处理的事务最多，工作最辛苦，所起的作用最关键。地陪导游的主要职责有以下五个方面。

1. 安排旅游活动

地陪导游应严格按照旅游接待计划，合理安排旅游者在当地的旅游活动。

2. 做好接待工作

地陪导游的重点职责之一是要认真安排、落实旅游者在当地的接送服务和食、住、行、游、购、娱等服务，并与全陪导游、领队密切合作，按照旅游接待协议做好当地旅游接待工作。

3. 进行导游讲解

负责旅游者在当地参观游览中的导游讲解是地陪导游的又一重点职责，

地陪导游应积极介绍和传播我国（地方）文化和旅游资源，解答旅游者提出的问题。

4. 维护旅游者安全

地陪导游要维护旅游者在当地旅游过程中的人身和财物安全，做好事故防范和安全提示工作。

5. 处理相关问题

地陪导游应妥善处理旅游服务相关各方面的协作关系，以及旅游者在当地旅游过程中发生的各类问题。

第三节 导游领队引导文明旅游规范

随着我国人民生活水平的提高，利用闲暇时间外出观光、度假已成为大众化的生活方式。然而随着中国公民越来越频繁地走出家门、国门，极少数旅游者表现出的一些诸如随地吐痰、不遵守公共秩序、大声喧哗、当众脱鞋等的不文明行为给目的地国家和地区的居民留下了不好的印象，极大地损害了中国作为文明古国的形象。提升公民旅游文明素质是一项长期而艰巨的任务，导游和领队的示范和及时的提醒、引导能有效提升旅游活动中的文明意识，进而对旅游行为产生积极影响。

一、引导文明旅游的基本要求与主要内容

（一）基本要求

1. 一岗双责

（1）导游领队人员应兼具为旅游者提供服务与引导旅游者文明旅游两项职责。

（2）导游领队人员在引导旅游者文明旅游过程中应体现服务态度、坚持服务原则，在服务旅游者过程中应包含引导旅游者文明旅游的内容。

2. 掌握知识

（1）导游领队人员应具备从事导游领队工作的基本专业知识和业务技能。

（2）导游领队人员应掌握我国旅游法律、法规、政策以及有关规范性文件中关于文明旅游的规定和要求。

（3）导游领队人员应掌握基本的文明礼仪知识和规范。

（4）导游领队人员应熟悉旅游目的地的法律规范、宗教信仰、风俗禁忌、礼仪知识、社会公德等基本情况。

（5）导游领队人员应掌握必要的紧急情况处理技能。

3. 率先垂范

俗话说：榜样的力量是无穷的。导游领队人员的一言一行都会给旅游者产生示范效应，甚至一些旅游者初到异国他乡，因对当地风俗民情不太熟悉，为避免尴尬，会下意识地模仿导游领队的行为。因此，导游领队人员在工作期间应做到：

（1）以身作则、遵纪守法、恪守职责，体现良好的职业素养和职业道德，为旅游者树立榜样。

（2）注重仪容仪表、衣着得体，展现导游领队职业群体的良好形象。

（3）言行规范、举止文明，为旅游者做出良好示范。

4. 合理引导

（1）导游领队人员对旅游者文明旅游的引导应诚恳、得体。

（2）导游领队人员应有维护文明旅游的主动性和自觉性，关注旅游者的言行举止，在适当时机对旅游者进行相应提醒、警示、劝告。

（3）导游领队人员应积极主动地营造轻松和谐的旅游氛围，引导旅游者友善共处、互帮互助、相互督促并适时地给予旅游者友善的提醒。

5. 正确沟通

（1）在进行引导时，导游领队人员应注意与旅游者充分沟通，秉持真诚友善原则，增强与旅游者之间的互信，增强引导效果。

（2）对旅游者的正确批评和合理意见，导游领队人员应认真听取，虚心接受。

6. 分类引导

（1）针对不同旅游者的引导

在带团工作前，导游领队人员应熟悉团队成员、旅游产品、旅游目的地的基本情况，为恰当引导旅游者做好准备。

对未成年人较多的团队，应侧重对家长的引导，并需要特别关注未成年人的特点，避免损坏公物、喧哗吵闹等不文明现象发生。

对无出境记录的旅游者，应特别提醒其注意旅游目的地的风俗禁忌和礼仪习惯，以及出入海关、边防（移民局）的注意事项，做到提前告知和提醒。

旅游者生活环境与旅游目的地环境差异较大时，导游领队应提醒旅游者注意相关习惯、理念差异，避免言行举止不合时宜而导致的不文明现象。

（2）针对不文明行为的处理

对于旅游者因无心之过而出现与旅游目的地风俗禁忌、礼仪规范不协调的行为，应及时提醒和劝阻，必要时协助旅游者赔礼道歉。

对于从事违法或违反社会公德活动的旅游者，以及从事严重影响其他旅游者权益的活动，不听劝阻、不能制止的旅游者，根据旅行社的指示，导游领队可代表旅行社与其解除旅游合同。

对于从事违法活动的旅游者，不听劝阻、无法制止、后果严重的，导游领队人员应主动向相关执法、管理机关报告，寻求帮助，依法处理。

（二）主要内容

1. 法律法规

导游领队人员应将我国及旅游目的地国家和地区文明旅游的有关法律规范和相关要求向旅游者进行提示和说明，避免旅游者出现触犯法律的不文明行为。引导旅游者爱护公物、文物，遵守交通规则，尊重他人权益。

2. 风俗禁忌

导游领队人员应主动提醒旅游者尊重当地风俗习惯、宗教禁忌。在有支付小费习惯的国家和地区，应引导旅游者以礼貌的方式主动向服务人员支付小费。

3. 绿色环保

导游领队人员应向旅游者倡导绿色出游、节能环保，宜将具体环保常识和方法向旅游者进行说明。引导旅游者爱护旅游目的地自然环境，保持旅游场所的环境卫生。

4. 礼仪规范

导游领队人员应提醒旅游者注意基本的礼仪规范：仪容整洁，遵序守时，言行得体。提醒旅游者不在公共场合大声喧哗、违规抽烟，提醒旅游者依序排队、不拥挤争抢。

5. 诚信善意

导游领队人员应引导旅游者在旅游过程中保持良好心态，尊重他人、遵守规则、恪守契约、包容礼让，展现良好形象，通过旅游提升文明素养。

二、引导文明旅游的具体规范与总结反馈

（一）具体规范

1. 出行前

（1）导游领队应在出行前将旅游文明需要注意的事项以适当方式告知旅游者。

（2）导游领队参加行前说明会的，宜在行前说明会上向旅游者讲解《中国

公民国内旅游文明行为公约》或《中国公民出境旅游文明行为指南》，提示基本的文明旅游规范，并将旅游目的地的法律法规、宗教信仰、风俗禁忌、礼仪规范等内容系统、详细地告知旅游者，使旅游者在出行前具备相应知识，为文明旅游做好准备。

（3）不便于召集行前说明会或导游领队不参加行前说明会的，导游领队宜向旅游者发送电子邮件、传真，或通过电话沟通等方式，将文明旅游的相关注意事项和规范要求进行说明和告知。

（4）在旅游出发地机场、车站等集合地点，导游领队应将文明旅游事项向旅游者进行重申。

（5）当旅游产品具有特殊安排，如乘坐的廉价航班不提供餐饮、入住酒店不提供一次性洗漱用品时，导游领队应向旅游者事先告知和提醒。

2. 登机（车、船）与出入口岸

（1）导游领队应提醒旅游者提前办理检票、安检、托运行李等手续，不携带违禁物品。

（2）导游领队应组织旅游者依序候机（车、船），并优先安排老人、未成年人、孕妇、残障人士。

（3）导游领队应提醒旅游者不抢座、不占位，主动将上下交通工具方便的座位让给老人、孕妇、残障人士和带婴幼儿的旅游者。

（4）导游领队应引导旅游者主动配合机场、车站、港口以及安检、边防（移民局）、海关的检查和指挥。与相关工作人员友好沟通，避免产生冲突，携带需要申报的物品时，应主动申报。

3. 乘坐公共交通工具

（1）导游领队宜利用乘坐交通工具的时间，将文明旅游的规范要求向旅游者进行说明和提醒。

（2）导游领队应提醒旅游者遵守和配合乘务人员指示，确保交通工具安全有序运行，例如乘机时应按照要求使用移动电话等电子设备。

（3）导游领队应提醒旅游者乘坐交通工具的安全规范和基本礼仪，遵守秩序，尊重他人，例如乘机（车、船）时不长时间占用通道或卫生间，不强行调换座位，不强行开启安全舱门。避免不文雅的举止，不无限制索要免费餐饮等。

（4）导游领队应提醒旅游者保持交通工具内的环境卫生，不乱扔乱放废弃物。

4. 住宿

（1）导游领队应提醒旅游者尊重服务人员，服务人员问好时要友善回应。

（2）导游领队应指引旅游者爱护和正确使用住宿场所的设施设备，注意维护客房和公用空间的整洁卫生，提醒旅游者不在酒店禁烟区域抽烟。

（3）导游领队应引导旅游者减少一次性物品的使用，减少环境污染，节水节电。

（4）导游领队应提醒旅游者在客房区域举止文明，如在走廊等公共区域时应衣着得体，出入房间应轻关房门，不吵闹喧哗，宜调小电视音量，以免打扰其他客人休息。

（5）导游领队应提醒旅游者，在客房内有消费项目的，应在离店前主动声明并付费。

5. 餐饮

（1）导游领队应提醒旅游者注意用餐礼仪，有序就餐，避免高声喧哗干扰他人。

（2）导游领队应引导旅游者就餐时适量点用，避免浪费。

（3）导游领队应提醒旅游者自助餐区域的食物、饮料不能带离就餐区。

（4）集体就餐时，导游领队应提醒旅游者正确使用公共餐具。

（5）旅游者如需在就餐时抽烟，导游领队应指示旅游者到指定抽烟区域就座，如果就餐区禁烟，旅游者应遵守相关规则。

（6）就餐环境对服装有特殊要求的，导游领队应事先告知旅游者，以便旅游者准备。

（7）在公共交通工具上或在博物馆、展览馆、音乐厅等场所，应遵守相关规则，勿违规饮食。

6. 游览

（1）导游领队宜将文明旅游的内容融合在讲解词中，进行提醒和告知。

（2）导游领队应提醒旅游者遵守游览场所规则，依序文明游览。

（3）在自然环境中游览时，导游领队应提示旅游者爱护环境、不攀折花草、不惊吓伤害动物，不进入未开放区域。

（4）观赏人文景观时，导游领队应提示旅游者爱护公物、保护文物，不攀登骑跨或胡写乱画。

（5）在参观博物馆、教堂等室内场所时，导游领队应提示旅游者保持安静，根据场馆要求规范使用摄影摄像设备，不随意触摸展品。

（6）游览区域对旅游者着装有要求的（如教堂、寺庙、博物馆、皇宫等），导游领队应提前一天向旅游者说明，提醒准备。

（7）导游领队应提醒旅游者摄影摄像时先后有序，不妨碍他人。如需拍摄他人肖像或与他人合影，应征得同意。

7. 娱乐

（1）导游领队应组织旅游者安全、有序、文明、理性地参与娱乐活动。

（2）导游领队应提示旅游者观赏演艺、比赛类活动时遵守秩序及相应规定：例如按时入场、有序出入；中途入场或离席以及鼓掌喝彩应合乎时宜；根据要求使用摄像摄影设备，慎用闪光灯。

（3）导游领队应提示旅游者观看体育比赛时，尊重参赛选手和裁判，遵守赛场秩序。

（4）旅游者参加涉水娱乐活动的，导游领队应事先提示旅游者听从工作人员指挥，注意安全，爱护环境。

（5）导游领队应提示旅游者在参加和其他旅游者、工作人员的互动活动时，文明参与、大方得体，并在活动结束后对工作人员表示感谢，礼貌话别。

8. 购物

（1）导游领队应提醒旅游者理性、诚信消费，适度议价，善意待人，遵守契约。

（2）导游领队应提醒旅游者遵守购物场所规范，保持购物场所秩序，不哄抢喧哗，试吃试用商品应征得同意，不随意占用购物场所非公共区域的休息座椅。

（3）导游领队应提醒旅游者尊重购物场所购物数量限制。

（4）在购物活动开始前，导游领队应提醒旅游者购物活动结束时间和购物结束后的集合地点，避免因旅游者迟到、拖延而引发的不文明现象。

9. 如厕

（1）在旅游过程中，导游领队应提示旅游者正确使用卫生设施；在如厕习惯特别的国家、地区，或卫生设施操作复杂的，导游领队应向旅游者进行相应说明。

（2）导游领队应提示旅游者维护卫生设施清洁，适度取用公共卫生用品，并遵照相关提示和说明不在卫生间抽烟或随意丢弃废弃物，不随意占用残障人士专用设施。

（3）在乘坐长途汽车前，导游领队应提示旅游者行车时间，提醒旅游者提前上卫生间。在长途行车过程中，导游领队应与司机协调，在中途安排停车如厕。

（4）游览过程中，导游领队应适时提示卫生间位置，尤其应注意引导家长带领未成年人使用卫生间，不随地大小便。

（5）在旅游者众多的情况下，导游领队应引导旅游者依序排队使用卫生间，并礼让急需的老人、未成年人、残障人士。

（6）在野外无卫生间等设施设备的情况下，导游领队应引导旅游者在适当的位置如厕，避免污染水源或影响生态环境，并提示旅游者填埋、清理废弃物。

（二）特殊 / 突发情况处理

（1）旅游过程中遭遇特殊 / 突发情况，如财物被抢被盗、感染重大传染性疾病、遭受自然灾害、交通工具延误等，导游领队应沉着应对，冷静处理。

（2）需要旅游者配合相关部门处理的，导游领队应及时向旅游者说明，进行安抚劝慰，并积极协助有关部门进行处理。在突发紧急情况下，导游领队应立即采取应急措施，避免损失扩大和事态升级。

（3）导游领队应在旅游者与相关机构和人员发生纠纷时，及时处理、正确疏导，引导旅游者理性维权、化解矛盾。

（4）遇旅游者采取拒绝上下机（车、船）、滞留等方式非理性维权的，导游领队应与旅游者进行沟通，晓以利害。必要时应向驻外使领馆或当地警方等机构报告，寻求帮助。

（三）总结反馈

（1）旅游行程全部结束后，导游领队向旅行社递交的《带团报告》或《团队日志》中，应有总结和反馈文明旅游引导工作的内容，以便积累经验并在导游领队人员中进行培训、分享。

（2）旅游行程结束后，导游领队宜与旅游者继续保持友好交流，并妥善处理遗留问题。

（3）对旅游过程中严重违背社会公德，违反法律规范，影响恶劣、后果严重的旅游者，导游领队人员应将相关情况向旅行社进行汇报，并通过旅行社将该旅游者的不文明行为向旅游管理部门报告，经旅游管理部门核实后，纳入旅游者不文明旅游记录。

（4）旅行社、导游行业组织等机构应做好导游领队引导文明旅游的宣传培训和教育工作。

第四节 导游服务礼仪规范

一、导游的仪容仪表礼仪

(一)导游的仪容礼仪

仪容仪表是人的外在表现。仪容即人的容貌,是个人礼仪的重要组成部分。仪容在个人仪表美中占有举足轻重的地位。导游在完善自身的仪容礼仪时,应注意以下几点要求。

首先,仪容的修饰要考虑时间和场合。同样的仪容修饰在不同的时间和场合有着截然不同的效果。其次,在公众场合不能当众进行仪容修饰。众目睽睽之下修饰仪容既不尊重自己,也有碍他人,是极为失礼的。最后,完善自身的仪容需内外兼修。

导游的仪容礼仪主要包括面部化妆礼仪、头发的护养礼仪和香水的使用礼仪等方面。

1. 面部化妆礼仪

化妆是一门艺术,又是一种技巧,它不是单纯地涂脂抹粉,更不是把自己打扮得花枝招展,而是塑造一副淡雅清秀、健康自然、鲜明和谐、富有个性的形象。

(1)正确认识自己

大多数人的面容不是十全十美的,都有这样或那样不尽如人意的地方。化妆的目的是在扬长避短的原则下,寻找并突出自己面部最富魅力的部位,掩盖或削弱有缺陷的地方,这样才能起到化妆的效果。

(2)以自然修整为准

生活中的美容化妆,以修整统一、和谐自然为准则。恰到好处的化妆,给人以文明、整洁、雅致的印象。浓妆艳抹,矫揉造作,过分地修饰、夸张,都是不可取的。

(3)妆容与环境相适应

化妆或浓或淡要视时间、场合而定。在日光下、工作时间和工作场合只适合化淡妆。晚上,参加舞会、宴会等社交活动时,可穿着艳丽、典雅的服装,在灯光照耀下妆色可浓些,可使用发亮的化妆品。导游带团时,不要化浓妆。在秀丽的湖光山色中,最自然的就是最美的。

（4）化妆禁忌

①不要当众化妆。

②不要非议他人的妆容。

③不要借用别人的化妆品。

④男士的化妆要体现男子汉的气概，应根据自己的年龄和脸型，稍稍修整眉型和发型，同时也应该保持皮肤的清洁，合理使用护肤品。

2. 头发的养护礼仪

头发也是构成仪容礼仪的要素之一，直接影响到别人对你的印象。拥有整洁干净的头发是社交礼仪中最基本的要求。在当今社会，头发的功能已不是单纯地表现人的性别，而是更全面地表现着一个人的道德修养、审美情趣、知识结构及行为规范。任何一个人都可能通过某人的发型准确地判断出其职业、身份、受教育程度及卫生习惯，更可能感受到他（她）身心是否健康以及对待生活和事业的态度。

3. 香水的使用礼仪

适当使用香水，其芬芳的香味能提神醒脑、祛浊除味，会使自己魅力倍增、风度迷人。正确使用香水，需注意以下禁忌。

（1）忌用量过多

香水在使用时应注意适量，一般情况下，1 米范围内能够闻到淡淡的幽香较为合适，若在 3 米左右的距离内仍可闻到香味就显得过量了。

（2）忌使用部位不当

香水中的香精和酒精在紫外线的作用下会刺激皮肤，易出现色素沉淀，所以涂抹香水的部位最好是光线照射不到的地方。如腋下、耳后、手臂内侧等。不要搽在手背、额头等暴露部位，比较妥当的办法是在衣领、衣角、手帕上搽一点，任其自然挥发。

（3）忌不洁

要使香水发挥应有的作用，务必先洗澡，驱除不洁气味。用香水掩盖异味是不正确的。

（4）忌不同香水混合使用

不同品牌、不同系列、不同香型的香水不能混合使用，以免掩盖不同香水的香气特点和产生副作用。

（5）忌吃辛辣刺激的食物

忌吃葱、蒜、辣椒等。因为食用这类食物后容易产生口腔异味，从而影响香水的使用效果。

（二）仪表服饰礼仪

仪表可以表现人的精神状态和文明程度，也体现着对他人的尊重。衣着得体、修饰恰当、风度优雅可以给人以朝气蓬勃、值得信赖、热情好客的感觉。仪表服饰礼仪是一门艺术、一种文化、一种语言，是导游给旅游者留下良好“第一印象”的重要组成部分。

1. 着装的基本原则

（1）TPO 原则

TPO 原则是人们着装的总原则。在英语中是 Time（时间）、Place（地点）、Occasion（场合）三个单词的首字母。它是指人们在着装时，要注意时间、地点、场合并与之相适应。

①与时间相适应。在西方，不同的时间里有不同的着装要求。例如：男士在白天不能穿小礼服和晚礼服，在夜晚不能穿晨礼服；女士在日落前则不能穿过于裸露的礼服。

②与地点相适应。这是指根据不同国家、不同地区所处的地理位置和自然条件的要求来着装。例如：在气候炎热的地方，服装以浅色或冷色调为主；在寒冷的地区，服装则以深色或暖色调为主。

③与场合相适应。这里的场合主要是指上班、社交、休闲三大场合。上班要穿得整洁、大方、美观，不可过分妖艳。社交装要穿得时髦、时尚又不失高雅。在出席婚礼、宴会等重要场合时，女士既可以穿西装和中式服装，也可以穿旗袍和晚礼服；男士可以着中山装，也可以着正规西装，但必须系领带。休闲装则要穿得宽松、舒适、随意，棉质的衬衣、T 恤、牛仔装是郊外游玩的首选，穿上它们可以使人显得轻松和惬意。

（2）配色原则

一般来说，黑、白、灰是服装搭配时最常用的三种颜色，它们最容易与其他颜色的服装搭配并取得很好的效果。因此，这三种颜色也被称作“安全色”。除此之外，服装色彩的搭配要遵循上深下浅或上浅下深的原则。可采取同类型配色或衬托配色的方式，例如，绿色配黄色、浅蓝配粉红、深蓝配红色等。

不同颜色的服装穿在不同的人身上也会产生不同的效果。如深色的衣服，特别是黑色、深蓝色、深咖啡色等给人以收缩感，瘦人穿着显得更加瘦小，而胖人穿着则会显得苗条；反之，浅色的衣服给人以扩张感，适宜瘦人穿着。

2. 着装的基本要求

（1）要与年龄相协调

不同年龄的人有不同的审美观和不同的穿着要求。年龄大些的人喜欢着深色保守款以显成熟稳重，年龄小些的人喜欢着亮色时尚款以显青春活泼。

（2）要与体形相协调

服饰要因人而异、扬长避短。瘦者穿浅色、横条纹、大花图案的衣服可以显得圆润丰满些，胖者穿深色、竖条纹的衣服则可显得苗条清秀些。肤色较深的人穿浅色服装会显得时尚健美，肤色较白的人穿深色服装更能显出皮肤的细腻白嫩。

（3）要与职业相协调

导游是旅游地的形象大使，不宜染头发、穿奇装异服，否则会使旅游者感觉缺乏亲和力，应该选择适合户外工作特点、大方得体的服饰。

（4）要与环境相协调

在喜庆场合不能穿得太古板，在悲伤场合不能穿得太花哨，在庄重场合不能穿得太随意，在休闲场合不能穿得太隆重。高跟鞋和西服套裙显得高雅大方，适合在参加宴会时穿着，但不适于去登高探险、郊外野营。

3. 正装的着装规范

在某些正式场合导游需要着正装出席，男士对于着西装、女士对于着套裙的规范都需要掌握。

（1）男士西装的着装规范

①要拆除衣袖上的商标。在正式穿西服之前，一定要将商标拆除。有的人故意将商标露在外面显示其西服的品牌和档次，这是十分不妥的。

②要熨烫平整。在每次正式穿着西装前要进行熨烫，穿着后及时挂起，以保证下次穿着时平整挺括。

③要系好纽扣。穿西服时，上衣、背心与裤子的纽扣都有一定的系法。通常，单排两粒扣式的西服上衣，讲究“扣上不扣下”，即只系上边那粒纽扣，或全部不系。单排三粒扣式的西服上衣，要么只系中间那粒纽扣，要么系上面那两粒纽扣。而双排扣的西服上衣必须系上所有纽扣，以示庄重。穿西服背心，不论是单独穿着，还是与西服上衣配套，都要认真地系上纽扣。

在一般情况下，背心只能与单排扣西服上衣配套。背心也分为单排扣式和双排扣式两种。根据着装惯例，单排扣式西服背心的最下面那粒纽扣应当不系，而双排扣式西服背心的纽扣则必须统统系上。

④要不卷不挽。在公众场合，任何情况下都不要将西服上衣的衣袖挽上去，也不能随意卷起西裤的裤管，这样会给人以粗俗之感。

⑤要慎穿毛衫。男士要将一套西服穿得有“型”有“款”，除了衬衫与背心，在西服上衣之内，最好不要再穿其他任何衣物。在气候寒冷的地区，只能加一

件薄型“V”领羊毛衫或羊绒衫。这样既不会显得过于花哨，也不会妨碍自己打领带。不要穿色彩、图案十分复杂的羊毛衫或羊绒衫，也不要穿扣式的开领羊毛衫或羊绒衫，否则会使西服变形走样，给人以臃肿感。

⑥要巧妙搭配。西服的标准穿法是衬衫之内不再穿其他衣物。至于不穿衬衫，而以 T 恤直接与西服搭配的穿法，在正式场合是不允许的。

⑦要少装东西。为使西服穿着时在外观上保持笔挺、不走样，就应当在西服的口袋里少装东西或不装东西。具体而言，西服不同的口袋发挥着各不相同的作用。上衣左侧的外胸袋除可以插入一块用以装饰的真丝手帕外，不应再放其他任何东西，尤其不应当放钢笔、挂眼镜。内侧的胸袋，可以用来放钢笔、钱夹或名片夹，但不要放过大过厚的东西或叮当作响的钥匙串等物。外侧下方的两只口袋，原则上不放任何东西。在西服背心上，口袋大多只起到装饰作用。除可以放置怀表外，不宜再放别的东西。在西服裤子上，两只侧面的口袋只能放纸巾、钥匙包或者钱包。其后侧的两只口袋，一般不放任何东西。

⑧要与鞋袜搭配。与西服配套的鞋子只能是皮鞋，其颜色宜选用深色和单色。黑色皮鞋可以和任何颜色的西装配套。男士在穿西服、皮鞋时所搭配的袜子，以深色和单色为宜，并且最好是黑色的。

男士在穿着正装衬衫时还要注意以下几点：

①衣扣要系上。穿西装的时候，衬衫的所有纽扣都要一一系好。在穿西装而不打领带的时候，必须解开衬衫的领扣。

②袖长要适度。穿西装时，衬衫的袖子最好露出西服袖口 2 厘米左右。

③下摆要放好。穿长袖衬衫时，不论是否穿外衣，都要将下摆均匀掖进裤腰之内。

④大小要合身。除休闲衬衫外，衬衫既不宜过于短小紧身，也不应过分宽松肥大。

（2）女士套裙的穿法

①套裙的上衣可以短至腰部，裙子可长达小腿的中部。一般情况下，上衣不宜太短，裙子也不宜过长。上衣的袖长不超过着装者的手腕，裙子不盖过脚踝。

②穿着到位。在穿着套裙时要将上衣的领子完全翻好，衣袋的盖子要拉出来盖住衣袋；不允许将上衣披在身上，或者搭在身上，裙子要穿着端正，上下对齐。女士在正式场合穿套裙时，上衣的衣扣必须全部系上，不允许将其全部或部分解开，更不允许当着别人的面随便将上衣脱下。

③考虑场合。女士在各种正式的商务交往之中，一般以穿着套裙为好。在出席宴会、舞会、音乐会时，可酌情选择适合参加这类活动的礼服或时装。

④协调妆饰。女性导游在工作岗位上要突出的是工作能力和敬业精神，而非自己的性别特征和靓丽容颜，所以应当只化淡妆，恰到好处即可。就佩饰而言，饰物以少为宜，要合乎自己的职业和身份。不允许佩戴过度张扬自己“女人味”的耳环、手镯、脚链等首饰。

⑤女士在选择与套裙相配的鞋袜时，要注意：鞋袜应当大小适宜、完好无损，鞋袜不可当众脱下，不允许穿两只不同的袜子，不可将袜口暴露在外。

二、导游的言谈举止礼仪

（一）导游的言谈礼仪

1. 交谈礼仪

语言是内心世界的表现，一个人的教养和为人在交谈中会自然流露出来。导游的工作中“言谈交流”是很重要的组成部分，掌握交谈中的一些基本规则和技艺，是拉近与旅游者距离的良方。

（1）基本规则

①委婉含蓄，表达巧妙。例如：在外交场合，通常以“遗憾”代替“不满”，以“无可奉告”代替“拒绝回答”；在社交场合，以“去洗手间”代替“厕所在哪儿”，这些都是委婉含蓄的表达方式。

②善于倾听，给别人以说话的机会。这样才能在听取别人谈话的同时，获得对方的好感。倾听时要集中注意力，要主动反馈，要尊重对方意见。

③坦率诚恳，切忌过分客气。欧美人习惯率直地表达自己的意见，只要言语不唐突，直抒己见反而更易获得好感。日本人交谈时比较含蓄，而且会不时地应和对方。

④大方自然。交谈时，要自信、大方、自然，不能扭捏腼腆、惊慌失措或心不在焉。

⑤照顾全局。多人交谈时，要照顾大家，要与多数人谈话，不要冷落任何人。

⑥诙谐幽默，避开矛盾的锋芒。幽默风趣的话语不仅令人愉快，还能化解由于各种原因引起的紧张情绪和尴尬气氛。

（2）忌谈话题

①非特殊场合不要涉及疾病、死亡等不愉快的话题。

②回避对方的隐私。对女士一般不询问其年龄和婚姻情况；对一般人，不直接询问他的履历、工资收入、家庭财产、衣饰价格等私人的问题。

③对方不愿意回答的问题不要刨根问底，对方反感的问题一旦提出则应表示歉意或立即转移话题。

④不要批评长辈和身份高的人，不要讥笑讽刺他人，对宗教问题也应持慎重态度。

⑤不能用词尖酸刻薄，恶语伤人。

⑥不能用傲慢失礼的话伤害对方的自尊心。

⑦和外国旅游者交谈不得胡言乱语或泄露国家机密。

（3）控制音调

在与人交谈时要注意控制音调，尤其是讲话时尖而响的声音容易引起旁人的反感。一个音量适宜、清晰可辨的声音更能吸引人们的注意力并博得信任和尊敬。

2. 礼貌用语

"谢谢您""对不起""请"这些礼貌用语，如使用恰当，对融洽人际关系会起到意想不到的作用。

无论别人给予你的帮助是多么微不足道，都应该诚恳地说声"谢谢"。对他人的道谢要答谢，答谢可以用"没什么""别客气""我很乐意帮忙""应该的"来回答。

道歉时最重要的是有诚意，切忌道歉时先辩解，好似推脱责任；同时要注意及时道歉，犹豫不决会失去道歉的良机。在涉外场合需要请人帮忙时，说句"对不起，您能帮我一下吗"，则能体现一个人的谦和及修养。

几乎在任何需要麻烦他人的时候，"请"都是必须挂在嘴边的礼貌语，如"请问""请原谅""请留步""请用餐""请指教""请稍候""请关照"等。频繁使用"请"字，会使话语变得委婉而有礼貌，是比较自然地把自己的位置降低而将对方的位置抬高的最好办法。

3. 交谈的最佳距离和角度

在社交场合，要注意保持交谈的最佳距离和角度。不同的国家对此有不同的习惯。西欧一些国家认为，两个人交谈的最佳距离为 1 米，但意大利人经常保持 0.3~0.4 米。从卫生角度考虑，交谈的最佳距离为 1.3 米，这样就不至于因交谈而感染由飞沫传染的疾病。此外，交谈时最好有一定的角度，两个人可在对方的侧面斜站，形成 30° 角为最佳，避免面对面。这个距离和角度，既无疏远之感，又文明卫生。

（二）导游的举止礼仪

1. 站、坐、走姿礼仪

（1）站姿礼仪

导游的站姿要给旅游者一种谦恭有礼的感觉。其基本要领是：头正目平、面带微笑、肩平挺胸、立腰收腹、两臂自然下垂、两膝并拢或分开与肩同宽。

站立时不要两手叉腰或把手插在裤兜里，更不要有怪异的动作，如抽肩、缩胸、乱摇头、擤鼻子、掐胡子、舔嘴唇、拧领带、不停地摆手等。站着与人交谈时，两臂可随谈话的内容做些适度的手势，但动作幅度不可过大。在正式场合，不宜将手插在裤袋里或交叉在胸前，更不要下意识地做些小动作。那样不但显得拘谨，给人缺乏自信和经验之感，而且也有失仪态的庄重。

站立时应注意：向人问候或做介绍时，不论握手或鞠躬，重心应在中间，膝盖要挺直。总之，站姿应该自然、轻松、优美，不论呈何种姿势，改变的只是脚的位置和角度，而身体要保持绝对的端正挺拔，是谓古人所说的“立如松”。

（2）坐姿礼仪

导游的坐姿要给旅游者一种温文尔雅的感觉。其基本要领是：上体自然挺直，两腿自然弯曲，双脚平落地上，臀部坐在椅子中央。男性导游一般可张开双腿，以显其自信、豁达；女性导游一般两膝并拢，以显示其庄重、矜持。

（3）走姿礼仪

导游的走姿要给旅游者一种轻盈稳健的感觉。其基本要领是：行走时，上身自然挺直，立腰收腹，肩部放松，两臂自然前后摆动，身体的重心随着步伐前移，脚步要从容轻快、干净利落，目光要平稳，可用眼睛的余光（必要时可转身扭头）观察旅游者是否跟上。行走时，不要把手插在裤袋里。

导游在一些场合中，行姿也有不少特殊之处。如与人告辞时，不宜扭头便走，示人以后背。为了表示对在场的其他人的敬意，在离去时，可采用后退法。其标准的做法是：目视他人，双脚轻擦地面，向后小步幅地退三四步，然后先转身后扭头，轻轻地离去。又如，在楼道、走廊等道路狭窄之处需要为他人让行时，应采用侧行步，即面向对方，双肩一前一后，侧身慢行。这样做，是为了对人表示“礼让三先”，也是意在避免与人争抢道路，发生身体碰撞或将自己的背部正对着对方。

2. 鞠躬礼仪和蹲姿礼仪

（1）鞠躬礼仪

鞠躬即弯腰行礼，源于中国的商代，是一种古老而文明的对他人表示尊敬的郑重礼节。鞠躬礼分为两种：一种是三鞠躬，敬礼之前，应脱帽或摘下围巾，身体肃立，目光平视，身体上部向前下弯约 90°，然后恢复原样，如此连续三次；另一种是深鞠一躬（15°~ 90°），几乎适用于一切社交和商务活动场合，这也是导游最常用的鞠躬方式，为了表达对别人的尊重，都可以行鞠躬礼。施鞠躬礼时，应立正站好，保持身体端正，面对受礼者，距离两三步远，以腰部为轴，整个腰及肩部向前倾 15°~ 90°。

（2）蹲姿礼仪

蹲姿是人的身体在低处取物、拾物时所呈现的姿势。蹲的风度是“蹲要雅”。导游在工作中，当从低处取物。或捡拾落在地上的物品，或整理自己的鞋袜，或工作过程中需要在低处进行整理时，动作要美观、姿势要优雅。

①优雅的蹲姿可分三个步骤：

直腰下蹲。首先要讲究方位，当需要捡拾低处或地面物品的时候，可走到物品的左侧；当面对他人下蹲时，要侧身相向；当需要整理鞋袜或低处整理物品时可面朝前方，两脚一前一后，一般情况是左脚在前、右脚在后，目视物品，直腰下蹲。

弯腰拾物。直腰下蹲后，方可弯腰捡低处或地面上的物品，及整理鞋袜或在低处工作。

直腰站起。取物或工作完毕后，先直起腰部，使头部、上身、腰部在一条直线上，再稳稳站起。

②蹲姿的种类：

高低式蹲姿。这是常用的一种蹲姿。下蹲时右脚在前、左脚稍后，两腿靠紧向下蹲。右脚全脚着地，小腿基本垂直于地面，左脚脚跟提起，脚掌着地。左膝低于右膝，左膝内侧靠于右小腿内侧，形成右膝高、左膝低的姿态，臀部向下，基本上以左腿支撑身体。

单膝点地式。这是一种非正式的蹲姿，多用于下蹲时间较长或为了用力方便时采用。下蹲后，右膝点地，臀部坐在其脚跟之上，以其脚尖着地。另一条腿全脚掌着地，小腿垂直于地面，双膝同时向外，双腿尽力靠拢。这种姿势适用于男子。

交叉式蹲姿。这是一种优美典雅的蹲姿。如集体合影前排需要蹲下时女士可采用交叉式蹲姿，下蹲时右脚在前、左脚在后，右小腿垂直于地面，全脚着地。左膝由后面伸向右侧，左脚跟抬起，脚掌着地。两腿靠紧，合力支撑身体。臀部向下，上身稍前倾。

③蹲姿禁忌：

弯腰撅臀。这是日常生活中最常见的一种蹲姿，这种姿势对其后面的人来说是一种失礼、不敬的行为，尤其是女导游穿裙装时不可采用此种蹲姿。

平行下蹲。两腿展开平行，即使是直腰下蹲，其姿态也不优雅。这种蹲姿被称为“蹲厕式”的蹲姿，不仅姿势不雅观，而且也是对他人的无礼。

下蹲过快、过近。进行中，下蹲的速度过快，会令人产生突兀惊讶之感；下蹲的距离过近，容易造成彼此“迎头相撞”。

蹲歇。蹲在地上或椅子上休息是必须严格禁止的，更是服务行业的大忌。

三、导游的人际交往礼仪

（一）导游日常交往中的礼仪

1. 日常交往的礼仪原则

（1）信守时间

根据国际礼仪，信守时间，遵守约会，是取信于人的一项基本要求。参加活动总是姗姗来迟的做法是极其失礼的。

导游要遵守信守时间的原则，重要的是做好以下几点：一是在有关时间的问题上，不可以含含糊糊、模棱两可；二是与旅游者一旦约定时间，就应千方百计予以遵守，不能随便变动或取消；三是对于约定的时间，唯有“正点”到场方为得体。早到与晚到，同样都是不正确的做法；四是万一失约，务必要向约会对象尽早通报，解释缘由，并向对方致歉，绝不可以对此得过且过或者索性避而不谈，显得若无其事。

（2）不妨碍他人

在公共场合中，应遵守“不妨碍他人”的原则。其基本含义是要求人们在公共场所里进行活动时，务必要讲究公德，善解人意，约束自己，切勿因为自己的言行举止不够检点，而影响或妨碍了其他人，或是使其他人感到别扭、不安或不快。在公共场合中，不可以忘乎所以、为所欲为，不可以高谈阔论、大声喧哗。

指点、议论对方，甚至不邀而至地自动加入对方的谈话，这些都会给他人造成影响或妨碍。

（3）女士优先

女士优先原则的本意，是要求每一位成年男子，在社交场合里，都要尽自己的一切可能来尊重女士、体谅女士、帮助女士、照顾女士、保护女士，并且随时随地、义不容辞地挺身而出，替女士排忧解难。

在现实生活中，女士优先的原则是通过一系列的具体做法来贯彻和体现的。例如，在女士面前，男士不应说脏话、开无聊玩笑。

（4）不得纠正

在相互交往中，应遵守“不得纠正”的原则。“不得纠正”的意思，是要求我们在同外国友人打交道的过程中，只要对方的所作所为不危及生命安全，不违背伦理道德，不触犯法律，不损害我方的国格人格，在原则上都可以对之悉听尊便，而不必予以干涉与纠正。遵守“不得纠正”的原则，是对外国友人尊重的一个重要体现。

（5）维护个人隐私

在言谈话语中，应遵守“维护个人隐私”的原则。中国人一向看重的是“关心他人比关心自己更重要”。然而凡事皆有分寸，关心亦应有度。要是对于他人的关心过了头，让人感到的绝对不会是温暖，而只会是厌烦。在涉外交往中，尤其要牢记这一点：过分关心别人，其实也是对对方的一种伤害。导游在跟外国旅游者打交道时，千万不要没话找话，信口打探对方的个人情况。尤其是当发现对方不愿回答时，就应当适可而止。尊重个人隐私，这条原则是必须遵守的。

（6）以右为尊

在位置排列中，应遵守“以右为尊”的原则。在涉外交往中，一旦涉及位置的排列，原则上都讲究右尊左卑、右高左低。也就是说，右侧的位置在礼仪上总要比左侧的位置尊贵。关于前后的位置排列，情况要复杂一些。不过大体上来说，基本上是讲究前尊后卑，前排的位置要较后排的位置尊贵。

（7）保护环境

在涉外活动中，遵守保护环境的原则是非常重要的，是同文明程度的高低联系在一起来看待的。要遵守这项原则，不仅要具有保护环境的意识，而且要在日常生活中严格要求自己。不在他人面前吸烟，不随手乱丢弃物品，不采摘花卉，爱护动物等。与西方人交谈时，诸如“狗肉味道好极了”一类的话语是很不合适的。

2. 日常工作中的礼仪要求

（1）遵守时间

守时是日常工作中最重要的礼节。导游必须及时把每天的活动时间安排清楚地告诉每个旅游者，并随时提醒。按照规定时间提前到达出发地点，如有特殊情况，必须耐心向客人解释以获得谅解。

（2）尊重旅游者

注意服务严谨、态度和蔼，尊重老人和女士，对儿童多加关照。对残疾人进行特殊服务，表现出热情、体贴而不是怜悯。对重点客人接待服务要有分寸，不卑不亢。对旅游团领队要尊重，做到有事商量，主动听取意见，以礼待人，力求协调，通力合作。

（3）注意细节

外出旅游清点人数时，不宜用手指点；车子发动时，要提示客人坐稳；行车时一般可致欢迎词，包括自我介绍，并祝愿各位在旅游活动期间愉快；客人到酒店时，提醒客人携带好随身物品；导游讲话时音调柔和清晰，音量适中，手势简练，举止大方；在参观游览时，要注意旅游者的兴趣选择性讲解；欢迎客人时要致欢迎词，欢送客人时要致欢送词；受旅游者邀请品尝风味小吃时，切忌主宾颠倒，要注重进餐时的礼仪等。

（二）导游人际沟通的礼仪

1. 称呼礼仪

称呼礼仪是指人们在人际沟通之中所采用的称谓语。按照社交礼仪的规则，导游人际沟通使用正确、适当的称呼，同时应注意：要合乎常规，要照顾习惯，要入乡随俗。

（1）生活中的称呼

①敬称：

对于有身份者、年长者，可以称呼“先生”。其前还可以冠以姓氏，如“李先生”“张先生”。对文艺界、教育界人士，均可称之为“老师”。在其前，也可加上姓氏，如“崔老师”。对德高望重的年长者，可称之为“老”。将姓氏冠以“老”之前，如“李老”。

②称呼姓名：

平辈的朋友、熟人，彼此之间均可用姓名相称。为了表示亲切，可免称其名，对年长者，称“老刘”；对年幼者，可称“小王”。

（2）工作中的称呼

导游在工作中称呼旅游者应注意庄重、正式、规范。

①称呼职务：

称呼职务是一种最常见的称呼方法。具体可分为三种情况：一是仅称呼职务，如“经理”“主任”“院长”等。二是在职务之前加上姓氏，如“李书记”“赵处长”等。三是在职务之前加上姓名，这仅适用极其正式的场合，如“王 × 总经理”等。

②称呼职称：

称呼具有专业技术职称者，尤其是具有高级、中级职称者，可以在工作中直接以其职称相称：仅称呼职称，如“教授”“律师”“医生”等。职称前加上姓氏，如“欧阳编辑”“王调研员”。也可以简化称呼，如可将“孙工程师”简称为“孙工”。职称前加上姓名，适用于十分正式的场合，如“张宁教授”“汪鑫主编”等。

③称呼学衔：

称呼旅游者的学衔，可增加被称呼者的权威性。可以仅称呼学衔，如“博士”。可以在学衔前加上姓氏，如“蒋博士”。或者在学衔前加上姓名，如“关建博士”。还可以将学衔具体化，说明其所属学科再加上姓名，如“物理学博士王恒”“人类学博士梁建彬”等，这种称呼最正式。

④称呼职业：

直接称呼职业。如称呼教员为“老师”、称呼教练员为“教练”、称呼警察为“警察”等。

⑤称呼姓名：

称呼姓名仅限于同事熟人之间。可以直呼姓名，也可以只呼其姓，不称其名，但在其前面加上“老”“大”“小”。如“老马”“小黄”。还可以只称其名，不呼其姓。它通常限于同性之间，尤其是上司称呼下级、长辈称呼晚辈时。

2. 握手礼仪

握手是交际双方互伸右手彼此相握以传递信息的手势语，它包含初次见面时表示欢迎、告别时表示欢送，对成功者表示祝贺、对失败者表示理解，对信心不足者表示鼓励，对支持者表示感谢等多种语义。

（1）握手要领

与人握手时，上身应稍微前倾，立正，面带微笑，目视对方。

（2）握手顺序

男女之间，男方要等女方先伸手，如女方不伸手且无握手之意，男士可点头或鞠躬致意；宾主之间主人应先向客人伸手，以表示欢迎；长辈与晚辈之间，晚辈要等长辈先伸手；上下级之间，下级要等上级先伸手以示尊重。

（3）握手时间

握手时间的长短可根据握手双方的关系亲密程度灵活掌握。初次见面一般握手不应超过 3 秒钟，老朋友或关系亲近的人则可以边握手边问候。

（4）握手力度

握手力度以不握疼对方的手为最大限度。在一般情况下，握手不必用力，握一下即可。男士与女士握手不能握得太紧，西方男士往往只握一下女士的手指部分，但老朋友可例外。

导游在与旅游者初次见面时，可以握手表示欢迎，但只握一下即可，不必用力。对年龄或身份较高的旅游者应身体稍微前倾或向前跨出一小步双手握住对方的手以示尊重和欢迎。在机场或车站送行，与旅游者告别时，导游和旅游者之间已建立起较深厚的友谊，握手时可适当紧握对方的手并微笑着说些祝愿的话语。对于给予过导游大力支持和充分理解的海外旅游者及友好人士等更可加大些力度，延长握手时间，或双手紧握并说些祝福感谢的话语以表达相互之间的深厚情谊。

(5)握手禁忌

忌多人同时握手，忌交叉同时与两个人握手；忌精力不集中，握手时看着第三者或者环视四周；男士握手忌戴手套；忌将左手放在裤袋里；忌紧握对方的手，摇来摇去，长时间不放。此外，边握手边拍对方肩头，握手时低头哈腰或与他人打招呼，也是社交场合较为忌讳的。

3. 介绍礼仪

导游在服务过程中，正确地利用介绍礼仪，不仅可以扩大社交范围，而且有助于进行必要的自我展示、自我宣传。

(1)自我介绍

导游在做自我介绍时，应根据社交礼仪具体规范，注意自我介绍的时机、内容和分寸等方面内容。

①自我介绍时机。在下述时机，如有可能，导游有必要进行适当的自我介绍。

本人希望结识他人时，导游可主动进行自我介绍；他人希望结识本人时，可做自我介绍；本人认为有必要让他人了解或认识本人的时候，可做简短的自我介绍。

②自我介绍的内容。导游在做自我介绍时，应兼顾实际需要，切不可“千人一面”。一般有以下几种方式。

应酬式：适用于某些公共场合和一般性的社交场合，如旅行途中，宴会中。例如:“您好！我的名字叫张 ××。”“我是刘 ××。”

工作式：主要适用于工作之中。工作式的自我介绍内容应包括本人姓名、供职的单位及其部门、担负的职务或从事的具体工作三项。例如:“您好！我叫张 ××，是北京彩虹旅游科技公司人事经理。”“我叫吴 ××，×× 学校招生就业处老师。”

交流式：一般适用于社交活动中，它是一种希望对方认识自己、了解自己、与自己建立联系的自我介绍。可以包括介绍者的姓名、工作、籍贯、学历、兴趣及与某些熟人的关系等。例如:“我叫苏 ××，现在是迈腾旅游公司产品总监，我和您先生是大学同学。”

礼仪式：适用于讲座、报告、演出、庆典、仪式等正规隆重的场合。通过自我介绍表达对交往对象的友好、敬意。自我介绍可包含姓名、单位、职务，但还应多加入一些适宜的谦辞、敬语，以示自己礼待交往对象。例如:“各位来宾，大家好！我叫陈 ××，是远程公司的总经理。我代表本公司热烈欢迎大家光临我们的产品发布仪式，谢谢大家的支持。”

问答式：一般用于应试、应聘和公务交往。例如："您好！不知道应该怎么称呼？""经理好！我叫唐 ××。""请介绍一下你的基本情况。""我……"

③自我介绍的分寸。导游在做自我介绍时，态度要自然、友善、亲切、随和、落落大方。在进行自我介绍时，一定要敢于正视对方的双眼。另外，注意自我介绍的时间。介绍时要力求简洁，所用时间越短越好，以半分钟左右为佳，如无特殊情况最好不要长于 1 分钟。自我介绍还应选择在对方有空时，对方情绪好时，对方干扰少且有此要求时进行为好。

（2）他人介绍

他人介绍，又称第三者介绍，它是经第三者为彼此不相识的双方引见、介绍的一种介绍方式。

①他人介绍的顺序。为他人介绍时，须遵守"尊者优先了解情况"的规则，大致有以下几种情况。先介绍年幼者，后介绍年长者；先介绍晚辈，后介绍长辈；先介绍男士，后介绍女士；先介绍家人，后介绍同事、朋友；先介绍主人，后介绍来宾；先介绍职位、身份低者，后介绍职位、身份高者。

集体介绍是他人介绍的一种特殊形式。进行集体介绍时，首先强调地位、身份；当双方地位、身份大致相似的时候，则遵循"少数服从多数"的原则，即先介绍人数少的一方，后介绍人数较多的一方；在为人数较多的一方做介绍时，可笼统介绍，也可依照礼规，由尊而卑，依次进行。

②他人介绍的内容。为他人做介绍时，介绍者对介绍内容应多斟酌。根据实际需要不同，通常有以下形式可供借鉴。

标准式：适用于正式场合，一般以双方的姓名、单位、职务等为主。例如："我给两位介绍一下。这位是 ×× 公司李主任，这位是 ×× 集团邓总经理。"

简介式：内容往往只有双方姓名，甚至只有姓。例如："我来介绍一下，这位是老郭，这位是小秦，你们彼此认识一下吧。"

强调式：适用于各种交际场合，其内容除被介绍者的姓名外，往往还可以强调一下其中某位被介绍者与介绍者之间的特殊关系，以便引起另一位被介绍者的重视。

引见式：适用于普通的社交场合，做这种介绍时，介绍者所要做的是将被介绍者双方引导到一起，而不需要表达任何具有实质性的内容。

推荐式：适用于比较正规的场合，多是介绍者有备而来，有意要将某人推荐给某人，因此在内容方面，通常会对前者的优点加以重点介绍。

礼仪式：适用于正式场合，是一种最为正规的他人介绍。其内容略同于标准式，但语气、表达、称呼上都更为礼貌、谦虚。

③他人介绍的应对。在进行他人介绍时，介绍者与被介绍者都要注意自己的表述、态度与反应。例如：“很高兴认识你”“认识你非常荣幸”“幸会，幸会！”

介绍者为被介绍者做介绍之前，不仅要尽量征求一下被介绍者双方的意见，而且在开始介绍时还应再打一下招呼，切勿开口即讲，显得突如其来，让被介绍者措手不及。

4. 电话礼仪

导游在服务中使用电话时，应自觉维护自己的“电话形象”，通过正确使用电话礼仪，“闻声如见其人”，给对方留下良好印象。

（1）时间适宜

一般工作电话应尽量打到对方单位，最好避开临近下班时间，如果确有必要打对方手机，应注意避开吃饭或睡觉时间。白天一般宜在上午 8 点以后，节假日应在上午 9 点以后，晚上应在 22 点以前。如无特殊情况，不宜在中午休息时间和就餐时间打电话。给海外人士打电话，要先了解一下时差，不要不分昼夜，骚扰他人。电话通话长度应有所控制，以短为佳，宁短勿长。在电话礼仪里，有一条“3 分钟原则”，即每次通话时长以 3 分钟为宜。

（2）内容简洁

通话内容力求简洁，表述清楚。可参照“5W+How”原则，即 Who 何人（姓名），When 何时（日期），Where 何地（场所），What 何事（内容），Why 何因（理由），How 何做（方法）。

（3）体现文明

首先，要及时接听电话。一般要求铃响三声必须接电话。接通电话后，应立即说“您好！”，然后通报自己的单位名称，还可以加上自己的姓名。如果铃响三声后才接电话，应首先表示歉意：“您好，对不起，让您久等了。”其次，问候介绍。接通电话后要先自报家门，再问对方是谁，然后说你要找的人。比如：“您好！我是 ×××，请问您是 ××× 吗？请您帮我找一下 ×××。”再次，微笑接听电话，重视通话时的吐字、声调，体现出主动热情。最后，通话结束体现礼仪规范。一般来说，打出电话的人会主动结束电话，等对方先挂断，然后再轻轻放下话筒。切忌没有致结束语就挂机或者挂机动作突然、用力过大，使对方产生误解。如果对方是长辈或身份较高者，无论是谁打出电话都应等对方先挂电话。

电话礼仪还需注意一些细节。如，在上司面前、在重要场合、在旅游者面前不随意接打电话。随着手机的普及，无论是社交场合还是工作场合，手机礼仪越来越受到关注。在公众场合，不可旁若无人地使用手机。在会议和洽谈的时候，最好的方式还是把手机调为静音，或者关机。那种在会场上铃声不断的情况，并不能反映你“业务忙”，反而是一种缺乏修养的表现。

随堂练

案例

视频

第三章
团队导游服务规范

【学习目标】

了解入境游导游服务特别要求。熟悉出境游领队服务程序和服务要求。掌握地陪导游、全陪导游服务程序和服务要求。

第一节　地陪导游服务程序及服务要求

地陪导游服务程序是指地陪导游在当地接待旅游团时应遵循的服务流程和标准。旅游者是否满意、旅游接待计划能否圆满实施，在很大程度上取决于各站地陪导游的导游服务。其服务流程如图 3-1 所示。

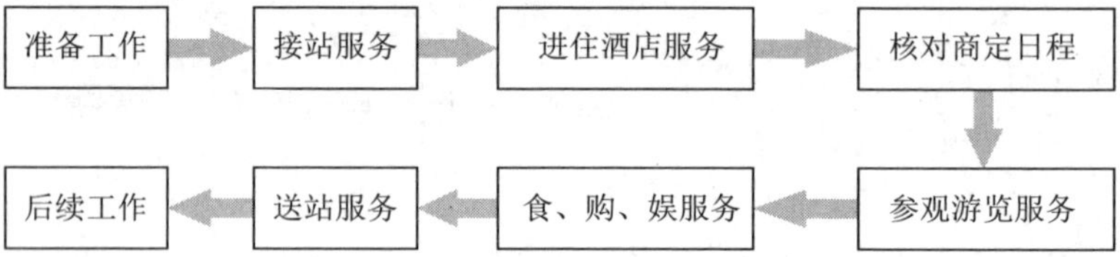

图 3-1　地陪导游服务流程

一、准备工作

地陪导游做好接团前的各项准备工作是向旅游者提供良好服务的前提。地陪导游工作千头万绪，事无巨细，如果考虑不周就可能出错，因此，地陪导游的准备工作应细致、周密。一般来说，地陪导游的准备工作包括以下几个方面。

(一)熟悉接待计划

接待计划（表 3-1）既是组团社根据同客源地旅行社签订的旅游合同（或协议）制定的旅游团在旅游线路上各地方的活动安排，又是组团社委托有关地方接待旅行社组织落实旅游团活动的契约性文件，同时也是导游了解旅游团基本情况和安排当地活动日程的主要依据。

表 3–1 旅游团队接待计划

旅行社（公章）
线路：　　　　　　　　　　　　　　　　　　　　　　　　No.：

<table>
<tr><td colspan="2">组团社名称及团号</td><td colspan="2"></td><td rowspan="2">来自国家、地区或城市</td><td rowspan="2"></td><td>全陪导游</td><td colspan="2"></td></tr>
<tr><td colspan="2">地接社团号</td><td colspan="2"></td><td>地陪导游</td><td colspan="2"></td></tr>
<tr><td>总人数</td><td>人</td><td>男</td><td>人</td><td rowspan="2">用车情况</td><td colspan="4" rowspan="2">司机：　　　　导游：</td></tr>
<tr><td>儿童</td><td>人</td><td>女</td><td>人</td></tr>
<tr><td colspan="2">时间</td><td colspan="4">游览项目及景点</td><td colspan="2">用餐</td><td>入住宾馆</td></tr>
<tr><td colspan="2" rowspan="3">D1
月　日　时　分</td><td colspan="4" rowspan="3"></td><td colspan="2">早餐：</td><td rowspan="3"></td></tr>
<tr><td colspan="2">中餐：</td></tr>
<tr><td colspan="2">晚餐：</td></tr>
<tr><td colspan="2" rowspan="3">D2
月　日　时　分</td><td colspan="4" rowspan="3"></td><td colspan="2">早餐：</td><td rowspan="3"></td></tr>
<tr><td colspan="2">中餐：</td></tr>
<tr><td colspan="2">晚餐：</td></tr>
<tr><td colspan="2" rowspan="3">D3
月　日　时　分</td><td colspan="4" rowspan="3"></td><td colspan="2">早餐：</td><td rowspan="3"></td></tr>
<tr><td colspan="2">中餐：</td></tr>
<tr><td colspan="2">晚餐：</td></tr>
<tr><td colspan="2" rowspan="3">D4
月　日　时　分</td><td colspan="4" rowspan="3"></td><td colspan="2">早餐：</td><td rowspan="3"></td></tr>
<tr><td colspan="2">中餐：</td></tr>
<tr><td colspan="2">晚餐：</td></tr>
<tr><td colspan="2" rowspan="3">D5
月　日　时　分</td><td colspan="4" rowspan="3"></td><td colspan="2">早餐：</td><td rowspan="3"></td></tr>
<tr><td colspan="2">中餐：</td></tr>
<tr><td colspan="2">晚餐：</td></tr>
<tr><td colspan="2" rowspan="3">D6
月　日　时　分</td><td colspan="4" rowspan="3"></td><td colspan="2">早餐：</td><td rowspan="3"></td></tr>
<tr><td colspan="2">中餐：</td></tr>
<tr><td colspan="2">晚餐：</td></tr>
</table>

续表

<table>
<tr><td colspan="2" rowspan="3">D7
月 日 时 分</td><td colspan="2" rowspan="3"></td><td>早餐：</td><td rowspan="3"></td></tr>
<tr><td>中餐：</td></tr>
<tr><td>晚餐：</td></tr>
<tr><td rowspan="3">订票计划</td><td colspan="5">飞机：</td></tr>
<tr><td colspan="5">火车：</td></tr>
<tr><td colspan="5">轮船：</td></tr>
<tr><td>备注</td><td colspan="5"></td></tr>
</table>

签发日期： 年 月 日 签发人： 导游签名：

接待计划分为入境旅游团接待计划和国内旅游团接待计划。其中，前者是国内组团社根据同境外旅行社所签旅游合同或协议的要求制订的旅游团在我国境内旅游活动的安排计划，后者是国内组团社根据同旅游者所签旅游合同的内容制订的旅游线路上各地的旅游团活动安排计划。

地陪导游在接到旅游团接待计划后，应认真阅读、思考，详细、准确地了解旅游团的旅游行程安排，尤其是在当地的活动项目和要求，对其中的重点或疑难之点要做记录，阅读接待计划时应熟知以下内容。

1. 旅游团基本信息

（1）组团社信息

计划签发的组团社名称、电话和传真号码、客源国组团社名称。联络人姓名、电话号码或其他联络方式（如微信、QQ）。组团社标志或提供给团队成员的标志物。

（2）旅游团队信息

旅游团名称、团号（境外组团社 / 国内组团社）、电脑序号。领队、全陪导游姓名与电话号码。旅游团种类（全包价、半包价、小包价）。旅游团等级（豪华、标准、经济）和费用结算方式。旅游团住房及标准（房间数、床位数、是否有大床间），用车、游览、餐食标准。

2. 旅游团成员情况

旅游团人数（男性人数、女性人数、儿童人数）、性别、国籍（省份、城市）、年龄、风俗、饮食习惯，尽可能了解旅游团成员的职业、文化层次、宗教信仰等。

3. 旅游团抵离本地情况

抵离时间、所乘交通工具类型、航班（车次、船次）和使用的交通港（机场、车站、码头）名称。

4. 旅游团交通票据情况

赴下一站交通票是否订妥，有无变更和更改后的落实情况，有无返程票（若有，是否落实）。

5. 特殊要求和注意事项

（1）旅游团的服务接待特殊要求：如住房、用车、游览、餐食等方面的特殊要求，该团的特殊情况和注意事项。

（2）增收费用项目情况：如额外游览项目（如游江、游湖等）、行李车费用等。

（3）特殊旅游者情况：如团内有无 2 周岁以下婴儿或 12 周岁以下儿童，有无持老年证、学生证和残疾证的旅游者，是否需要提供残疾人服务等。

（二）落实接待事宜

1. 核对日程安排表

地陪导游应根据接待计划安排的日程（电子行程单），认真核对地接社编制的旅游团在当地活动日程表中所列日期、出发时间、游览项目、就餐地点、风味餐品尝、购物、演艺演出、文化活动、晚间活动、自由活动和会见等项目。如发现有出入，应立即与本社有关人员联系核实，以免实施时出现麻烦。

2. 落实接待车辆

（1）地陪导游应在接团前同司机商定接头的时间和地点（通常提前半小时到达见面地点）。

（2）提醒司机检查车辆空调、车载电视、音响和话筒等设备，保证设备的正常使用。

（3）接待大型旅游团时，地陪导游应在车上贴上醒目的编号和标记，以便旅游者识别。

（4）如果地接社接待的旅游团在合同中要求提供行李车，地陪导游应与行李车司机联系，告知旅游团抵达的时间、地点和下榻的饭店。

3. 落实住房

（1）熟悉旅游团所住饭店的位置、概况、服务设施和服务项目，如距市中心的距离、附近有何购物娱乐场所、交通状况等。

（2）地陪导游在接团前要与旅行社计调人员核实该团客人所住房间的数量、房型、用房时间是否与旅游接待计划相符，核实房费内是否含早餐等，并与酒店销售部或总台核实。若接待重点旅游团，地陪导游可亲自到客人下榻的饭店向饭店接待人员了解其团队排房情况，告知旅游团的抵达时间和旅游车牌号，并主动介绍该团的特点，配合饭店做好接待工作。

4. 落实用餐

熟悉旅游团就餐餐厅的位置、特色。与各有关餐厅联系，确认该团日程表上安排的每一次用餐的落实情况，并告知旅游团的团号、人数、餐饮标准、日期、特殊要求和饮食禁忌等。

5. 落实行李运送

若旅行社为旅游团安排了行李车，地陪导游应与行李员联系，告知旅游团抵达的时间、地点以及下榻的饭店。

6. 了解不熟悉的参观游览点

(1)对新开放的旅游景点或不熟悉的参观旅游点，地陪导游应事先了解景点位置、行车线路、开放时间、最佳游览线路、厕所位置等。必要时，地陪导游可先去踩点，以保证旅游活动的顺利进行。

(2)提前核实景点门票优惠政策、景点内收费项目、景区内演出或表演的场次和时间。

7. 核实旅游团(者)离开当地的出票情况

地陪导游应主动与计调部门联系，核实旅游团(者)离开当地的交通工具出票情况，并核实航班(车次、船次)确定的出发时间，以便在接待中安排好旅游团(者)离开饭店前往机场(车站、码头)及托运行李出客房的时间。

8. 落实其他计划内项目的安排情况

如果组团社发来的接待计划中包括该旅游团(者)的会见、宴请、品尝风味餐等活动，地方导游应在接团前与计调部门联系，请其落实相关的会见、宴请、风味餐的单位、人员等事宜。

9. 与全陪导游联系

提前与全陪导游取得联系，了解该团有无变化情况，对在当地的安排有何要求。告知全陪导游行程中景点对旅游者的优惠政策及需要携带的相关证件。若接待的入境旅游团是首站抵达，地陪导游应与全陪导游联系，约定见面时间和地点，一起提前赴机场(车站、码头)迎接旅游团。

10. 掌握有关联系电话号码

包括地接社各部门、行李员、全陪导游、旅游车租车公司(旅行社车队)、就餐餐厅、下榻饭店、游览的景区等的联系电话以及机场(车站、码头)、下站旅行社等的联系电话。

(三)知识准备

在接团前，地陪导游应根据所接旅游团的特点（如专业旅游团、特种旅游团）做好有关专业知识和语言上的准备。

1. 专业知识准备

(1)根据旅游行程安排及旅游者的基本情况，对旅游目的地相关旅游吸引物、风土人情、法律法规等知识进行准备。针对接待计划确定的参观游览项目，做好有关知识和资料的准备，尤其是计划中所列新开放景点知识的准备。准备的过程中应注意知识的更新，及时掌握最新信息。

(2)接待有专业要求的团队，要做好相关专业知识和专有名词术语、词汇的准备。

(3)做好当前热门话题、国内外重大新闻以及旅游者可能感兴趣的话题的准备。

(4)客源国家（地区）有关知识的准备。

2. 语言准备

(1)若接待的是入境旅游团，地陪导游还要做好语言翻译和外语词汇的准备。

(2)语音、语调、语法和用词等表达技巧方面，注意表达清楚、生动和流畅。

(四)物质准备

地陪导游上团前，要做好接团的有关物质准备。

1. 领取必要的票证、表格和费用

地陪导游在出发前，应到旅行社相关部门领取旅游团接待计划表（电子行程单）、旅游服务质量反馈表、旅游团名单、旅游餐饮结算单、旅游团费用结算单等。在填写这些单据时，应注意填写的数据一定要与旅游团人数相符，人数和金额要大写。

2. 准备工作物品

必备的工作物品包括：电子导游证、导游身份标识、导游旗、扩音器或一对多导游讲解耳机、接站牌、旅行车标志、宣传资料、行李牌（或行李标签）、通讯录以及按旅游团人数发放的物品（如旅游帽、导游图或其他旅游纪念品）等。导游应重点检查导游旗旗面印制的旅行社名称、标志或产品名称，确保字迹清晰、易辨识，无违背公序良俗的文字、符号或图案。

3. 准备个人物品

必备的个人物品包括：名片、手机及充电器、防护用品（雨伞、遮阳帽、润喉片）、常备药物、记事本与工作包等。

（五）形象准备

导游的自身美不仅关系到个人形象，更重要的是关系到目的地和旅游企业的形象，为了给旅游者留下良好的印象，导游在上团前要做好与所从事的职业相应的仪容、仪表方面的准备。

1. 仪容准备

（1）导游应面容整洁，不浓妆艳抹。

（2）导游的头发要保持清洁、整齐。女性导游留有长发要束起，男性导游的头发，要前发不覆额，鬓角不近耳，后发不及领。

2. 仪表准备

（1）导游的着装要符合导游的身份，要方便旅游服务工作。

（2）导游的衣着要简洁、整齐、大方、自然，佩戴首饰要适度。如果接待计划中安排有会见、宴会、舞会等，导游要准备好适合这些场合的正装（男性如西装、中山装，女性如套装、晚礼服、旗袍等）或民族服装。

（六）心理准备

导游需要具备良好的心理素质，在接团前做好如下几个方面的心理准备。

1. 准备面临艰苦复杂的工作

导游在上团前，不仅要根据旅游团的情况考虑如何按照正规的工作程序向其提供热情周到的服务，而且还要有充分的思想准备考虑对特殊旅游者如何提供服务，以及如何去面对、处理接待过程中可能发生的问题和事故。

2. 准备承受抱怨和投诉

尽管导游尽其所能为旅游者提供了热情周到的服务，但还是有可能遇到某些或个别旅游者的挑剔、抱怨和指责，甚至投诉。面对这种情况，导游要做好思想准备，要冷静、沉着地面对，无怨无悔地继续做好导游服务工作。

3. 准备面对形形色色的“精神污染”和“物质诱惑”

导游在接团过程中，经常要与各种各样的旅游者接触，还要同一些商家打交道，他们的言行举止可能有意无意地传播某些不健康的内容，甚至用美色或物质利益来进行引诱。因此，对这些言行，导游应有充分的思想准备，坚持兢兢业业带团，堂堂正正做人。

二、接站服务

接站服务是指地陪导游提前半小时到达机场、车站、码头迎接旅游团前后所提供的各项服务。它在导游服务中至关重要，因为这是地陪导游在旅游者面前的首次亮相，应提供准时、热情、友好的接待服务，以给他们留下美好的第一印象。地陪导游在执业过程中应携带电子导游证，佩戴导游身份标识，并开启全国导游之家 APP。

（一）旅游团抵达前的业务安排

1. 确认旅游团所乘交通工具抵达的准确时间

接团当天，地陪导游应及早与旅游团全陪导游或领队联系，了解旅游团所乘交通工具的运行情况，尤其是在天气恶劣的情况下，应随时掌握旅游团的动向，了解其抵达的准确时间。此外，地陪导游还可以通过“航旅纵横”、“飞常准”、12306 等 APP 自助查询，或向机场（车站、码头）问讯处问清旅游团所乘交通工具到达的准确时间。

2. 与旅游车司机联系

确定该团所乘的交通工具到达的准确时间以后，地陪导游应与旅游车司机联系，与其商定出发时间，确保旅游车提前半小时抵达接站地点，并告知司机旅游团活动日程和具体时间。到达接站地点后，与司机商定旅游车具体的停车位置。

3. 与行李员联系

若为旅游团配备了行李车，地陪导游应提前与行李员联系，告知旅游团的名称、人数和行李运送地点。

4. 再次核实航班（车次）抵达的准确时间

地陪导游在到达接站地点后，应再次通过 APP、问讯处或航班（车次）抵达显示牌确认航班（车次）抵达的准确时间。如获悉所接航班（车次）晚点，但推迟时间不长，地陪导游可留在接站地点继续等候旅游团，如推迟时间较长，应立即将情况报告地接社有关部门，听从安排。

5. 持接站牌迎候旅游团

旅游团所乘交通工具抵达后，地陪导游应在旅游团出站前，通过电话、微信或短信联系对方，并持接站牌站立在出口醒目的位置，面带微笑，热情迎候旅游团。接站牌上要写清团名、团号、领队或全陪导游姓名，接小型旅游团或无领队、无全陪导游的旅游团要写上客人的姓名。

（二）旅游团抵达后的服务

1. 认找旅游团

旅游者出站时，地陪导游应尽快认找所接旅游团。认找的方法是：地陪导游站在明显的位置举起接站牌或导游旗，以便领队、全陪导游（或客人）前来联系，与此同时地陪导游应通过手机与全陪导游或领队联系，了解旅游者出站情况。此外，还可根据旅游者的民族特征、衣着、组团社的徽记、人数等分析判断或上前委婉询问，问清该团团名、领队、全陪导游的姓名以及旅游者人数，以防错接。

2. 认真核实人数

接到应接的旅游团后，地陪导游要向领队（或客人）做自我介绍，并与领队和全陪导游核实实到人数。如与计划的人数不符，要及时通知旅行社，以便安排住宿、餐饮上的变更。如所接旅游团无领队和全陪导游，地陪导游应与旅游团成员核对团名、人数及团员姓名。

3. 集中检查行李

若旅游团是乘飞机抵达，地陪导游应协助该团旅游者将行李集中到指定的位置，提醒他们检查各自行李物品的件数以及是否有损坏。

若旅游团配备了行李车，地陪导游应与领队、全陪导游、地接社行李员一起清点和核对行李件数，并请全陪导游填写行李卡，卡上应注明团名、人数、行李件数、所下榻的饭店。行李卡一式两份，由全陪导游和行李员双方签字。

4. 集合登车

地陪导游要提醒客人带齐行李物品，引导旅游者前往旅游车停放处。旅游车司机应当打开大巴底层的行李柜或汽车后备厢，帮助客人码放行李。地陪导游要站在车门旁，搀扶或协助客人上车。客人上车后，地陪导游应帮助旅游者将放在行李架上的手提行李整理齐顺，尤其注意行李架不得存放大型或重型行李，以免意外掉落砸伤客人。待客人坐定后，地陪导游要做好的第一件事是礼貌地清点人数，清点无误后方可示意司机开车。

为了保证安全，地陪导游应当坐在导游专座上。2016 年 4 月，国家旅游局和交通运输部联合下发了《关于进一步规范导游专座等有关事宜的通知》，规定旅游客运车辆须设置“导游专座”，导游专座应设置在旅游客运车辆前乘客门侧第一排乘客座椅靠通道侧位置；旅游客运企业在旅游服务过程中，应配备印有“导游专座”字样的座套以提示客人不要占据该座位；旅行社制订团队旅游计划时，应根据车辆座位数和团队人数，统筹考虑，旅游者与导游总人数不得超过车辆核定乘员数。导游途中讲解时，应提醒司机放慢车速并保持匀速前进状态。当旅游客车在高速公路或危险路段行驶时，禁止导游在车内站立讲解。

（三）赴饭店途中服务

从机场（车站、码头）到下榻饭店的行车途中，地陪导游除了要表现出热情友好的态度，还应在气质、学识和语言方面展现其职业素养，以赢得旅游者的信赖，给他们留下可信、可靠的第一印象。为此要做好如下几项工作。

1. 致欢迎词

致欢迎词是导游给旅游者留下良好第一印象的重要环节，一般应控制在5分钟左右。

欢迎词的内容应视旅游团的性质及其成员的文化水平、职业、年龄及居住地区等情况而有所不同，要有激情、有特点、有新意、有吸引力，快速把旅游者的注意力吸引到自己身上来，给旅游者留下深刻印象。欢迎词一般包括以下内容。

（1）问候语：真诚问候旅游者，如“各位来宾、各位朋友，大家好！”

（2）欢迎语：代表所在旅行社、本人及司机欢迎旅游者光临本地。

（3）介绍语：介绍自己的姓名及所属单位，介绍司机。

（4）希望语：表示提供服务的诚挚愿望。

（5）祝愿语：预祝旅游者旅游愉快顺利。

2. 调整时间

这项工作是针对刚刚入境的国际旅游团而言的。地陪导游在致完欢迎词后要向客人介绍两国的时差，并请旅游者调整好时间。

3. 首次沿途导游

地陪导游要认真做好首次沿途导游，这不仅可以满足旅游者初到一地的好奇心和求知欲，而且也是自己展示气质、学识、语言水平的大好时机，有利于导游树立良好形象，增进旅游者对导游的信任感和满足感，同时，在首次沿途导游时提示文明旅游，为此后旅游活动的顺利开展打好基础。首次沿途导游的内容主要包括以下几点。

（1）本地概况介绍

地陪导游应在行车途中向旅游者介绍本地（本市）的概况，包括地理位置、行政区划、气候、人口、主要物产、居民生活、文化传统、土特产品、历史沿革等。

（2）风光风情导游

地陪导游应在行车途中对道路两边的人、物、景做好风光风情导游，以满足旅游者初到一地的求知欲。风光风情导游的讲解要简明扼要，语言节奏要明快清晰，景物取舍要恰当，要见人说人、见物说物，与旅游者的观赏同步。可适当采用类比的方法使旅游者听后有亲切感和对比感。为此，导游要反应灵敏，把握好时机。

（3）介绍下榻的饭店

在旅游车到达饭店之前，地陪导游还应向旅游者介绍他们下榻饭店的基本情况，包括饭店的名称、位置、距机场（车站、码头）的距离、星级、规模、主要设施设备与使用以及入住手续和注意事项等（如途中行车距离短，这部分内容也可在客人进入饭店后介绍）。

4. 宣布当日或次日的活动安排

在首次沿途导游后，地陪导游应尽快与领队、全陪导游商量当日或次日活动安排，包括叫早时间、早餐时间和地点、集合时间和地点、旅行线路等，商定后地陪导游应向客人宣布当日或次日的活动安排，并提醒旅游者做好必要的参观游览准备。

5. 宣布集合时间、地点和停车地点

旅游车驶进下榻饭店后，地陪导游应在旅游者下车前向其讲清下次集合的时间、地点（一般在饭店大堂）和停车地点，让其记住旅游车的颜色、车型和车牌号，并提醒他们将手提行李和随身物品带下车。告知司机第二天早餐和旅游团出发的时间。

三、进住饭店服务

《导游服务规范》要求，旅游者抵达饭店时，导游应按要求协助办理住店手续，妥善处理入住过程中出现的问题，提醒安全注意事项。

（一）协助办理入住手续

旅游者进入饭店后，地陪导游应安排旅游者在大堂指定的位置休息。尽快向饭店前台讲明团队名称、订房单位，请领队或全陪导游收齐旅游者证件，与旅游者名单表一起交给饭店前台，尽快协助领队或全陪导游办理好住店登记手续。拿到客房号和住房卡（钥匙）后，请领队根据准备好的住房名单分发住房卡，并把分房情况迅速登记在分房名单表上，再请饭店前台人员将登记的分房名单复印两份，一份交饭店保存，另一份地陪导游留存，以便掌握领队、全陪导游和旅游者的房间号。此外，地陪导游还应在前台处领取印有饭店名称、地址和电话的饭店卡片分发给旅游者。

如旅游团无领队，可请团长分房；如旅游团无领队又无团长，则请全陪导游分房。

地陪导游若留宿饭店，应将自己的房号告知领队和全陪导游；若不留宿饭店，在离开饭店前应将自己的电话号码告知全陪导游和领队，以便联系。

（二）介绍饭店设施

入住饭店后，地陪导游应向全团介绍饭店的主要设施，包括外币兑换处、中西餐厅、娱乐场所、商品部、公共卫生间等的位置以及在店内如何使用 Wi-

Fi、网络连接，并讲清住店注意事项，提醒旅游者将贵重物品交前台保管（若客房内未设置保管箱），告知客房内收费项目（如小酒吧、长途电话）、饭店安全通道位置以及房间安全注意事项（如睡觉前关好门窗、不躺在床上吸烟等）。

（三）带领旅游者用好第一餐

旅游者进入房间之前，地陪导游要向客人介绍该团就餐餐厅的地点、时间、就餐形式。待全体团员到齐后，带领他们进入餐厅，向领座服务员问清本团的桌次后，再带领旅游者到指定的餐桌入座，告知旅游者用餐的有关规定，如哪些饮料包括在团费内，哪些不包括在团费内，若有超出规定的服务要求，费用由旅游者自理，以免产生误会。在用餐前，地陪导游还要将领队介绍给餐厅经理或主管服务员，核实餐厅是否根据该团用餐的特殊要求和饮食忌讳安排团餐。

（四）处理旅游者入住后的有关问题

旅游者进门时可能遇到门锁打不开的问题，进房后可能遇到浴室没有热水、房间不干净或有虫害、电话线或网络线不通等问题，地陪导游应及时与饭店联系，迅速解决，并向旅游者说明情况，表示歉意。

（五）照顾行李进房

确保旅游者带着自己的行李进入房间。配备行李车的旅游团，旅游者进房后，地陪导游要等到该团行李运抵饭店时与行李员、领队、全陪导游一起核对行李，然后交给饭店行李员，督促其尽快将行李送到旅游者的房间。若个别旅游者未拿到行李或拿到的行李有破损，地陪导游应尽快查明原因，采取相应的措施。

（六）确定叫早时间

地陪导游在结束当天活动离开饭店之前，应与领队确定第二天的叫早时间，请领队通知全团，并将商定的叫早时间通知给饭店前台。

四、核对商定日程

在旅游团抵达目的地前，地陪导游应通过微信、QQ 或电话等合理的通信方式与全陪导游、领队就旅游活动日程进行初步沟通，当旅游团抵达后，地陪导游应与全陪导游、领队就活动日程进行面对面的正式核对商定，并形成各方认可的正式书面文稿。

核对商定日程是旅游团抵达后的一项重要工作，标志着两国（或两地）导游（领队）开始实质性的合作共事。

(一)核对商定日程的必要性

虽然旅游团的整个活动日程已明确规定在旅游合同或协议书上，组团社根据合同或协议书制订了旅游团的接待计划，对该团在各地的活动事先进行了安排，然而旅游者作为旅游产品的购买者和消费者有权审核旅游活动计划，也有权提出修改意见。所以，导游与旅游者商定活动日程是对购买者和消费者的尊重，也是一种礼遇。

领队作为旅游团的代言人，也希望得到所访之地导游的尊重和合作，使商定和宣布活动日程成为其行使职权的表现。

某些专业旅游团除一般的参观游览外，还负有特定任务，商定活动日程对旅游者来说则更为重要。

(二)核对商定日程的时间、地点与对象

在旅游团抵达后，地陪导游应抓紧时间尽早进行核对商定日程的工作。如果团队抵达后是直接去游览点的，核对商定团队行程的时间、地点一般可选择在机场或行车途中；如果团队是先前往饭店的，一般可选择在首次沿途导游途中进行，也可在饭店入住手续办理完毕后进行，地点宜在公共场所，如饭店大堂等。

商谈日程的对象应根据旅游团的性质而定，对一般旅游团，与领队、全陪导游商谈；对重点团、专业团、交流团，除领队、全陪导游外，还应请团内有关负责人一起参加商谈。如果旅游团没有领队，可与全团旅游者一起商定。

(三)可能出现的不同情况的处理

1. 对方提出较小的修改意见

(1)地陪导游可在不违背旅游合同的前提下，对合理而又可能满足的项目，应努力予以安排。

(2)如对方提出增加新的游览项目，而新增游览项目需增收费用，地陪导游应及时向旅行社有关部门反映，并事先向领队和旅游者讲明，若他们同意，订立书面合同，按规定收费，但新增项目的安排不得影响计划项目的实施。

(3)如确有困难而无法满足对方的要求，地陪导游要耐心做好解释和说服工作。

2. 对方提出的要求与原计划的日程有较大变动，或涉及接待规格

(1)对于这种要求地陪导游一般应予婉言拒绝，并说明我方不方便单方面不执行合同。

(2)如经领队和全体旅游者提出的要求确有特殊理由，地陪导游必须请示旅行社有关领导，按领导指示而定。

3. 领队（或全陪导游）手中的旅行计划与地陪导游的接待计划有部分出入

（1）地陪导游应及时报告旅行社，要求查明原因，以分清责任。

（2）若是接待方的责任，地陪导游应实事求是地说明情况，向领队和全体旅游者说明情况，并致歉，并及时做出调整。

（3）若责任不在接待方，地陪导游也不应指责对方，必要时，可请领队向旅游者做好解释工作。

五、参观游览服务

参观游览是团体旅游者出游的主要目的，是旅游者消费旅游产品的主要组成部分，因此带领旅游者参观游览是地方导游服务工作的中心环节。地陪导游的服务应使旅游者参观游览的全过程安全、顺利，使他们能够详细了解参观游览对象的特色、历史背景等，以及其他感兴趣的问题。为此，地陪导游必须认真准备、精心安排、热情服务、主动讲解，并在带团中按要求全程开启全国导游之家 APP。

（一）出发前的服务

1. 做好出发前的准备

（1）准备好导游旗、电子导游证、导游身份标识和必要的票证。

（2）与司机联系，督促其做好出车的各项准备工作。

（3）核实旅游团午、晚餐落实情况。

2. 提前到达出发地点

地陪导游至少提前 10 分钟到达集合地点。地陪导游提前到达的作用：

（1）这是地陪导游工作负责任的表现，会给旅游者留下很好的印象。

（2）地陪导游可利用这段时间礼貌地招呼早到的旅游者，向他们征询服务的意见和建议。

（3）在时间上留有余地，以身作则遵守时间，提前做好出发前的有关工作，应对可能出现的紧急突发情况。

3. 核实实到人数

若发现有的旅游者未到，地陪导游应向全陪导游、领队或其他旅游者问明原因，设法及时找到；若有的旅游者愿意留在饭店或不随团活动，地陪导游要问清情况并妥善安排，必要时报告饭店有关部门。

4. 提醒注意事项

地陪导游要在出发前向旅游者报告当日的天气情况，并讲明游览点的地形、行走线路的长短等，使旅游者心中有数。必要时提醒旅游者带好衣服、雨具和替换鞋子等。

5. 准时集合登车

旅游者到齐后，地陪导游应站在车门一侧，一面热情地招呼客人上车，一面扶助老弱者登车。待旅游者全部上车坐好后，地陪导游要再次清点人数，并检查旅游者的随身物品是否放置妥当，待所有旅游者坐稳后，请司机开车出发。

（二）赴景点途中的服务

1. 重申当日活动安排

开车后，地陪导游要向旅游者重申当日的活动安排，包括参观景点的名称、至游览点途中所需时间、午 / 晚餐时间和地点等，视情况介绍当日国内外重要新闻。

2. 沿途风光导游

在前往景点的途中，地陪导游应介绍沿途的主要景物，并相机向旅游者介绍当地的风土人情、自然和人文景观及游览目的地的概况，以加深旅游者对目的地的了解，并回答旅游者提出的问题。讲解中要注意所见景物与介绍“同步”，并留意旅游者的反应，以便对其中的景物做更为深入的讲解。

3. 介绍旅游景点

抵达景点前，地陪导游应向旅游者介绍该景点的简要概况，尤其是其形成原因、价值和特色。介绍要简明扼要，目的是满足旅游者事先想了解景点有关知识的心理，激发其游览该景点的欲望，同时也为即将参观游览该景点做一个铺垫。

4. 活跃气氛

如前往景点的路途较长，地陪导游可同旅游者讨论一些他们感兴趣的热点问题，或组织适当的娱乐活动，如猜谜语、讲故事等，以活跃途中气氛。

（三）抵达景点后的导游服务

抵达景点后，如旅游者人数超过10人，导游应持导游旗，并保持旗杆直立，旗面位于旅游者易辨识的方位，不应使用过多或造型怪异的挂饰；暂不使用导游旗时，应妥善放置，不应垫坐、玩耍等。其他导游服务包括：

1. 交代游览中的注意事项

（1）抵达景点时，地陪导游在下车前要讲清和提醒旅游者记住旅游车的型号、颜色、标志、车号和停车地点以及开车时间。尤其是下车和上车不在同一地点时，地陪导游更应提醒旅游者注意。

（2）在景点示意图前，地陪导游应讲明游览线路、游览所需时间以及集合时间和地点等。

(3) 地陪导游还应向旅游者讲明游览参观中的注意事项，如禁止吸烟、不能拍照等。

2. 游览中的导游讲解

(1) 抵达景点后，地陪导游要对景点有关景物进行导游讲解。它是地陪导游传播当地文化和丰富旅游者知识的主要途径，因此讲解前应对讲解的内容预先有所构思和计划，即先讲什么、后讲什么，中间穿插什么典故和趣闻故事，以及哪些多讲、哪些少讲，都应根据旅游者的情况和计划的游览时间长短来确定，但是主要内容应包括景点的历史背景、特色、地位和价值等。此外，地陪导游还应结合有关景物或展品宣传环境和文物保护知识。

(2) 讲解的语言要生动、优美、富有表现力，不仅使旅游者增长知识，而且能得到美的享受。

(3) 在景点导游过程中，地陪导游应保证在计划的时间与费用内，能使旅游者充分地游览、观赏，注意做好导游与讲解的结合，适当集中与分散的结合，劳逸结合，以及对老弱病残旅游者的关照。

3. 注意旅游者动向

地陪导游应留意旅游者的动向，防止旅游者走失和治安事故的发生。在景点导游讲解中，地陪导游应时刻观察周围的环境和注意旅游者的动向，使旅游者自始至终环绕和跟随在自己周围或前后。为防止旅游者走失，地陪导游要与领队、全陪导游密切配合，随时清点人数。为防止旅游者发生意外事故，地陪导游还应注意和提醒旅游者在游览中提高警惕，防止小偷小摸等治安事件发生。在景点游览过程中，导游应及时提醒旅游者如厕，并特别关注老年人、未成年人、残疾人等特殊人群。

(四) 回程中的导游服务

一天的旅游活动结束后，在返回饭店的途中，地陪导游应做的主要工作有：

1. 回顾当天活动

返程中，地陪导游要将当天参观、游览的内容，用画龙点睛的方法做简要小结，必要时可做补充讲解，并回答旅游者的有关问题，以加深旅游者对当日活动的印象。

2. 进行风光导游

为了让旅游者能看到更多的景物，地陪导游应尽量避免旅游团由原路返回。在返回途中要对沿途的景物做必要的介绍。如果旅游者经过一天的参观游览活动显露出疲惫之态，地陪导游可在做完一天旅游活动的简要回顾之后让其休息。

3. 提醒注意事项

若当晚旅游团无活动安排，旅游者可能会自行外出活动，地陪导游要事先提醒旅游者最好结伴同行，并带上饭店的卡片以防迷路。

4. 宣布次日活动日程

返回饭店下车前，地陪导游要向旅游者宣告当日晚上和次日的活动日程、出发时间、集合地点等。提醒旅游者下车时带好随身物品，并率先下车，站在车门一侧照顾旅游者下车，随后将旅游者送回饭店。

5. 安排叫早服务

如旅游团需要叫早服务，地陪导游应安排妥当。与全陪导游、领队确认当日工作完成后方可离开饭店。

六、食、购、娱服务

旅游者出门旅游，参观游览活动固然是最主要的内容，但是旅游者所需要的餐饮服务、购物服务、娱乐活动等，也是整个旅游活动的必要组成部分。食、购、娱等项目的恰到好处的安排，能使旅游活动变得丰富多彩，加深旅游者对旅游目的地的印象。因此，在安排食、购、娱等旅游活动时，地陪导游同样应该尽心尽力，提供令旅游者满意的服务。

（一）餐饮服务

1. 计划内团餐的服务

（1）对于安排旅游团在饭店外用午、晚餐，地陪导游要提前按照合同规定予以落实，对用餐地点、时间、人数、标准、特殊要求、饮食禁忌与供餐单位逐一进行核实和确认。

（2）用餐时，地陪导游应引领旅游者进入餐厅，然后清点人数，介绍餐厅的有关设施、菜肴特色、酒水类别和洗手间位置，告知餐饮标准所含范围与自费项目，并引导旅游者文明用餐、使用公筷公勺。

（3）向领队告知全陪导游和地陪导游的用餐地点与用餐后全团的出发时间。

（4）用餐过程中，地陪导游要巡视旅游团用餐情况 1~2 次，解答旅游者在用餐中提出的问题，并监督、检查餐厅是否按标准提供服务以及解决可能出现的问题。

（5）用餐后，地陪导游要严格按照实际用餐人数、标准和饮用酒水数量，与餐厅结账，并索要正规发票。

2. 自助餐的服务

自助餐是旅游团队用餐常见的一种形式，旅游者可以根据自己的口味，各取所需，因此深受旅游者欢迎。在用自助餐时，地陪导游要强调自助餐的用餐要求，告诫旅游者以吃饱为标准，注意节约、卫生，不可打包带走。

3. 风味餐的服务

风味餐是广受旅游者欢迎的一种用餐形式，以品尝具有地方特色的风味佳肴为主，形式自由、不排座次。

品尝风味餐分为计划内和计划外两种。前一种是旅游接待计划中安排好的，地陪导游与旅游者一道参与。在品尝风味餐之前，地陪导游要做好各项联系落实工作，用餐时要介绍风味餐的特色；后一种是旅游接待计划中未予安排而由旅游者自费预订的，如旅游者邀请地陪导游参加，在这种情况下地陪导游要注意不要反客为主。

风味餐作为当地的一种特色餐食、美食，是当地传统文化的组成部分，宣传、介绍风味餐是弘扬民族饮食文化的活动。因此，在旅游团队用风味餐时，地陪导游应予以必要的介绍，如风味餐（如北京的烤鸭、四川的火锅、湖北的武昌鱼等）的历史、特色、人文精神及其吃法等，能使旅游者既饱口福，又饱耳福。

4. 宴请服务

宴请活动包括宴会、冷餐会和酒会等。作为地陪导游，要重视宴请礼仪，着装符合宴请活动，按照就餐安排的座次入座，同时提醒自己不能放松服务这根“弦”。要正确处理好自己与旅游者的关系，既要与旅游者共乐，又不能完全放松自己，举止礼仪不可失常。

（二）购物服务

购物是旅游者的一项重要活动，也是增加旅游目的地旅游收入的一条重要渠道，地陪导游应严格按照《中华人民共和国旅游法》的规定来操作，根据旅游合同的约定安排购物次数、购物场所和停留时间，不擅自增加购物次数和延长停留时间，更不得向旅游者兜售物品或诱导、欺骗、强迫、变相强迫旅游者购物。对于不愿参加购物活动的旅游者，要做出妥善安排，如就近参观其他景点，或安排到环境较好的地点休息等候等。导游不得私自收取商家给予的购物“回扣”。

旅游者购物时，地陪导游应向全团讲清停留时间和有关购物的注意事项，并介绍本地商品的特色及有关商品知识。入境旅游者购物时，地陪导游不仅要承担翻译工作，并做好商品的促销，而且当他们要求办理托运时向他们介绍托运的手续以及海关对旅游者携带物品出境的有关规定，并予以相应的协助。对商店不按质论价、以次充好、销售伪劣商品和不提供标准服务的行为，地陪导游应向商店负责人反映，以维护旅游者的利益。事后还可向旅行社报告，通过旅行社进行交涉，以避免以后出现此类问题。

对在景点游览中遇到小贩强拉强卖的情况，地陪导游有责任提醒旅游者不要上当受骗，不能放任不管。

（三）娱乐服务

1. 计划内的文娱活动

（1）对计划内安排的文娱活动节目，地陪导游应陪同前往，并向旅游者简单介绍节目内容和特点。

（2）到达演出场所后，地陪导游要引领旅游者入座，并自始至终和旅游者在一起，介绍有关演出设施与位置，解答旅游者的问题。

（3）在旅游者观看演出过程中，对入境旅游者，地陪导游要做好剧情介绍和必要的翻译工作。

（4）演出结束后，要提醒旅游者不要遗留物品并带领旅游者依次退场。

（5）在大型娱乐场所，地陪导游要提醒旅游者不要走散，随时注意旅游者的动向与周围的环境，了解出口位置，以便发生意外情况能及时带领旅游者撤离。

2. 计划外的文娱活动

对旅游者要求观看的计划外的文娱节目，地陪导游应告知演出时间、地点和票价，可协助他们购票，但一般不陪同前往。对于旅游者要观看格调低下的不健康的文娱节目，地陪导游应明确予以拒绝。

七、送站服务

旅游团结束本地的参观游览活动后，地陪导游应做到使旅游者安全、顺利离站，遗留的问题能得到及时和有效的处理。

送站服务是导游工作的尾声，地陪导游应善始善终，如接待过程中曾发生过不愉快的事情，应尽量做好弥补工作；要想方设法把自己的服务工作推向高潮，使整个旅游过程在旅游者心目中留下深刻印象。

（一）送行前的工作

1. 核实交通票据

（1）旅游团离开的前一天，地陪导游应认真核实旅游团离开的机（车、船）票，包括团名、代号、人数、全陪导游姓名、去向、航班（车次、船次）、起飞（开车、起航)时间(时间要做到四核实:计划时间、时刻表时间、票面时间、问询时间)、在哪个机场(车站、码头)离开等事项,然后移交给全陪导游。如果航班(车次、船次)和时间有变更,地陪导游应问清计调部门是否已通知了下一站,以免造成漏接。了解本地和下一站次日的天气情况,以向旅游者做适当提示。

(2)若是乘飞机离境的旅游团,地陪导游除了要核实机票的上述内容,还应掌握该团机票的种类,并提醒领队和旅游者提前准备好海关申报单,以备海关查验。

2. 商定出行李时间

(1)地陪导游应先了解旅行社行李员与饭店行李员交接行李的时间(或按旅行社规定的时间),然后与饭店礼宾部商定地陪导游、全陪导游、领队与饭店行李员四方交接行李的时间。

(2)在上述四方交接行李时间商定后,地陪导游再与领队、全陪导游一起商定旅游者出行李的时间,商定后再通知旅游者,并向其讲清有关行李托运的具体规定和注意事项(如不要将护照、贵重物品放在行李中)。

(3)普通旅游团不安排行李车,客人行李随车运送,地陪导游通知客人出发时间时一并提醒客人带上行李即可。

3. 商定集合出发时间

由于司机对路况比较熟悉,所以出发时间一般由地陪导游首先与司机来商定,然而为了安排得更合理,地陪导游还应与领队、全陪导游商议,商定后应及时通知旅游者。

4. 商定叫早和早餐时间

地陪导游应与领队、全陪导游商定叫早和早餐时间,并及时通知饭店有关部门和旅游者。如果该团是乘早班飞机或火车离开,需要改变用餐时间、地点和方式(如带盒饭),地陪导游要及时做好有关安排。

5. 提醒结账

(1)旅游团离店前,地陪导游应提醒、督促旅游者尽早与饭店结清其有关账目,如洗衣费、长途电话费、食品饮料费等。若旅游者损坏了客房设备,地陪导游应协助饭店妥善处理赔偿事宜。

(2)地陪导游应将旅游团的离店时间及时通知饭店总台,提醒其及时与旅游者结清账目。

6. 及时归还证件

一般情况下,地陪导游不应保管旅游团的证件,用完后应立即归还旅游者或领队。尽管如此,离店前一天,地陪导游还是应检查自己的物品,看是否保留有旅游者的证件、票据等，如有应立即归还，当面点清。

旅游团离开时若有旅行社的负责人来送行，地陪导游应向领队、旅游者和全陪导游做介绍，并认真做好欢送的具体组织工作。

（二）离店服务

1. 集中交运行李

如旅游团配备行李车，旅游团的行李集中后，地陪导游要按商定好的时间与领队、全陪导游和饭店行李员共同确认托运的行李件数，并检查行李箱、包是否上锁、捆扎是否牢固、是否破损等，然后交给饭店行李员，填写行李交运卡。其间也需请旅游者核实自己的行李。

2. 办理退房手续

旅游团离开饭店前，地陪导游可将旅游者的房卡（钥匙）收齐交到饭店总服务台（也可由旅游者自交），并及时办理退房手续（或通知有关人员办理）。在办理退房手续时，要认真核对旅游团的用房数，无误后按规定结账签字。地陪导游应注意饭店客房住宿结算时间的规定（根据《中国旅游饭店行业规范》规定：饭店应在前厅显著位置明示客房价格和住宿时间结算方法），避免出现未按时退房的情况。

3. 集合登车

（1）出发前，地陪导游应询问旅游者是否结清了饭店的账目；提醒旅游者检查是否有物品遗留在饭店；请旅游者将房卡交到总服务台（房卡由旅游者自行交予饭店的情况下）。

（2）引领旅游者登车。旅游者上车后，地陪导游要协助他们放好随身行李，待他们入座后，地陪导游要仔细清点实到人数。旅游者到齐后，要提醒旅游者再清点一下包括证件在内的随身携带的物品，若无遗漏则开车离开饭店。

（三）送行服务

1. 致欢送词

在旅游车至机场（车站、码头）的途中，如有需要，地陪导游可酌情对沿途景物进行讲解。快到机场（车站、码头）时或在机场（车站、码头），地陪导游要致欢送词，以加深与旅游者的感情。致欢送词的语气应真挚，富有感染力。欢送词的内容主要包括：

（1）回顾语：对旅游团在本地的行程包括食、住、行、游、购、娱等各方面做一个概要性的回顾，目的是加深旅游者对这次旅游经历的体验。

（2）感谢语：对旅游者及领队、全陪导游、司机的合作表示感谢。

（3）惜别语：表达友谊和惜别之情。

（4）征求意见语：诚恳地征询意见和建议。

（5）致歉语：若旅游活动中有不尽如人意之处，可借此机会表示真诚的歉意。

（6）祝愿语：表达美好的祝愿，期待再次相逢。

致完欢送词，地陪导游可将“旅游服务质量评价意见表”（表 3–2）或“导游服务质量评价表”（表 3–3）分发给旅游者，请其现场填写，在旅游者填写完毕后如数收回，向其表示感谢并妥善保留。旅游者还可以通过在线平台评价旅游服务质量或导游服务质量，如旅游行程中发生突发事件和常见问题的，应对导游的处理情况进行评价。

表 3–2　××旅行社旅游服务质量评价意见表

亲爱的女士、先生：

为提高旅游产品质量，我们将非常感谢您对我们提供的服务提出宝贵意见。您的反馈，将是对我们工作的大力支持。谢谢！

填卡说明：

1.请您准确填写旅游团团号和在 ××（地名）日期。

2.请您在所列项目中您同意的评价等级栏内打“√”标记。

3.请您将填好的卡片交还导游。

旅游团号：__________　　　　抵达日期：__________

项目	评价	很满意	满意	一般	不满意
餐饮	服务				
	餐饮质量				
	环境卫生				
住宿	宾馆服务				
	设施设备				
	环境卫生				
游览参观	环境秩序				
	环境卫生				
行车	司机服务				
	车况				
	卫生				

续表

项目	评价	很满意	满意	一般	不满意
购物	商店服务				
	商店管理				
	商品质量				
导游	服务				
	讲解				

陪同签名：____________　　　　领队签名：____________

表 3-3　导游服务质量评价表

导游姓名：

评价项目		非常好	好	一般	差	非常差
服务能力	思想素质					
	技术技能					
	业务知识					
	职业形象					
服务表现	准备工作处理					
	接送服务					
	交通服务					
	住宿服务					
	用餐服务					
	游览服务					
	购物服务					
	文化娱乐服务					
	后续工作处理					
	出入境服务					

续表

评价项目		非常好	好	一般	差	非常差
突发事件和常见问题处理	旅游合同的变更和解除					
	丢失证件和物品					
	丢失行李或行李损坏					
	旅游者走失					
	自然灾害					
	旅游者患病、病危或死亡					
	旅游者食物中毒					
	传染病疫情					
	社会骚乱等群体性事件					
	接待纠纷					
总体评价						
意见和建议： 评价人：□旅游者□聘用导游单位 联系电话：				签名： 填写时间：		

注：未安排的项目可不评价。

2. 提前到达机场（车站、码头），照顾旅游者下车

地陪导游带团到达机场（车站、码头）必须留出充裕的时间。按照要求，乘出境航班提前 3 小时或按航空公司规定的时间；乘国内航班提前 2 小时；乘火车、轮船提前 1 小时。

旅游车到达机场（车站、码头）后，下车时，地陪导游要提醒旅游者带齐随身行李物品，并照顾旅游者下车，等旅游者全部下车后，要再检查一下车内有无旅游者遗留的物品。

3. 办理离站手续

（1）目前大多数旅游团都是行李随旅行车同载，下车后请旅游者拿取各自的行李，带领旅游者进入机场（车站、码头）的大厅等候。

（2）地陪导游如有提前取好的票据，清点无误后交给全陪导游（无全陪导游的团交给领队），请其清点核实。如没有提前办理票据，地陪导游可协助旅游者持有效证件办理取票或登机手续。

(3)送国内航班(火车、轮船),地陪导游应协助办理离站手续;送出境旅游团,地陪导游应在核实行李后,将行李交给每位旅游者,由旅游者自己办理行李托运手续,必要时可协助旅游者办理购物退税手续,并向领队或旅游者介绍办理出境手续的程序,将旅游团送往安检区域。

(4)如旅游团有行李车运送行李,到达后地陪导游应迅速与旅行社行李员取得联系,将其交来的交通票据和行李托运单或行李卡逐一点清、核实后,交给全陪导游或领队,并请其当面清点核实。

(5)当旅游者进入安检区域时,地陪导游应热情地与他们告别,并祝一路平安。旅游团过安检口进入隔离区后,地陪导游方可离开。

4. 与司机结账

送走旅游团后,地陪导游应按旅行社的规定与司机办理结账手续,或在用车单据上签字,并妥善保留好单据。

八、后续工作

送走旅游团后,地陪导游还需要做好旅游者的善后服务以及旅行社要求的陪团结束后的有关工作。前者关系到地陪导游的接待工作是否有始有终,后者则涉及地陪导游对旅行社交付的工作是否圆满完成。

(一)处理遗留问题

地陪导游下团后,应认真、妥善地处理好旅游团的遗留问题,包括行李延误、破损、遗失的协助处理和保险报案取证的协助处理等,按有关规定办理旅游者临行前托办的事项。必要时向旅行社请示。

(二)结账

地陪导游要按旅行社的具体要求在规定的时间内,填写清楚有关接待和财务结算表格,连同保留的单据、活动日程表等按规定上交有关人员,并到财务部门结清账目。

(三)接团小结

地陪导游应养成每次下团后总结本次出团工作的良好习惯,认真填写导游日志,实事求是地汇报接团情况,尤其是突发事件。这样既利于地陪导游业务水平的提高,又有利于旅行社及时掌握情况,发现不足,以便不断提高接待质量。

(1)由于自身原因导致接团中出现问题的,要认真思考,积极调整,总结提高。

（2）涉及相关接待单位，如餐厅、饭店、车队等方面的意见，地陪导游应主动说明真实情况，由旅行社有关部门向这些单位转达旅游者的意见或谢意。

（3）涉及一些旅游者意见较大或比较严重的问题时，地陪导游要整理成书面材料，内容要翔实，尽量引用原话，并注明旅游者的身份，以便旅行社有关部门和相关单位进行交涉。

（4）若发生重大事故，应实事求是地写出事故报告，应详细报告事件经过和处理结果，并提交相关证明材料。

（四）提交物品

地陪导游应提交导游日志及旅游服务质量评价表，并及时归还在地接社里所借物品。

第二节　全陪导游服务程序及服务要求

全陪导游服务流程是指全陪导游自接受了旅行社下达的旅游团（者）接待任务起至送走旅游团（者）整个过程的工作程序。全陪导游服务的任务是保证旅游团的各项旅游活动按计划顺利、安全地实施。全陪导游作为组团社的代表，应自始至终参与旅游团整个旅程的活动，负责旅游团空间移动中各环节的衔接，监督接待计划的实施，协调领队、地陪导游、司机等旅游接待人员之间的关系，严格按照接待计划和导游服务规范向旅游者提供旅游行程中的各项服务，并在带团中按要求全程开启全国导游之家 APP。全陪导游服务的流程如图 3–2 所示。

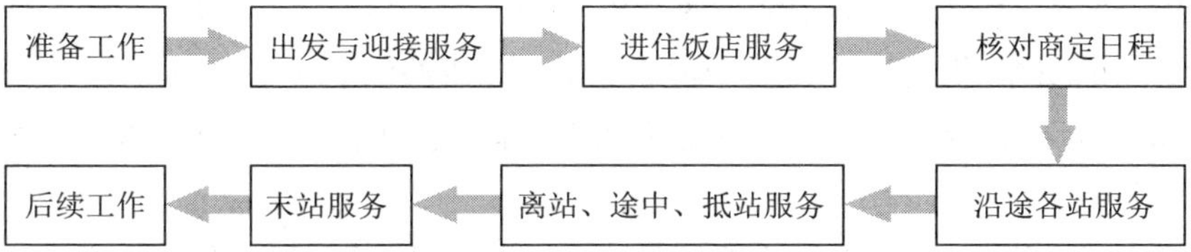

图 3–2　全陪导游服务流程

一、准备工作

全陪导游外出带团少则几天，多则十多天，涉及面广，加上旅途中可能出现的不可预测因素，使全陪导游接待服务具有艰苦性和复杂性。因此，全陪导游需要认真、细致、周全地做好有关准备。

准备工作是做好全陪导游服务的重要环节之一。全陪导游的工作时间长，与旅游者和领队相处的时间长，途经多个省市，协调工作中，工作内容较为繁杂。因此在服务前做好充分细致的准备工作，是全陪导游服务工作的重要环节和保障之一。

（一）熟悉接待计划

接待计划是组团社委托相关地接社组织落实旅游团旅游活动的契约性文件。除包括组团社、地接社和接待人员有关信息外，还包括旅游团的基本情况、旅游交通住宿和餐饮等旅游服务的安排与标准等。上团前，全陪导游要认真查阅接待计划和相关资料及往来函件（电子邮件、传真件等），掌握所接旅游团的全面情况，研究旅游团的特点、重点旅游团成员和旅游者的特殊要求，以便提供有针对性的服务。

1. 熟悉旅游团的基本情况

（1）熟记旅游团的名称（或团号）、旅游者国别、人数和领队姓名。

（2）了解旅游团成员的姓名、职业、性别、年龄、民族、宗教信仰和特殊要求等。

（3）掌握团内有身份或较有影响的成员、特殊旅游者（如记者、旅游商、残疾人、儿童、高龄老人等）的情况。

2. 熟悉旅游团的行程计划

全陪导游应熟悉旅游团的行程计划，以便更好地把握行程中旅游活动的节奏，保证旅游团的旅游行程能够安全、顺利地完成。旅游团的行程计划在一些旅行社被称为旅游行程单。它包括抵离旅游线路上各站的时间、所乘交通工具的航班（车次、船次）、各站的参观游览项目、安排的文娱节目、风味餐食以及自由活动的安排等。它是组团社与境外旅行社或旅游者所签包价旅游合同的重要组成部分，也是组团社和相关地接社需共同执行的合同标准。熟悉旅游团行程计划包括：

（1）记下旅游团所到各地地接社名称、联系人、联系电话和地陪导游的联系电话。

（2）记下旅游团抵离旅游线路上各站的时间、所乘交通工具，以及交通票据是否订妥或是否需要确认、有无变更等情况。

（3）了解旅游团在各地下榻饭店的名称、位置、星级和特色等。

（4）了解行程中各站的主要参观游览项目，根据旅游团的特点和要求，准备好讲解和咨询时要解答的问题。

（5）了解全程各站安排的文娱节目、风味餐食、计划外项目及是否收费等。

（6）了解重点团是否有特殊安排，如座谈、宴请等。

旅行社出团计划表如表 3–4 所示。

表 3–4　××旅行社出团计划表

编号：　　　　　　　　　　　　　　　　　　　　　　　　年　　月　　日

<table>
<tr><td>国别：</td><td>在中国旅游时间：</td><td>团队等级：</td><td>团队类型：</td></tr>
<tr><td rowspan="3">境外组团社：</td><td>团号：</td><td>领队姓名：</td><td>团队人数：</td></tr>
<tr><td>联系人：</td><td rowspan="2">电话：</td><td>成人：
儿童：</td></tr>
<tr><td>电话/传真：</td><td>男：
女：</td></tr>
<tr><td rowspan="2">国内组团社：</td><td rowspan="2">团号：</td><td>联系人：</td><td>全陪导游：</td></tr>
<tr><td>电话/传真：</td><td>电话：</td></tr>
<tr><td rowspan="4">国内地接社：</td><td>北京××地接社　联系人：　电话：</td><td colspan="2">地陪导游：　电话：</td></tr>
<tr><td>西安××地接社　联系人：　电话：</td><td colspan="2">地陪导游：　电话：</td></tr>
<tr><td>桂林××地接社　联系人：　电话：</td><td colspan="2">地陪导游：　电话：</td></tr>
<tr><td>上海××地接社　联系人：　电话：</td><td colspan="2">地陪导游：　电话：</td></tr>
</table>

<table>
<tr><th colspan="6">中国境内行程安排</th></tr>
<tr><td>线路名称</td><td colspan="5"></td></tr>
<tr><td>城市</td><td>抵离时间/地点/交通</td><td>饭店</td><td>用餐</td><td>活动内容</td><td></td></tr>
<tr><td>北京</td><td></td><td></td><td></td><td></td><td></td></tr>
<tr><td>西安</td><td></td><td></td><td></td><td></td><td></td></tr>
<tr><td>桂林</td><td></td><td></td><td></td><td></td><td></td></tr>
<tr><td>上海</td><td></td><td></td><td></td><td></td><td></td></tr>
<tr><td colspan="3">国内组团计调：（签名）</td><td colspan="3">电话/传真：</td></tr>
<tr><td colspan="6">注意事项和特殊要求：</td></tr>
<tr><td colspan="6">任务完成情况及说明：</td></tr>
</table>

（二）知识准备

由于全陪导游同旅游者相处时间较长，交谈时间较多，特别是在途中，除了要做好生活服务，还要解答旅游者的各种问题，甚至可能要做一些专题讲解，因此做好有关知识准备十分必要。

1. 对象国（地区）知识

了解旅游者所在国家（地区）的历史、地理、政治、经济、文化、礼俗和禁忌等方面的知识。

2. 旅游线路沿线概况

了解旅游线路所经各地的历史、地理、经济、民族、风土人情及景点知识。了解和熟知旅游线路上各地的主要景点情况，尤其是自己不熟悉和未曾去过的景点情况。

3. 专题知识

根据旅游线路的不同，准备的专题知识内容也不同，如华东旅游线应重点收集园林艺术方面的资料，而西北旅游线路则要侧重于石窟艺术方面的知识。根据旅游者特点的不同，准备的专题知识也不同。若接待的是境外专业旅游团，更应准备相关专业方面的知识。

（三）物质准备

上团前，全陪导游要做好必要的物质准备，携带必备的证件和有关资料，主要包括：

1. 必备的证件

全陪导游应带齐本人身份证、电子导游证及导游身份标识，前往个别管制区域要求办理的证明文件等。

2. 结算单据和费用

全陪导游需带好费用结算单、银行卡（或支票）和少量现金等，以备在旅途中使用。

3. 接团资料和物品

包括接待计划表或电子行程单、各地旅行社地址和联系电话、讲解资料（可存入手机中）、"全陪导游日志"、行李卡、组团社社旗等。

4. 个人物品

全陪导游带团在外，出门时间较长，需带足个人物品，尤其是自己的手机、手机充电器、备用药品等。

（四）联络沟通

1. 与地接社联系

根据需要，全陪导游在接团前一天应与第一站地接社取得联系，核对旅游接待计划，了解接待工作安排情况。

2. 与旅游者联系

全陪导游应与旅游者建立联系方式，提醒旅游者出发时间、地点等旅游行程注意事项。

3. 与旅游客车司机联系

根据需要，全陪导游应与旅游车司机取得联系，确定会面时间和车辆停放位置。

二、出发与迎接服务

（一）出发时服务

全陪导游接待境内团队，应与旅游者在约定的时间和地点集合，礼貌地清点人数，引导旅游者乘坐约定的交通工具，并发放与本次旅游行程有关的资料和物资等；同时，与地陪导游确认迎接旅游者的时间和地点。

（二）迎接旅游团

全陪导游如接待境外旅游团，首站接团服务要使旅游团抵达后能立即得到热情友好的接待，让旅游者有宾至如归的感觉，这也是全陪导游与旅游者建立良好关系的基础。为此，全陪导游要与地陪导游密切配合，做好迎接服务。

全陪导游迎接工作要做到认团准确，热情友好，以消除旅游者初来乍到的紧张和不安心理，使他们有宾至如归的感觉。

（1）迎接入境旅游团时，全陪导游应在接团前一天，与首站地接社联系，了解接待工作详细安排情况。

（2）与首站地陪导游一起提前 30 分钟到达接站地点，迎候旅游团。全陪导游要协助地陪导游认找应接的旅游团，防止错接。

（3）认准旅游团后，全陪导游要向领队和旅游者问好，进行自我介绍，并介绍地陪导游，然后应立即询问和确认该团实到人数。如实到人数与接待计划有出入，应及时通报组团社，由组团社再通知各站地接社。

（4）如该团配备行李车，全陪导游应将旅游者的行李集中，并与领队、地陪导游一起进行清点，然后移交给地接社行李员。

（5）若迎接的是首站国内旅游团，全陪导游也应提前 30 分钟到达组团社与旅游者事先约定的集合地点，手举社旗等候旅游者的到来，待他们到齐后再出发。全陪导游可以视团队情况建立微信群，方便通知事项及团队内部沟通和交流。

（三）首站讲解

为了使初次或即将踏上异地的旅游者心情放松和知悉旅途的安排，全陪导游应重视首站介绍，要在简明扼要的讲解中尽快与旅游者建立起信任关系。首站讲解主要包括如下内容。

（1）致欢迎词。全陪导游应代表组团社和个人向旅游者致欢迎词，其内容一般包括：表示欢迎，自我介绍并将地陪导游介绍给全团，真诚地表达提供全程服务的意愿，预祝旅游者旅行顺利愉快等。

（2）全程安排概述。全陪导游应将各站的主要安排（包括下榻的饭店、风味餐和主要景点等）向旅游者做简要介绍，对于沿线中可能存在的住宿或交通问题也要让他们适当了解，使其有心理准备。

（3）向旅游者说明行程中的注意事项和一些具体的要求，并发放本次旅游行程的相关资料和物资等。

（四）入境游导游服务特别要求

接待入境旅游者的导游除应按照导游服务要求提供相应服务外，还应向旅游者特别介绍和说明以下内容。

（1）介绍旅游行程的主要内容、中国概况，说明外币兑换手续，并提示相关注意事项，包括中国关于宗教活动应当在宗教活动场所进行等相关法律法规规定、旅游行程安全、文明旅游、风俗习惯、购物退税等。

（2）说明中国海关的有关规定，提前简要介绍办理出境手续的程序，包括行李托运的要求等。

三、进住饭店服务

为使旅游者进入饭店后尽快办妥入住手续，顺利进入客房，全陪导游应该做到以下几点。

（一）协助旅游者办理入住手续

全陪导游应做好分房方案，并按照方案协助旅游者办理入住登记手续。

（二）照顾行李进房及处理问题

旅游者进房后，全陪导游应巡视客人住房情况，询问他们是否都拿到了各自的行李，是否对房间满意。若客人反映房间卫生或设备存在问题，全陪导游应迅速通知饭店有关人员前来处理。如果有的客人还未拿到行李，全陪导游应与地陪导游一起迅速查找或进行处理。

（三）照顾旅游者住店期间的安全和生活

全陪导游应掌握地陪导游和旅游者的房间号，并将自己的房间号和联系电话告知旅游者，以便联系。全陪导游还要掌握饭店前台电话号码，如果地陪导游不住饭店，全陪导游要负起照顾旅游团的安全和生活的责任。

四、核对商定日程

(一)全程参与

核对商定日程是旅游团抵达一地后的重要程序。全陪导游应全程参与，与领队和地陪导游核对商定日程，以免出差错，造成误会和经济损失。

(二)全陪导游核对商定日程时的主要工作

1. 核商日程原则

全陪导游在核对商定日程中应本着服务第一、宾客至上、遵循合同、平等协商的原则。

2. 核商日程的重要性

核对商定日程对旅游团非常重要，尤其对入境旅游团更为必要。国内组团社与境外旅行社确认的日程安排，由于时间关系双方都可能有某些变化，虽然现在沟通联络非常便利，但难免因未能及时沟通，全陪导游手中的接待计划与领队、地陪导游持有的旅行计划可能会出现差异。所以三方核对商定日程不仅是一种礼貌，也是必需的工作流程。

3. 全陪导游核对商定日程时的步骤

(1)全陪导游与领队、地陪导游商谈日程时，应将各自持有的旅行计划进行对照，一般以组团社的接待计划为准。

(2)核对商定日程时应尽量避免大的变动。

(3)如果变动较小而又能予以安排(如不需要增加费用、调换上下午的节目安排等)，可主随客便。

(4)若变动较大而又无法安排，应做详细解释。

(5)如遇难以解决的问题(如领队提出一些对计划有较大变动的提议或全陪导游手中的计划与领队或地陪导游手中的计划不符等情况)应立即反馈给组团社，并使领队得到及时的答复。

(6)如果领队和旅游者坚持，又有特殊理由，全陪导游应及时请示组团社，再做决定。

(7)详细日程商定后，请领队向全团正式宣布。

五、沿途各站服务

旅游团在各站的行、游、住、食、购、娱主要以各地的地陪导游安排为主，全陪导游的主要工作首先是承担各站之间的联络通报和有机衔接，以及按照接待计划的安排对各站服务进行协助、检查和督促，使旅游团的接待计划得以全面、顺利实施。其次是做好旅游者的人身和财物安全工作，使可能发生的突发事件得到及时、有效处理。

（一）联络工作

全陪导游要做好各站间的联络工作，架起联络沟通的桥梁。

（1）做好领队与地陪导游、旅游者与地陪导游之间的联络、协调工作。

（2）做好旅游线路上各站间，特别是上、下站之间的联络工作。若实际行程和计划有出入时，全陪导游要及时通知下一站。

（二）协助地陪导游工作

（1）由于全陪导游自始至终参与旅游团的全部活动，能够比较深入地了解旅游团的情况，因此有责任向地陪导游通告旅游团的有关情况（如前几站的活动情况，旅游者的需要、兴趣、个性及团中“活跃人物”“中心人物”等），以便能更好地与地陪导游合作，有针对性地做好各站接待工作。

（2）进入饭店后，全陪导游应协助领队办理入住登记手续，并掌握住房分配名单；如果饭店压缩预订房，而订房单位是组团社，全陪导游要负责处理；如果地陪导游不住饭店，全陪导游要负起照顾好旅游团的责任。

（3）景点游览时，地陪导游带团前行，全陪导游应殿后，招呼滞后的旅游者，并不时清点人数，以防走失。如果有旅游者走失，一般情况下应由全陪导游和领队分头寻找，而地陪导游则带领其他旅游者继续游览。如果游览中需要登山，而少数老年旅游者不愿爬山，全陪导游应留下来照顾他们，地陪导游则带领其他旅游者登山。

（4）旅游活动中若有旅游者突然生病，通常情况下由全陪导游及患者亲友将其送往医院，地陪导游则带团继续游览。

（三）检查督促各站服务质量

旅游接待计划是旅游者对旅游产品质量评价的客观依据，因此检查和督促各地是否按照接待计划保质保量地提供各项服务是全陪导游的又一项重要工作。全陪导游可通过计划的实施、计划的调整和督促改进等手段来检查和监督各站地接社的接待服务质量和计划落实情况。对于某些方面存在的缺陷和不足，全陪导游应向其提出改进的意见和建议。

（1）通过观察和征询旅游者意见来了解和检查各地在交通、住宿、餐饮和地陪导游服务等方面的服务质量是否符合国家和行业的质量标准。

（2）若发现有减少规定的游览项目、增加购物次数或降低住宿或餐饮质量标准的情况，要及时向地陪导游提出改进或补偿意见，必要时向组团社报告，并在“全陪导游日志”中注明。

（3）若地陪导游安排的具体活动内容与上几站有明显重复，应建议地陪导游做必要的调整。

（4）在地陪导游缺位或失职的情况下，应兼顾地陪导游的职责。

（5）若对当地的接待工作有意见和建议，要诚恳地向地陪导游提出，必要时向组团社汇报。

（四）维护和保障旅游者安全

旅游过程中，旅游者的人身和财物安全不仅关系到旅游者的安危和切身利益，而且关系到旅游目的地和旅游企业的形象以及旅游活动的顺利进行，因此，保护旅游者的安全是全陪导游的一项重要工作。

（1）入住饭店时，要提醒旅游者：将贵重物品存放在前台或房间保险柜中；入睡前，将门窗关好，且不要躺在床上抽烟。

（2）每次上车和集合时，要清点人数；下车时，提醒旅游者带好随身物品。

（3）景点游览中，走在最后，随时留意旅游者的动向，尤其要关注团中因爱好拍照而滞后的旅游者和“好动的人物”，并注意周围环境有无异常，如发现形迹可疑者，要提醒旅游者照看好自己的随身物品；道路崎岖不平时，要提醒他们走路小心，对老弱者施以援手，照顾好生病的旅游者；天气异常时，要提醒他们增加或减少衣服；若有旅游者走失，应协助地陪导游寻找走失的旅游者，或陪同走散的旅游者。

（4）旅游团抵离各站时，负责清点行李。

（五）提供旅行过程中的服务

1. 生活服务

生活服务的主要内容包括：

（1）出发、返回、上车、下车时，要协助地陪导游清点人数，照顾年老体弱的旅游者上下车。

（2）游览过程中，要留意旅游者的举动，防止旅游者走失和意外事件的发生，以确保旅游者人身和财产安全。

（3）按照“合理而可能”的原则，帮助旅游者解决旅行过程中的一些疑难问题。

（4）融洽气氛，使旅游团有强烈的团队精神。

2. 讲解服务

作为全陪导游，提供讲解服务虽然不是最重要的，但适当的讲解仍是必要的。尤其是两站之间，在汽车、火车上做较长时间的旅行时，全陪导游也要提供一定的讲解服务。讲解内容应是旅游者感兴趣的。

3. *为旅游者当好购物顾问*

食、住、行、游、购、娱是旅游活动的重要组成部分。和地陪导游相比，全陪导游因自始至终和旅游者在一起，感情上更融洽一些，也更能赢得旅游者的信任。因此，在很多方面（诸如购物等），旅游者会更多地向全陪导游咨询，请全陪导游拿主意。在这种时候，全陪导游一定要从旅游者的角度考虑，结合自己所掌握的旅游商品方面的知识，为旅游者着想，当好购物顾问。

六、离站、途中、抵站服务

（一）离站服务

旅游团离开每一地前，全陪导游都应为本站送站与下站接站的顺利衔接做好以下工作。

（1）提前提醒地陪导游再次核实旅游团离开本地的交通票据以及离开的准确时间。如离开的时间有变化，全陪导游要迅速通知下一站地接社；若离开时间紧迫，则敦促地陪导游通知。

（2）离开前，要向旅游者讲清航空（铁路、水路）有关行李托运和手提行李的规定，并帮助有困难的旅游者捆扎行李，请旅游者将行李上锁。

（3）协助领队和地陪导游清点行李，与行李员办理交接手续。

（4）离站前，要与地陪导游、旅游车司机话别，对他们的热情工作表示感谢。

（5）到达机场（车站、码头）后，应与地陪导游交接交通票据和行李托运单，点清、核实后妥善保存。

（6）进入候机厅后，如遇旅游团所乘航班延误或取消的情况，全陪导游应立即向机场有关方面进行确认。当航班延误或取消的消息得到民航部门的证实后，全陪导游应主动与相关航空公司联系，协同航空公司安排好旅游者的餐饮和住宿问题。

（二）途中服务

途中服务始于旅游团通过机场（车站、码头）的安全检查，进入候机厅（候车室、候船室），结束于飞机（火车、轮船）抵达下一站，旅游团走出机场（车站、码头）。无论途中乘坐何种交通工具赴下一站，全陪导游都要提醒旅游者注意人身和财物的安全，积极争取交通营运部门工作人员的支持和配合，安排好旅游者的途中生活，努力使他们感到旅途舒适、愉快。

（1）登机（车、船）前，全陪导游应提醒旅游者乘坐时的礼仪规范和安全注意事项。上机（车、船）后，应立即找餐厅负责人订餐，告知旅游者人数、餐饮标准和旅游者的口味等。

（2）协助旅游者办妥登机（车、船）票、安检和行李托运等相关手续，提醒旅游者不携带违禁物品；乘机（车、船）途中，听从乘务人员的安排，协助照顾旅游者的旅途生活，及时提醒旅游者如厕。

（3）如有晕机（车、船）的旅游者，全陪导游要给予重点照顾。若有旅游者突患重病，全陪导游应通过所乘交通工具上的广播系统在乘客中寻找医生对其进行初步急救，并设法通知下一站有关方面（急救站、旅行社）尽早落实车辆，以便到站后争取时间送患者到就近医院救治。

（4）长途旅行中，全陪导游应在旅行途中加强与旅游者之间的信息沟通，了解旅游者的最新需求动态，回答旅游者的各种问题，征求他们对旅游服务质量的评价并组织一些活动活跃气氛。

①了解旅游者。全陪导游应利用陪同旅游团的机会，进一步了解旅游者的需要、个性与爱好，以及客源地、目的地的有关情况，以便能够及时掌握旅游者的最新动态，并将其传递给地接社，适当调整接待服务策略，使各站的旅游接待更有针对性。

②解答问题。旅游者在旅游过程中往往会产生各种各样的问题和疑惑。全陪导游应该充分利用途中与旅游者密切接触的机会，适时回答他们的问题，为他们解惑。

③征求意见。全陪导游应通过与旅游者在途中的交谈，了解他们对前一阶段旅游接待服务质量的评价，以便为改进其后各站的旅游服务质量提供建议。

④组织活动。全陪导游可根据旅游者的特点和旅途中的具体情况，或组织一些娱乐活动，或组织专题讨论或讲解，以活跃途中气氛，消除旅游者的寂寞和疲劳。

（5）全陪导游要提醒旅游者注意长途旅行中的人身和财物安全，乘坐火车（轮船）时，与车厢（船舱）乘务员联系，请他们协助做好旅游者的安全工作，下机（车、船）时提醒旅游者带好随身物品，保管好自己的交通票据和行李托运单。

（6）若交通工具不正常运行时，全陪导游应与交通部门和组团社保持有效沟通，并稳定好旅游者的情绪，适时安排和引导旅游者登机（车、船）。

（三）抵站服务

抵站服务是指全陪导游带领旅游团从上一站抵达下一站时所提供的有关服务，主要内容有：

（1）通报旅游团信息。全陪导游应在离开上一站之前向下一站通报旅游团的信息，内容包括旅游团离开上一站和抵达下一站的确切时间，所乘的航班号（车次、船次），有无人员变动，旅游者的要求、意见与建议等。

（2）带领旅游团出站。在旅游者乘坐的交通工具抵达下一站前，全陪导游应通知旅游者整理好随身物品，做好下机（车、船）的准备。下机（车、船）后，清理人数，手举组团社社旗，带领旅游者到指定的出口出站。

（3）做好与地陪导游的接头工作。出站前，全陪导游应与地陪导游进行联系；出站后，手举组团社社旗，寻找地陪导游，并向地陪导游问好，将地陪导游介绍给领队和旅游者，然后将旅游团行李牌交给地陪导游，与地陪导游一起带领旅游者登车。如果旅游团乘坐大型旅游汽车抵达某地，全陪导游应在汽车停靠在约定地点后，手持组团社社旗，组织旅游者下车。

（4）转告旅游者有关情况。全陪导游应客观如实地将旅游团旅游者的有关情况（如旅游者的情绪、身体状况、要求等）转告地陪导游，以协助地陪导游做好接待工作。如果全陪导游带领的是入境旅游团，而有的城市或景点没有相应的外语导游，全陪导游应主动承担起导游讲解和翻译工作。如果地陪导游违规缺席或失职，全陪导游还应承担起地陪导游的工作。

七、末站服务

末站服务是指旅游团离开最后一站时全陪导游应做好的有关工作。它是全陪导游整个服务工作的最后一个环节，全陪导游应本着有始有终的精神，使旅游者如期顺利离站，并给他们留下美好的印象。

（一）协助落实工作

在离开最后一站之前，全陪导游要提醒和协助地陪导游落实好旅游团返程的交通票据和行李托运等事宜。如果是入境旅游团，全陪导游要提醒和协助领队落实该团旅游者机票的确认和行李托运等事项。

（二）致欢送词

在离开最后一站的前一天晚上，全陪导游应与旅游团话别，致欢送词。主要内容有以下几方面。

（1）简明扼要地回顾全程中的主要活动，表示与旅游者共同度过了一段愉快的旅行生活，对全团给予的合作表示感谢。

（2）欢迎他们再次光临，表示愿意再度同他们合作。

（3）征求旅游者对整个接待工作的意见和建议。途中，如旅游者蒙受了损失或发生过不快的事，要再次表示歉意，以求得旅游者的谅解或予以弥补。

（4）提醒旅游者离店前捆扎好（锁好）托运行李，带好自己的随身物品和证件。若是入境旅游团，要随身带好护照、海关申报单、购买文物和贵重中药材的发票，以备出境时海关查验，并向他们介绍如何办理出境手续。

（三）做好回头客的营销工作

全陪导游应根据一路上对旅游者的了解，对其中有意愿再次出游的旅游者进行必要的营销工作，适当介绍一些他们感兴趣的线路和景点，希望他们下次出游时再次与该组团社联系，自己将继续为之服务。

（四）送别旅游团

旅游者登车后，全陪导游应再次提醒他们带好随身物品和证件。抵达机场（车站、码头）后，应提醒旅游者清点行李、妥善保管随身携带的证件和贵重物品。引导旅游者在候机楼（候车室、候船室）休息等候，并按机场（火车站、码头）的安排组织乘机（车、船）。

如果是送别出境旅游团，全陪导游还应提醒领队出关时准备好行李托运所需的证件和表单，提醒旅游者准备好证件、交通票据、出境卡和申报单等。当旅游者即将进入安检区域时，全陪导游应热情地与他们一一握手道别，并与地陪导游一起目送他们离开。

（五）结清旅游团账目

送走旅游团后，全陪导游要与地陪导游结清旅游团在当地活动期间的账目。结账的方式有两种：一是现结，即在旅游团离开的前一天与地陪导游当面结清团款，并向地接社收取发票；二是全陪导游给地陪导游的单据签字，由地陪导游携带签字单据回地接社，地接社凭借单据向组团社索要团款。

八、后续工作

（一）处理遗留问题

送走旅游团后，全陪导游应根据旅行社领导的指示，认真处理好旅游团的遗留问题，办理好旅游者的委托事项，提供尽可能的延伸服务。

（二）填写“全陪导游日志”

全陪导游应认真、如实地填写“全陪导游日志”或撰写旅游行政部门（或组团社）所要求的资料。“全陪导游日志”的内容包括：旅游团的基本情况，旅游日程安排及旅程中的交通运输情况，各地接待质量（包括旅游者对行、游、住、食、购、娱等方面的满意程度），发生的问题及事故的处理经过，旅游者的反映及改进意见等（表 3–5）。

表 3-5　全陪导游日志

<table>
<tr><td>单位/部门</td><td colspan="2"></td><td>团　号</td><td></td></tr>
<tr><td>全陪导游姓名</td><td colspan="2"></td><td>组团社</td><td></td></tr>
<tr><td>领队姓名</td><td colspan="2"></td><td>国　籍</td><td></td></tr>
<tr><td>接待时间</td><td colspan="2">年　月　日至　年　月　日</td><td rowspan="2">人　数</td><td rowspan="2">人（含　岁儿童　名）</td></tr>
<tr><td>途经城市</td><td colspan="2"></td></tr>
<tr><td colspan="5">团内重要客人、特别情况及要求：</td></tr>
<tr><td colspan="5">领队或旅游者的意见、建议和对旅游接待工作的评价：</td></tr>
<tr><td colspan="5">该团发生问题和处理情况(意外事件、旅游者投诉、追加费用等)：</td></tr>
<tr><td colspan="5">全陪导游意见和建议：</td></tr>
<tr><td colspan="5">全陪导游对全过程服务的评价：　合格　不合格</td></tr>
<tr><td>行程状况</td><td>顺利</td><td>较顺利</td><td>一般</td><td>不顺利</td></tr>
<tr><td>客户评价</td><td>满意</td><td>较满意</td><td>一般</td><td>不满意</td></tr>
<tr><td>服务质量</td><td>优秀</td><td>良好</td><td>一般</td><td>比较差</td></tr>
<tr><td>全陪导游签字：
日期</td><td colspan="2">部门经理签字：
日期</td><td colspan="2">质管部门签字：
日期</td></tr>
</table>

（三）做好总结工作

对团队的整个行程做好总结，若有重大情况发生或有影响到旅行社以后团队操作的隐患问题，应及时向领导汇报。若接待过程中发生重大事故，应详细报告事件经过和处理结果，提交相关证明材料。

全陪导游带团到祖国的大江南北参观游览，见识颇多，又同各种各样的领队、地陪导游打交道，每送走一个旅游团，应及时总结带团的经验体会，找出不足，不断提高全陪导游服务的水平，不断完善自我。

（四）结账、归还物品

送走旅游团后，全陪导游应按账务规定与旅行社财务部门结清账目，并及时归还所借钱物。

第三节　出境游领队服务程序和服务要求

出境旅游是我国三大旅游类型之一，也是我国公民出外旅游的重要渠道。2019 年我国出境旅游已达 1.5463 亿人次。据中国旅游研究院预测，2024 年出境游人数将为 1.3 亿人次，需要大量为之提供服务的人员，即出境旅游领队。

出境旅游领队既是旅游团的领导和代言人，又是其服务人员，也是旅游者合法权益的维护者和文明旅游的引导者，在派出方旅行社（组团社，即经国务院旅游行政管理部门批准，依法取得出境旅游经营资格的旅行社）和旅游目的地国家（地区）接待方旅行社之间以及旅游者与导游之间起着桥梁作用。

出境旅游领队服务流程如图 3–3 所示。

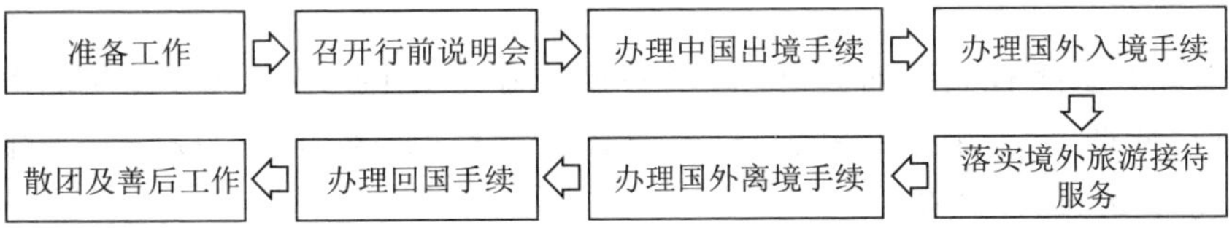

图 3–3　出境旅游领队服务流程

一、准备工作

根据《中国公民出国旅游管理办法》、《旅行社出境旅游服务规范》和《出境旅游领队服务规范》，出境旅游领队在带团出境前应做好的准备工作主要有：听取出境旅游团队计调人员关于该团情况的介绍，接收移交来的有关材料，熟悉旅游接待计划，进行必要的物质和知识准备。

（一）接受带团任务

1. 听取出境旅游团队计调人员关于该团情况的介绍

出境旅游领队要认真听取所带出境旅游团的情况介绍，不明白的地方要问清楚。介绍内容主要包括：旅游团构成情况，团内重点成员情况，该团旅游行程，该团特殊安排与特殊要求，该团行前说明会的安排。

2. 计调人员向出境旅游领队移交该团的有关资料

出境旅游领队要对计调人员移交的该团资料进行认真查验，包括"出境旅游行程表"、"中国公民出国旅游团队名单表"以及团队名单表、出入境登记卡、海关申报单、旅游证件、旅游签证／签注、交通票据、接待计划书和联络通讯录等。

其中，"出境旅游行程表"应由出境旅游领队在说明会上发给游客。"出境旅游行程表"应列明的内容有：旅游线路、时间、景点；交通工具的安排；食宿标准／档次；购物、娱乐安排及自费项目；组团社和地接社的联系人和联络方式；遇到紧急情况的应急联络方式；以及"中国公民出国旅游团队名单表"一式四联，即出境边防检查专用联、入境边防检查专用联、旅游行政部门审验专用联和旅行社自留专用联。

（二）熟悉旅游接待计划

1. 了解情况

出境旅游领队在带团出发前要了解和熟悉旅游团的基本情况，如出游的国家或地区、入境口岸和旅游线路；掌握旅游目的地国家或地区地接社的社名、联系人、联系电话和传真。

2. 掌握资料

掌握旅游团有关详细资料，包括旅游团名称（团号）和人数，团员名单，团员性别、职业、年龄段，特殊成员、饮食禁忌、特殊要求，旅行日程、交通工具、下榻饭店和旅游团报价。

3. 做好核对工作

（1）核对旅游目的地国家或地区地接社的日程安排是否与组团社旅游计划一致。若发现问题应及时报告组团社，让组团社与有关地接社交涉。

（2）核实全团卫生防疫注射情况和客人交费情况。如发现问题，应及时报告组团社。

（三）查验全团成员的证件、签证

出境旅游领队要查验全体团员的旅游证件、签证等，防止这些与旅行息息相关的证件、签证出现错误。

1. 对护照

重点检查姓名、护照号码、签发地、签发日期、有效期等内容。

2. 对签证

（1）重点检查签发日期、截止日期、签证号码等内容。在所有的项目检查中，姓名是最重要的检查项目，游客护照上的姓名应当与签证上面的姓名完全一致，包括用英文（或汉语拼音）填写的名字。

(2)为方便出团时护照清点、发放以及旅游者点名，出境旅游领队可以对团队游客的护照进行排序，然后在每本护照的封面页上贴不干胶贴签，上面写上编号和姓名，编号应与团队名单表上的顺序一致，以方便工作，并要求游客熟悉自己的团队编号顺序，从而在通关、办理登机等手续排队时有条不紊。

(四)物质准备

出境旅游领队一定要携带全团及自己的旅行证件。出境旅游领队在出发前，务必复印全团成员的护照，并在出团时将之与正本分开，随身携带。旅游行程中，出境旅游领队应对护照精心保管，不能出任何差错。仅在机场临近办理登机手续或出入境手续时才能发给游客。

此外，出境旅游领队还应携带机场税款、团队费用、社旗、行李标签、多份境外住房分配名单、托运行李所用不干胶标签、目的地国家报警或救助电话号码、小礼品、无线 Wi-Fi 及个人物品等。

(五)知识准备

了解和熟悉旅游目的地国家或地区的基本情况，如当地的历史、地理、气候、国情、政情、有关法规、主要景点景观、风俗习惯和宗教禁忌以及接待设施、交通状况、通关手续和机场税等。

二、召开行前说明会

按照《旅行社出境旅游服务规范》，旅行社组织的出境旅游团都要在出发前召开说明会。在说明会上，要将有关事项告知每一位游客；同时，借此机会达到出境旅游领队与旅游者、旅游者与旅游者相互认识的目的，以方便以后的团队组织工作。

(一)行前说明会的内容

(1)欢迎词。代表旅行社致欢迎词，内容包括：表示欢迎，自我介绍，表明愿意为大家服务，感谢大家对本旅行社的信任，选择参加该团队，并请大家对出境旅游领队的工作予以配合和监督。

(2)向旅游者发放“出境旅游行程表”、团队标识、“旅游服务质量评价意见表”和根据《旅游产品计划说明书》细化的《行程须知》(包括所乘航班号、集合时间、地点和住宿饭店名称、境外小费支付标准、安全避险措施、紧急情况下应急联络方式以及组团社和地接社联系人与联系方式等)。

(3)旅游行程说明。按行程表逐一介绍，但必须强调行程表上的游览顺序有可能因交通等原因发生变化。

(4)介绍旅游目的地国家或地区相关法律法规、游客不适宜参加的活动、当地气候特点、饮食特点、居民风俗习惯和禁忌。

（5）介绍出境、入境手续，告知我国海关有关规定（可携带的旅行自用物品、携带外汇现钞出境限额、我国海关禁止出境的物品）。

（6）向旅游者翔实说明各种由于不可抗力 / 不可控制因素导致组团社不能（完全）履行约定的情况，以取得游客的理解。

（7）通知集合时间及地点：通常要比航班离港时间提前 3 小时，在机场或港口指定位置集合；如乘火车或汽车，也要在发车时间 1 小时前到达指定位置集合。

（8）对旅游者提出要求：出游期间大家应团结互助和支持出境旅游领队的工作，要注意在外旅游活动时的文明礼貌，强调文明旅游规范。

（9）将自己的手机号码告诉旅游者，并记下旅游者的手机号码，必要时可建立微信群以便联系。

假如旅游者因故不能参加行前说明会，出境旅游领队应通过电话将行前说明会的内容告知旅游者，到机场后再开一次简短的说明会。

（二）落实有关事项

（1）分房；

（2）国内段返程机票的确认；

（3）确认有无提前出发在出境口岸等候的游客；

（4）确认是否有单项服务等特殊要求；

（5）确认是否有饮食方面的特殊要求。

三、办理中国出境手续

出境旅游领队作为组团社的代表，要理解旅游者的心情，例如兴奋、好奇，同时也存在着紧张和担心甚至恐惧的心理，在旅游者放飞自我时，要适当地提醒其应注意的事项，而当旅游者紧张得不知所措或忧心忡忡时，应耐心细致地予以关心，切忌出现急躁情绪。与此同时，要注意察言观色，做好协助配合工作，使旅游团充满着团结友好的气氛。

旅游团出境时，出境旅游领队应提前告知旅游者通关的手续，并向他们发放通关时应向口岸的边检 / 移民机关出示 / 提交的旅游证件和通关资料（如出入境登记卡、海关申报单等），引导团队旅游者依次通关。

（一）出发前集合

1. 提前到达、清点人数

出境旅游领队应当至少提前 10 分钟（与旅游者约定的集合时间）到达集合地点，并直立竖起组团社的领队旗，以便旅游者发现，将手机始终开启，随时准备接听旅游者打来的电话。

出境领队与旅游者会合后，应拿出全团的名单表，为已经抵达的旅游者画勾签到，集中清点人数。

2. 介绍出关程序

在全体旅游者到齐后，告知旅游者办理海关申报手续、登机手续、边防检查手续的步骤，并希望全体旅游者配合。

3. 核对证件与宣讲注意事项

出境前再次仔细核对旅游者的证件和签证，向旅游者宣讲出境注意事项，提醒他们要严格遵守我国和旅游目的地国家或地区的法律法规。

（二）办理海关手续

1. 告知我国海关有关规定

再次提醒游客我国海关对入出境游客所携带物品的规定（具体内容见第九章第四节），向出境口岸的边检 / 移民机关提交必要的团队资料，如团队名单、团队签证、出入境登记卡等，告知并指导旅游者填写《中华人民共和国海关进出境旅客行李物品申报单》，携带有该申报单中 9~15 项物品（物品名称、价值、件数、税率、税额、收 / 发件人名称、国别 / 地区）的游客选择“申报通道”（红色通道）通关，其他游客可选择“无申报通道”（绿色通道）通关。

2. 带领游客办理海关申报

（1）请无须向海关申报物品的旅游者从绿色通道通过海关柜台后等候。

（2）带领需向海关申报物品的旅游者从红色通道走到海关柜台前办理手续，交验本人护照，由海关人员对申报物品查验后盖章，并告知旅游者保存好“申报单”，以便回国入境时海关查验。

（三）办理乘机手续和行李托运手续

（1）告知旅游者航空公司关于旅游者行李的规定，如水果刀、小剪刀等不能放在手提行李中，而贵重物品、充电宝、锂电池则应随身携带。

（2）将旅游团全部旅游者护照交到所乘航空公司值机柜台办理乘机手续。

（3）办理托运手续。

在办理行李托运前，出境旅游领队应对全团托运的行李件数进行清点，当航空公司柜台人员为托运行李系上行李牌后，要再次清点。

如旅游团中途需乘坐转机航班，应将行李直接托运到最终目的地。

办完乘机手续后，出境旅游领队要认真清点航空公司值机人员交回的所有物品，包括护照、登机牌以及全部托运行李票据。将通过边检的、登机所需护照、登机牌分别发给每一位旅游者，出境旅游领队则保管好行李托运票据。

（四）通过卫生检疫

带领旅游者到卫生检疫柜台前，接受卫生检疫人员对黄皮书的查验。如有旅游者未办理黄皮书，应在现场补办手续。

（五）通过边防检查

（1）指导旅游者填写《边防检查出境登记卡》。

（2）告知旅游者出示本人护照（含有效签证）、登机牌和《边防检查出境登记卡》，排队按顺序接受检查。检查完毕后，边防人员将《边防检查出境登记卡》留下，并在游客护照上盖上出入境验讫章，连同登机牌交还给旅游者。注意旅游者有无物品遗忘在边防检查处。

（3）如旅游团办理的是团体签证，或到免签国家旅游，出境旅游领队应出示中国公民出国旅游团队名单表和团体签证，让旅游者按该名单表上的顺序排队，出境旅游领队站在最前面，逐一通过边防检查。告知旅游者应该到几号候机厅候机。

（六）通过登机前的安全检查

过安检之前，出境旅游领队应提前及时告知旅游者准备好登机牌、有效护照，并交安全检查员查验。

（七）飞行途中服务

出境游的空中飞行少则 1~2 小时，多则十几个小时甚至更长时间。在这段时间里，出境旅游领队除了要熟悉机上的救生设备和继续熟悉旅游团情况，还应协助空乘人员向旅游者提供必要的帮助。其主要工作有：

（1）由于航空公司通常按随机方式发放登机牌，游客一家人可能座位并不相连。如果游客要求调整座位，出境旅游领队可在旅游团成员之间或同其他乘客协商解决。

（2）根据在出发前所掌握的旅游者特殊要求或特别禁忌，出境旅游领队应在空乘人员送上餐食之前，将旅游者的特殊用餐要求转告他们。对于不懂外语的旅游者，出境旅游领队可提供必要的翻译服务。

（3）回答旅游者的问询，如本次航班飞行多长时间才能到达目的地，目的地此时的气候怎样，有哪些最值得看的景观等。

（4）在飞机上帮助旅游者填写目的地国家或地区的入境卡和海关申报单。

四、办理国外入境手续

旅游团抵达目的地国家或地区机场后，必须办理一系列的入境手续，其顺序大致与我国出境时的检查顺序相反。在带领全团办理入境手续之前，出境旅游领队要清点一下旅游团人数，叮嘱他们集中等待，不要走散。

（一）通过卫生检疫

请游客拿出黄皮书，接受检查。有的国家还要求入境者填写一份健康申报单，此时出境旅游领队应给予旅游者必要的帮助。

（二）办理入境手续

带领旅游者在移民局入境检查柜台前排队等候，告诫旅游者不要对着检查人员拍照，不要大声喧哗。接受检查时，向入境检查人员交上护照、签证、登机牌和入境卡（有的入境官还要求出示当地国家的旅行社的接待计划或行程表），入境官经审验无误后，在护照上盖上入境章，并将护照、登机牌退还。这时，应向入境官道一声“谢谢”。

如果旅游团持的是另纸团体签证，则需要到指定的柜台办理入境手续。此时，出境旅游领队应走在旅游团的最前面，以便将另纸团体签证交上，并准备回答入境官的提问，出境旅游领队回答问题时应如实回答。

（三）认领托运行李

入境手续办完后，出境旅游领队应带头并引领旅游者到航空公司托运行李领取处（传送带上）认领各自的行李。如果有的旅游者发现自己托运的行李被摔坏或被遗失，出境旅游领队要协助其持行李牌与机场行李部门交涉。如确认遗失了，需填写行李报失单，交由航空公司解决。出境旅游领队应记下机场行李部服务人员的姓名与电话，以便日后查询。如果行李被摔坏，出境旅游领队要协助旅游者请机场行李部门或航空公司代表开具书面证明，证明损坏或遗失是航空公司的原因引起的，以便日后向保险公司索赔。行李领出后，出境旅游领队应清点行李件数，清点无误后，再带领他们前往海关处通关。

（四）办理入境海关手续

由于世界各国的海关对入境旅客所携物品、货币、烟酒等及其限量有不同的规定，出境旅游领队在带团出境前需从有关国家驻华使馆网页上查询清楚，并告知旅游者，以免入境时出现麻烦。

在带领旅游者通关之前，出境旅游领队应告知他们逐一通关后在海关那边等候，不要走散，因为国外机场很复杂，一旦迷失难以寻找。在通关前，出境旅游领队要协助旅游者填写好海关申报单，然后持申报单接受海关检查。一般情况下，海关只口头询问旅游者带了什么东西，然而有的海关人员要对行李进行开箱检查，甚至搜身。出境旅游领队要告诉旅游者应立即配合检查，不要与之争执。当海关人员示意通过时，应立即带着自己的行李离开检查柜台。

当所有旅游者通关后，出境旅游领队应立即收取他们的护照，由自己统一保管。

（五）与接待方旅行社的导游接洽

在办完上述手续后，出境旅游领队应举起社旗，带领旅游者到候机楼出口与前来迎接的境外地接社导游接洽。首先向对方介绍自己，互换名片，对对方的手机号码进行确认，并立即将号码输入自己的手机中备用，然后向对方通报旅游团实到人数和旅游团概况，转达旅游者的要求、意见和建议，并与对方约定商谈旅游团整个行程的时间。

在带领旅游团离开机场、上车之前，出境旅游领队要清点旅游团的人数和行李件数，并请旅游者带好托运行李和随身行李，然后率全团成员跟随地接社导游上车。

五、落实境外旅游接待服务

旅游者初次踏入异国他乡的土地，一切都感到非常新鲜，具有强烈的好奇心和求知欲，期望旅游活动丰富多彩，出游的目标能够圆满实现。出境旅游领队作为客源国组团社的代表和旅游团的代言人，要切实地维护旅游者的合法权益，协助和监督目的地国家（地区）地接社履行旅游计划。与此同时，出境旅游领队还应积极协助当地导游，为旅游者提供必要的帮助和服务。

（一）商定旅游日程

入住饭店时，出境旅游领队应向当地导游提供旅游团游客住房分配方案，并协助其办好入店手续。将旅游团客人安排好后，出境旅游领队要尽快与当地导游商量计划的行程。商讨时首先要把组团社的意图，特别提及的问题如团中老年人多、个别游客用餐特殊要求等，告知当地导游，以方便其提前做好安排。在商讨活动日程时，出境旅游领队要仔细核对双方手中计划行程的内容。除了活动项目安排上的前后顺序有出入属正常情况外，如果发现有较大出入，尤其是减少了某一旅游项目，出境旅游领队应请其立即与地接社联系，及时调整。如有争议得不到解决，应与国内组团社联系。当目的地的旅游日程安排商定后，出境旅游领队应通知全团成员，并提醒他们记住下榻饭店的名称、特征等，以防走失。

（二）督促地接社履行旅游合同

在目的地国家（地区）旅游期间，出境旅游领队应督促地接社和导游按照组团社与旅游者所签旅游合同约定的内容和标准提供服务。在注意与他们保持良好关系的同时，出境旅游领队负有协助和督促地接社及其导游履行旅游合同的责任和义务，并及时转达游客的意见、要求和建议。若发现当地接待社或导游存在不履行合同的情况，要代表旅游团进行交涉，维护旅游者的合法权益。

（三）维护旅游团内部团结

如果有司机刁难旅游者，出境旅游领队要向当地导游反映；如果旅游团成员同当地导游发生了矛盾，出境旅游领队应出面斡旋，努力消除矛盾；若当地全陪导游和地陪导游之间产生了矛盾，不利于旅游活动的顺利进行，出境旅游领队可适当进行调解，切忌厚此薄彼，更不应联合一方反对另一方；若有的导游不合作，私自增加自费项目或减少计划内的旅游项目，出境旅游领队首先要进行劝说，若劝说无效，可直接向地接社经理反映，必要时还可直接向国内组团社反映；若旅游团成员之间出现了矛盾，出境旅游领队要做好双方的工作，不能视而不见，更不得在团员中间搬弄是非，应该使发生的问题能得到及时处理。

（四）维护旅游者生命和财物安全

在目的地旅游期间，出境旅游领队要经常提醒全团成员注意自身及财物安全，做好有关防备工作，预防事故的发生。

（五）对严重突发事件的处理

（1）若发生旅游者在境外滞留不归的事件，出境旅游领队应当及时向组团社和我国驻所在国使领馆报告，寻求帮助。

（2）发生旅游者在境外伤亡、病故事件时，出境旅游领队必须及时报告我国驻所在国使领馆和组团社，并通知死者家属前来处理。在处理（包括出具抢救经过报告、死亡诊断证明书、死亡公证，遗物和遗嘱的处理，遗体火化等）时，必须有死者亲属、我国驻所在国使领馆人员、出境旅游领队、当地接待社人员、当地导游、当地有关部门代表在场。

（六）做好以下具体事项

（1）协助接待方导游清点旅游团行李、分配住房、安排火车铺位、发放登机牌等。

（2）在境外旅游期间，对游客入住饭店、用餐、观看演出、购物方面等提供的服务应遵照《导游服务规范》的要求。

（3）保管好旅游团集体签证、团员护照、行李卡、各国入境卡、海关申报单。

（4）尊重旅游团成员的人格尊严、宗教信仰、民族风俗和生活习惯。

（5）带领旅游者在境外旅行、游览过程中，出境旅游领队应当就可能危及旅游者人身安全的情况，向旅游者做出真实说明和明确警示，并按照组团社的要求采取有效措施，防止危害的发生。

（6）出境旅游领队不得与境外地接社、导游及为旅游者提供商品或者服务的其他经营者串通欺骗、胁迫旅游者消费，不得向境外地接社、导游及其他为游客提供商品或服务的经营者索要回扣、提成或者收受其财物。

（7）出境旅游领队应当要求境外地接社不得组织游客参与涉及色情、赌博、毒品内容的活动或者危险性活动。

（8）出境旅游领队要对每天接触和经历的地接社、导游、入住的饭店、用餐的餐馆（厅）、游览的景点等进行简要记录并做出扼要评价。

（9）在一地旅游结束时，出境旅游领队要以组团社的代表和旅游团代言人的双重身份向当地导游、司机表示感谢，并当着全体旅游者的面将小费分别递送给当地导游和司机。

六、办理国外离境手续

出境旅游领队的服务要有始有终，在旅游团结束境外旅游活动、离开目的地国家（地区）时应做好如下工作。

（一）离店前的工作

（1）在离境前一天，甚至前两天，要与当地导游逐项核对离境机票的内容，如旅游团名称、团号、前往目的地、航班等。

（2）如旅游团乘早班飞机离境，出境旅游领队要同当地导游商定叫早时间、出行李时间以及早餐安排，商量时要考虑到旅游团成员中的老年人、小孩和妇女行动较慢的情况，在时间上要留有余地。离店前，要提醒全团旅游者结清饭店账目。告知旅游者叫早时间、出行李时间和早餐时间，提醒他们提前整理好自己的行李物品，并协助他们捆扎好行李。提醒旅游者将护照、身份证、钱包等物品随身携带，不要放在托运行李中。对托运行李进行集中清点，与当地导游和地接社行李员一起办好交接手续。协助游客办理离店手续，提醒他们将房间钥匙交还至饭店前台。

（3）离店上车后，出境旅游领队要再次提示游客检查自己的随身物品是否都带上了，房间钥匙有没有交到前台。离开目的地国家（地区）前，出境旅游领队应代表组团社和旅游团向地接社的导游表示感谢。如对方有需要配合填写的表格（如服务质量反馈表），出境旅游领队应积极协助填写。

（二）办理离境乘机手续

在旅游车前往机场行驶途中，出境旅游领队要将全团的护照和机票收齐，以备到机场时办理乘机手续，或根据旅行社的协议交给目的地国导游办理。

1. 进行行李托运

出境旅游领队带领旅游者将托运行李放在传送带上进行检查，在安检人员贴上“已安检”封口贴纸后，再带领他们及其行李到航空公司柜台前办理乘机手续，并对行李件数进行清点，待机场行李员给托运行李系上行李牌后，要再次清点并与行李员核实，点清行李件数单据，并将小费付给行李员。

2. 领取登机牌

（1）在航空公司柜台前，出境旅游领队应主动向工作人员报告乘机人数，并将全团护照送上，领取登机牌。

（2）拿回航空公司工作人员递还的护照和登机牌后，出境旅游领队要一一点清，然后带领旅游者离开柜台。

3. 分发护照和登机牌

在分发之前，出境旅游领队要向全团游客介绍离境手续的办理，讲清所乘航班、登机时间和登机门，以避免旅游者在办完出境手续进行自由购物时忘了时间而误机，提醒旅游者不要让陌生人帮助携带其物品。讲完这些事项后，再将护照和登机牌分发给他们。

4. 购买出境机场税

通常机场税包含在所购机票中，但是有些国家的国际机场税不包含在机票中，此时，出境旅游领队需要代旅游者购买机场税，买好后再将机场税凭据发给客人。

（三）办理移民局离境手续

1. 补填出境卡

许多国家的入境卡与出境卡都是一张纸，入境时，移民局官员把入境卡撕下，而把出境卡订在或夹在护照里交给旅游者，出境时若旅游者遗失了出境卡，就需补填一份。持另纸团体签证的旅游团，则无须填写出境卡。

2. 与目的地国家（地区）导游告别

在进入离境区域前，出境旅游领队应率领全团旅游者向目的地国家导游告别，对其工作表示感谢。

3. 办理离境手续

出境旅游领队带领全团旅游者到出境检查柜台前排队，依次递上护照和登机牌，接受检查。如查验无误，移民检查官将在护照上盖上离境印章或在签证处盖上“已使用”字样，然后将所有物品交还旅客，离境手续即办理完毕。

4. 办理海关手续

（1）携带物品限制。由于各国对旅游者出境时所携带物品有不同的限制，在旅游团离境前出境旅游领队应在目的地国家驻华使馆网站查询，或询问当地导游，了解该国旅游者出境所携物品的规定，并告知旅游者，以便出境时申报。

（2）接受海关检查。如旅游者携带了目的地国家海关规定限制的物品离境，出境旅游领队应协助其填写海关申报单，并同海关官员交涉。无申报物品的游客则走过海关柜台即可。

5. 办理购物退税手续

欧洲、大洋洲的许多国家，都对游客购物有退税规定，但是不同国家的机场在办理退税手续的程序上不完全相同，有的是先办理乘机手续，有的则是先办理海关退税。对此，出境旅游领队必须先向机场查询，弄清楚后再转告旅游者。

带领办理购物退税的旅游者到海关退税处出示申请退税的商品和发票，待海关人员在免税购物支票上盖章后，再持该支票到离境处的退税柜台取回退还的美元。

6. 引领游客登机

（1）出境旅游领队要收听机场广播，或向机场咨询台询问，或从电脑屏幕上查询所乘航班的登机闸口是否改变，然后告知旅游者，带领他们到登机闸口等候。

（2）对于要在机场商店购物的旅游者，出境旅游领队要叮嘱他们收听机场广播中提示的登机时间，尽早赶至登机闸口，以免误机。

（3）登机前，出境旅游领队应赶到登机闸口，清点人数，对未到旅游者要及早联系，使其赶上登机时间。

七、办理回国手续

出境旅游领队带领旅游团回国，办理顺序为先接受检验检疫，然后接受入境边防检查，领取行李后接受海关检查。

（一）接受检验检疫

出境旅游领队带领旅游者至“中国检验检疫”柜台前，交上在返程飞机上填好的《入境健康检疫申明卡》，如无意外，即可通过检验检疫。

（二）接受入境边防检查

出境旅游领队带领旅游者排队在边检柜台前，逐一将护照和登机牌交给边检人员。经其核准后在护照上盖上入境验讫章，并退还旅游者，旅游者即可入境。

（三）领取托运行李

出境旅游领队在带领旅游者至行李转盘处之前，应将行李牌发给每位旅游者，由其各自认领自己的行李，以便走出行李厅时交服务人员查验。若有旅游者行李遗失，出境旅游领队应协助其与机场行李值班室联系寻找或办理赔偿事宜。

（四）接受海关检查

（1）出境旅游领队应事先向旅游者说明我国海关禁止携带入境的物品和允许入境但需要申报检疫的物品，以便旅游者心中有数。

（2）由旅游者自行将行李推至海关柜台前，交上在返程飞机上填好的海关申报单，出示出境时填有带出旅行自用物品名称和数量的申报单，接受 X 光检测机检查。

（3）出境旅游领队要待旅游团全体旅游者出海关后，向他们分手告别。但是，如果旅行社安排有旅行车接送客人到某一地点，出境旅游领队则需陪同旅游者到指定地点后再与他们分手告别，并对旅游者的合作表示感谢。

八、散团及善后工作

根据《旅行社出境旅游服务质量》，旅游者回到国内后，出境旅游领队还需做好如下工作。

（一）致欢送词

旅游团回到出发地后，出境旅游领队应代表组团社向旅游者致欢送词，感谢其在整个旅游行程中对自己工作的支持和配合，并诚恳征求旅游者的意见和建议。请旅游者提交已经填写完成的旅游服务质量评价意见表，按行程安排做好散团工作。

（二）后续工作

（1）处理好送别旅游团后的遗留问题，如旅游者委托事项、可能的投诉等。

（2）整理陪团记录。陪团记录是出境旅游领队陪同旅游团的原始记录。回国后出境旅游领队要按要求整理好，以备有关部门查询了解。

（3）将旅游者有价值的建议、重大事情处理经过、尚待解决的问题，整理后交给旅行社。

（三）填写“领队日志”

“领队日志”是出境旅游领队率团出境旅游的总结报告。它对组团社了解旅游者需求、发现接待问题、了解接待国旅游发展水平和境外地接社合作情况，从而总结经验、改进服务水平具有重要意义。“领队日志”包括的主要内容如下。

（1）旅游过程概况：旅游团名称、出入境时间、旅游者人数、目的地国家（地区）和途经国家（地区）各站点、地接社名称及全陪导游和地陪导游姓名，以及出境旅游领队所做的主要工作。

（2）旅游者概况：旅游者性别、年龄、职业、来自何地等，旅游中的表现，对旅游活动（包括组团社、地接社和导游）的意见和建议。

（3）接待方情况：全陪、地陪导游的素质和服务水平，落实旅游合同情况，接待设施情况，接待中存在的主要问题。

（4）我方与接待方的合作情况。

（5）旅游过程中发生的主要事故与问题：产生原因、处理经过、处理结果、旅游者反映、应吸取的教训等。

（6）总结与建议。

（四）归还所借物品

（1）归还出境前在组团社所借的物品，并在物品管理部门的物品归还单上签字。

（2）与组团社财务部门结清所借钱款。

随堂练

第四章
散客导游服务规范

【学习目标】

了解散客旅游的含义，熟悉散客旅游的特点，掌握针对散客的导游服务程序和服务要求。

随着社会经济的发展，人们的旅游需求趋向个性化。近年来，散客旅游迅速发展，已成为国内、国际旅游业的主要形式之一。在我国，无论是入境旅游、出境旅游还是国内旅游，散客都占有很大的比重，已成为我国旅游客源的重要组成部分。

第一节　散客旅游的内涵和特点

一、散客旅游的含义

散客旅游是指旅游者自行安排旅游行程，以零星现付的方式购买各项旅游服务的旅游形式。一般分为自助游和定制游两种。前者是指个人、家庭或亲朋好友一起不使用旅行社的服务而自定行程、自主安排各项旅游事宜的旅游活动；后者是指个人、家庭或亲朋好友一起自行安排旅游行程但部分使用旅行社服务（如订房、订购交通票据等）的旅游活动，也可以是旅行社根据散客所提具体要求所设计的完整的定制旅游产品。

近年来，从国际旅游的统计数据来看，散客旅游发展迅速，已成为当今旅游的主要方式；从国内市场来看，人们外出旅游已从观光旅游逐步向体验型旅游发展，国内散客市场也日益扩大。散客旅游之所以越来越受到旅游者的青睐，除了它的旅游形式比团队旅游更灵活、伸缩性强、自由度大以及可供旅游者自由选择等原因外，还与以下因素有关。

（一）旅游者自主意识增强

随着我国国内旅游的发展，旅游者的旅游经验得到积累，他们的自主意识、消费者权益保护意识不断增强，更愿意根据个人喜好自主出游或结伴出游。

（二）旅游者内在结构改变

随着我国经济的发展，社会阶层发生了变化，一部分人先富裕起来，中产阶级逐渐形成，改变了旅游者的经济结构；青年旅游者增多，成为其中主力，他们往往性格大胆，富有冒险精神，在旅游过程中带有明显的个人爱好，不愿受团队旅游的束缚和限制。

（三）交通和通信的发展

现代交通和通信工具的迅速发展，为散客旅游提供了便利的技术条件。随着我国汽车进入家庭步伐的加快，人们驾驶自己的汽车或租车出游十分盛行。现代通信、网络技术的发展，也使得旅游者无须通过旅行社来安排自己的旅行，他们越来越多地借助于网上预订和电话预订。

（四）散客接待条件改善

世界各国为发展散客旅游都在努力调整其接待机制，增加或改善散客接待设施。他们通过旅游咨询电话、计算机导游显示屏等为散客提供服务。我国不少旅行社已经在着手建立完善的散客服务网络，并运用网络等现代化促销手段，为散客旅游提供详尽、迅捷的信息服务，还有的旅行社设立专门的散客接待部门，以适应这种发展的趋势。

二、散客旅游与团队旅游的区别

散客旅游与团队旅游的目的是相同的，即外出参观游览，但在旅游方式、人员组合、活动内容及付款方式等方面还是存在一定的差别。

（一）旅游方式

团队旅游的食、住、行、游、购、娱一般都是由旅行社或旅游服务中介机构提前安排。而散客旅游则不同，自助游旅游者外出旅游的计划和行程都是自行安排，定制游旅游者则是旅行社根据旅游者要求为其定制安排行程。

（二）旅游者人数

团队旅游一般都是由 10 人以上（包括 10 人）的旅游者组成。而散客旅游以人数少为特点，一般界定为由 10 人以下（不包括 10 人）的旅游者组成。可以是单个旅游者，也可以是一个家庭，还可以是由几位好友组成。

（三）服务内容

团队旅游是有组织地按预订的行程、计划进行旅游。而散客旅游的随意性很强，变化多，服务项目不固定，而且自由度大。

（四）付款方式和价格

团队旅游是通过旅行社或旅游服务中介机构，采取支付综合包价的形式，即全部或部分旅游服务费用由旅游者在出游前一次性支付或者是支付大部分。而散客旅游的付款方式有时是零星现付，即购买什么、购买多少，按零售价格当场现付。

由于团队旅游的人数多、购买量大，在价格上有一定的优惠。而散客旅游则是零星购买，相对而言，数量较少。所以，散客旅游服务项目的价格比团队旅游服务项目的价格会贵一些。另外，每个服务项目散客都按零售价格支付，而团队旅游在某些服务项目（如机票、住宿）上可以享受折扣或优惠，因而相对便宜。

（五）服务难度

散客旅游常常没有出境旅游领队和全陪导游，有些散客服务是预先委托的，但大部分则是临时到旅行社委托安排其旅游活动，旅游者之间也互不相识，而且往往由于时间紧迫，导游没有时间做准备。因此，与团队旅游相比，散客导游服务的难度要大得多、复杂得多、琐碎得多。

三、散客旅游的特点

（一）规模小

由于散客旅游多为旅游者本人单独出行或与朋友、家人结伴而行，因此与团队旅游相比规模较小。对旅行社而言，接待散客旅游的批量比接待团体旅游的批量要少得多。

（二）批次多

散客旅游发展迅速，采用散客旅游形式的旅游者人数大大超过团队旅游者人数，各国、各地都在积极发展散客旅游业务，并为其发展提供了各种便利条件，散客旅游更是得到长足的发展。旅行社在向散客提供旅游服务时，由于其批量少、总人数多的特征，从而形成了批次多的特点。

（三）要求多

在散客旅游中，不乏消费水平较高的旅游者，因而他们的要求不仅多，而且对服务的要求也高。

（四）变化大

散客在出游前对旅游计划的安排往往缺乏周密细致的考虑，因而在旅游过程中常常需随时变更其旅游计划，导致更改或全部取消出发前向旅行社预订的服务项目，而要求旅行社为其预订新的服务项目。

（五）自由度大

散客由于没有团队集体行动的限制，一切都根据自己的需要和意愿来行动，想走就走，想歇就歇，因而自由度较大。

（六）预订期短

与团队旅游相比，散客旅游的预订期比较短。因为散客旅游要求旅行社提供的或是全套定制旅游服务，或是一项或几项服务，有时是在出发前临时提出的，有时是在旅行过程中遇到的，他们往往要求旅行社能够在较短时间内安排或办妥相关的旅游业务，从而对旅行社的工作效率提出了更高的要求。

第二节　散客的导游服务程序和服务要求

现代社会的通信和网络技术发达，广泛应用于日常生活，散客旅游服务中的订票、接站和送站等工作相对越来越少，但目前仍有一部分旅游者通过旅行社预订业务，由旅行社完成一项或几项旅游服务工作或由旅行社完成完整的私人旅游定制业务。

一、接站服务

（一）服务准备

导游接受旅行社派发的迎接散客的任务后，应认真做好迎接的准备工作，它是接待好旅游者的前提。

（1）认真阅读接待计划。导游应明确迎接的日期，航班或车次抵达的时间，散客姓名、人数和下榻的饭店，有无航班或车次及人数的变更，提供哪些服务项目，是否与其他旅游者合乘一辆车至下榻的饭店等。

（2）做好出发前的准备。导游要准备好迎接散客的欢迎标志（接站牌）、地图、随身携带的电子导游证、导游身份标识、旗子；检查所需票证，如餐单、游览券等。

（3）联系交通工具。导游要与计调部门确认司机姓名并与司机联系，约定出发时间、地点，了解车型、车号。

（4）与旅游者联系。导游应在接站前与旅游者联系，确认接站地点和时间。

（二）接站服务

接站时要使散客受到热情友好的接待，有宾至如归之感。

（1）提前到机场（车站、码头）等候。导游若迎接的是乘飞机来的散客，应随时通过航班动态查询软件查询航班动态，确保在航班抵达前 30 分钟到达机场，在国际或国内进港隔离区门外等候；若是迎接乘火车而来的散客，应提前 30 分钟在出站口等候。

（2）迎接散客。由于散客人数少，出港旅客很多，往往稍一疏忽，就会出现漏接（旅游者自行乘车去了饭店或被他人接走），因此在航班（列车）抵达时刻，导游应通过电话、短信或其他社交软件联系旅游者，并与司机站在不同的出口易于被接散客发现的位置举牌等候，以便其前来联系，导游也可根据旅游者的民族特征上前询问。确认迎接到该接的散客后应主动问候，并介绍所代表的旅行社和自己的姓名，对其表示欢迎。询问所接散客在机场或车站还要办理的事情，并给予必要的协助。询问其行李件数并进行清点，帮助其提取行李并引导旅游者上车。

如果没有接到应接的散客，导游应该：

①立刻拨打应接散客的手机号码。

②如果旅游者没有接听电话，导游应马上询问机场（车站、码头）的工作人员，确认本次航班（列车）的旅游者确已全部进港、隔离区内已没有出港的旅游者。导游要与司机配合，在尽可能的范围内寻找（至少 20 分钟）。

③若确实找不到应接的散客，导游应通过电话与计调部或散客部联系，报告迎接的情况，核实该散客抵达的日期或航班（车次、船次）有无变化。当证实迎接无望时，经计调部或散客部同意方可离开机场（车站、码头）。

④导游回到市区后，应到所接散客下榻的饭店前台，询问该散客是否已入住饭店。如果已入住，必须主动与其联系，并表示歉意。

（三）沿途导游服务

在从机场（车站、码头）至下榻饭店的途中，导游对散客应像全包价旅游团一样进行沿途导游，介绍所在城市的概况、下榻饭店的地理位置和设施，以及沿途景物和有关注意事项等。沿途导游服务可采取对话的形式进行。

（四）入住饭店服务

入住饭店服务应使所接散客进入饭店后尽快完成入住登记手续，导游应热情介绍饭店的服务项目及住宿的有关注意事项，与其确认日程安排与离店的有关事宜。

（1）帮助办理住店手续。散客抵达饭店后，导游应帮助其办理饭店入住手续，向其介绍饭店的主要服务项目及住店注意事项。按接待计划向其明确饭店将为其提供的服务项目，并告知其离店时要现付的费用和项目。记下该散客的房间号码。督促饭店行李员将行李运送到旅游者的房间。

（2）确认日程安排。导游在帮助旅游者办理入住手续后，要与旅游者确认日程安排。当旅游者确认后，将填好的安排表、游览券及赴下一站的飞机（火车）确认订妥票据的凭证交与旅游者，并让其确认。如散客参加旅行社组织的"一日游"游览，应将游览券、游览徽章交给他（她），并详细说明各种票据的使用场合，集合时间、地点，以及"一日游"旅游车上的导游召集散客的方式，在何处等车等相关事宜。如果该散客还有送机（车、船）服务，导游要与其商定离店时间与送站安排。

（3）提前订购机票。若散客将乘飞机赴下一站，而又不需要旅行社为其代购机票时，导游应叮嘱其提前订购机票，并在航空公司规定的时间内通过电话或网络方式选择座位。当散客确定了乘机时间并告知导游后，导游应当及时向散客部或计调部报告，以便提前派人、派车为其提供送机服务。

（4）推销旅游服务项目。导游在迎接散客的过程中，应相机询问该散客在本地停留期间还需要旅行社为其提供何种服务，并表示愿竭诚为其提供服务。

（五）后续工作

迎接散客完毕后，导游应及时将同接待计划有出入的信息与特殊要求反馈给散客部或计调部。

二、导游服务

参加散客旅游的旅游者一般文化水平比较高，旅游经验也比较丰富，在旅游过程中更加注重文化内涵，对旅游服务的要求也高。因此，要求导游有较高的素质和高度的工作责任心，能多倾听他们的意见，并在此基础上做好组织协调工作。

（一）出发前的准备

出发前，导游应做好相关的准备工作，如携带游览券、导游小旗、宣传材料、游览图册、电子导游证、导游身份标识、名片等，并与司机联系集合的时间、地点，督促司机做好有关准备工作。

导游应提前 15 分钟抵达集合地点引导散客上车。如果旅游者分住不同的饭店，导游应偕同司机驱车按事先与旅游者约定的接运时间到各饭店接运散客。将他们接齐后，再驶往游览景点。根据接待计划的安排，导游必须按照规定的线路和景点带领旅游者游览。

(二)沿途导游服务

散客的沿途导游服务与全包价旅游团大同小异。初次与旅游者见面时，应代表旅行社、司机向旅游者致以热烈的欢迎，表示愿竭诚为大家服务，希望大家予以合作，多提宝贵意见和建议，并祝大家游览愉快、顺利。

(三)现场导游讲解

(1)抵达游览景点后，导游应对景点的历史背景、特色等进行讲解，语言要生动、富有感染力。

(2)对于散客，导游可采取对话的形式进行讲解，这样显得更加亲切自然。游览前，导游应向其提供游览线路的合理建议，由其自行选择，但需要提醒其记住上车时间、地点和车型、车号。

(3)游览时，导游应注意观察散客的动向和周围的情况，以防旅游者走失或发生意外事故。

(4)游览结束后，导游要随车将旅游者一一送回各自下榻的饭店。

(四)其他服务

(1)由于散客自由活动时间较多，导游应当好他们的参谋和顾问，向他们介绍当地的文艺演出、体育比赛或饭店开展的活动，请其自由选择，并表示愿意协助进行安排。

(2)如果散客要外出购物或参加晚间娱乐活动，导游应提醒其外出时注意安全，并引导他们去健康的娱乐场所。

(3)若是全程私人定制旅游，要根据旅游者的需求，即旅游者的喜好和需求定制旅游行程，给旅游者提供个性化的服务。因此，导游在设计行程时，应全方位根据旅游者需求，在食住行游购娱各方面灵活设计，精心安排。在陪同旅游者过程中，真正为旅游者考虑，服务周到全面，让散客旅游真正省心又开心。

(五)后续工作

若接待任务书或委托书中注明参观游览需现场收费，导游应向散客收取现款或请其在线支付，并及时将收取的金额交旅行社财务部。接待任务完成后，导游还应及时将接待中的有关情况反馈给散客部或计调部，或填写“零散旅游者登记表”。

三、送站服务

当散客结束在本地的活动后，导游应根据接受的送站任务为他们提供送站服务，使他们安全、顺利地离开当地。

（一）服务准备

（1）详细阅读送站计划。导游接受送站任务后，应详细阅读送站计划，明确所送旅游者的姓名、离开本地的日期、所乘航班（车次、船次）以及旅游者下榻的饭店，有无航班或车次与人数的变更，是否与其他旅游者合乘一辆车去机场（车站、码头）。

（2）做好送站准备。导游必须在送站前 24 小时与旅游者确认送站时间和地点。可通过微信、QQ、短信或电话告知旅游者具体的送站时间和地点，请旅游者确认。要备好旅游者的机（车、船）票或网络订票凭证。同散客部或计调部确认与司机会合的时间、地点及车型、车号。

导游必须为需送站的散客到达机场（车站、码头）留出充裕的时间。按照要求，乘出境航班应提前 3 小时或按航空公司规定的时间到达机场；乘国内航班提前 2 小时到达机场；乘火车、轮船提前 1 小时到达车站 / 港口。

（二）到饭店接运旅游者

按照与散客约定的时间，导游必须提前 20 分钟到达散客下榻的饭店，协助其办理离店手续，交还房卡，付清账款，清点行李，提醒散客带齐随身物品，然后照顾旅游者上车离店。

若导游到达散客下榻的饭店后未找到应送的旅游者，导游应到饭店前台了解该旅游者是否已离店，并通过微信、QQ、短信或电话联系旅游者，视情况决定是继续等待还是返回或者前去接送下一批旅游者。

若需送站的散客与住在其他饭店的散客合乘一辆车去机场（车站、码头），导游要严格按约定的时间顺序抵达各个饭店。途中如果遭遇严重交通堵塞或其他极特殊情况，需调整原来约定的时间顺序和行车线路，导游应及时打电话将时间上的变化情况通知下面饭店等候的旅游者，必要时可以请示计调部门，请旅游者采取其他措施前往机场（车站、码头）。

（三）到站送客

在送散客赴机场（车站、码头）途中，导游应向其征询在本地停留期间的感受及对服务的意见和建议，并代表旅行社向旅游者表示感谢。

到达机场（车站、码头）后，导游应提醒和帮助散客带好行李与物品，协助其办理离站手续（如取网络订票、领取登机牌、办理行李托运等）。

导游在同散客告别前，应向机场人员确认航班是否准时起飞。若航班延时起飞，应主动为旅游者提供力所能及的帮助。若确认航班准时起飞，导游应将散客送至安检区域入口处同其告别，热情欢迎其下次再来。若散客将再次返回本地，要同其约好返回时等候的时间和地点。

送别散客后，导游应及时结清所有账目，将有关情况反馈给散客部或计调部。

随堂练

案例

第五章 导游语言技能

【学习目标】

了解导游语言的内涵及特性，熟悉导游口头语言的表达技巧和态势语言的运用技巧。掌握语言沟通技巧。

语言，是人类沟通信息、交流思想感情、促进相互了解的重要手段，是人们进行交际活动的重要工具。导游服务效果的好坏在很大程度上取决于导游掌握和运用语言的能力。导游的语言表达，可使景观景物更加生动形象，民俗风情更加绚丽多姿，使沉睡了千百年的文物古迹死而复活，使令人费解的自然奇观有了科学答案，从而使旅游者感到旅游生活妙趣横生，并留下经久难忘的印象。因此，导游应该练好导游语言这一基本功，努力提高自己的语言技能。

第一节 导游语言的内涵及特性

一、导游语言的内涵

从狭义的角度上看，导游语言是导游与旅游者交流思想感情、指导游览、进行讲解、传播文化时使用的一种具有丰富表达力、生动形象的口头语言。

从广义的角度来说，导游语言是导游在导游服务过程中必须熟练掌握和运用的所有含有一定意义并能引起互动的一种符号。

所谓“所有”，是指导游语言不仅包括口头语言，还包括态势语言、书面语言和副语言。其中，副语言是一种有声而无固定语义的语言，如重音、笑声、叹息、掌声等。所谓“含有一定意义”，是指能传递某种信息或表达某种思想感情，如介绍旅游景观如何美、美在何处等。所谓“引起互动”，是指旅游者通过感受导游语言行为所产生的反应。譬如，导游微笑着搀扶老年旅游者上车，其态势语言（微笑语和动作语）就会引起旅游者的互动：老年旅游者说声“谢谢”，周围旅游者投来“赞许的目光”。所谓“一种符号”，是指导游过程中的一种有意义的媒介物。

二、导游语言的特性

语言是以语音为物质外壳、以词汇为建筑材料、以语法为结构规律而构成的体系。导游语言也是思想性、科学性、知识性和趣味性的结合体。导游语言除了符合语言规范，还具有以下特性。

（一）准确性

准确性，是指导游语言必须以客观现实为依据，在遣词造句、叙事上要以事实为基础，准确地反映客观实际。导游语言要做到准确性，导游必须注意如下几方面。

1. 态度严肃认真

导游严肃认真的科学态度是导游语言准确性的前提。一方面，导游要有竭诚为旅游者服务的思想，有不断提高导游服务质量的意愿，才能抱着对旅游者、对自己、对旅行社、对国家负责的态度，实事求是地用恰当的语言予以表达。另一方面，导游要有锲而不舍、勤学苦练的科学精神。只有这样才能不断进取，认真地对待语言中的每一个词语，使之符合语境并贴切地反映客观实际。

2. 了解所讲内容

了解、熟悉所讲、所谈的事物和内容，是运用好导游语言的基础。如果导游对景点的情况及讲解内容不了解、不熟悉，很难想象其语言能表达得清楚、准确，更谈不上流畅、优美了。如果导游对所讲、所谈的事物和内容有充分的准备，谙熟于心，讲起来就会不仅侃侃而谈、旁征博引，而且遣词造句也十分贴切，就能准确地反映所讲、所谈事物和内容的本来面貌，易于为旅游者接受和理解。

3. 遣词造句准确

遣词造句准确是导游语言运用的关键。一个句子或一个意思要表达确切、清楚，首先在于用词，即词语的选择，如果词语用法不当，就会使信息失真。

譬如，导游在武汉归元寺向旅游者介绍《杨柳观音图》时说：“这幅相传为唐代阎立本的壁画，它所体现的艺术手法值得我们珍惜。”

这里，“珍惜”属于用词不当，而应该用“珍视”。“珍惜”是爱惜的意思，而“珍视”则为珍惜重视的意思，即古画所体现的艺术手法值得仔细欣赏。

4. 词语组合得当

词语的组合、搭配要恰当。导游在选择贴切的词汇基础上，还要按照语法规律和语言习惯进行词语的有机组合和搭配，使之符合规范，搭配相宜，这样才能准确地表达意思。

譬如，导游在向旅游者介绍了某一自然景观之后说："这里的景色真叫人心旷神怡。"

这里的"叫"字同心旷神怡的搭配就不如用"令"字更好，因为"令"字有"使"的含义，即客观事物使人们主观上产生一种感受。

(二)逻辑性

逻辑性，是指导游的思维要符合逻辑规律，语言要保持连贯性，并且语言表达条理清晰、有层次感。要使导游语言具有逻辑性，导游必须做到以下几点。

1. 思维要符合逻辑规律

逻辑分为形式逻辑和辩证逻辑。前者是孤立地、静止地研究思维的形式结构及其规律；后者是从事物本身矛盾的发展、运动、变化来观察、把握，研究事物的内在联系及其相互转化的规律性。

形式逻辑的思维规律主要有同一律、矛盾律和排中律。同一律的公式是：甲是甲。它要求在同一思维过程中，思想要保持自身同一。矛盾律的公式是：甲不是非甲。它要求在同一思维过程中，对同一对象不能做出两个矛盾的判断，不能同时既肯定又否定。排中律的公式是：或者是甲，或者是非甲。它要求对两个互相矛盾的判断，承认其中之一是真的，做出非此即彼的明确选择。

导游若能掌握并正确地运用这些思维规律，就会使自己的思维具有确定的、前后一致的、有条理的状态，从而在语言表达上保持前后一致，具有较强的逻辑性。

譬如，在讲解杭州西湖孤山时，导游说"孤山不孤、断桥不断、长桥不长"。

导游做出"孤山不孤"这一判断是从"孤"和"不孤"选择而来的，做出这一选择是由其思维逻辑决定的，即孤山是由火山喷出的流纹岩组成的，整个岛屿原来是和陆地连在一起的，所以说"孤山不孤"。那么，为什么又叫它孤山呢？一是因为自然的变迁，湖水将它与陆地分隔开来；二是因为这个风景优美的岛屿过去一直被自称为"孤家寡人"的皇帝所占有。同样，"断桥不断""长桥不长"也是如此。在这里，导游运用了形式逻辑中的排中律，从地质学的角度分析了孤山这个岛屿同陆地的内在联系及其转化。

2. 语言表达要有层次感

导游应根据思维逻辑，将要讲的内容划分前后次序，即先讲什么、后讲什么，使之层层递进，条理清楚，脉络清晰。

例如，一段介绍杭州美食的导游词：

白居易说："未能抛得杭州去，一半勾留是此湖。"他认为，杭州的美妙西湖占了一半，这恐怕是很多人的心声。所谓"天下西湖三十六，就中最好是杭州"。但是，大家可能又发现了一个问题：西湖虽好，也只占了白居易的"一半勾留"，那么杭州的另一半魅力又是什么呢？

著名的人类学家张光直说："到达一个文化的核心的最好方法之一，就是通过它的肠胃。"其实，一个城市的魅力，也常常根植在人的肠胃里：那就是它的饮食。杭州的饮食充满了江南独特的文化色彩，它和其他地方饮食最大的不同不是口味，而是每个菜点都有一个充满传奇色彩的传说或故事。于是您分不清自己吃的究竟是食物还是文化。

比如有这么一道菜，据说是受了苏东坡《望江南》词中的一句"休对故人思故国，且将新火试新茶，诗酒趁年华"的启发。古代称寒食之后重新开火做饭为"新火"，时间就在清明前后，人们由此联想到这个季节中的时鲜河虾，于是将它与龙井新茶一起烹制，这就是著名的"龙井虾仁"，它结合了湖虾的鲜美、绿茶的清香，尊重原味，就地取材，体现出杭州崇尚清淡、自然的个性。

在杭州，就连一种最普通的点心也有一个有趣的故事。1142 年，爱国将领岳飞以"莫须有"的罪名被害于临安大理寺，杭州百姓十分痛恨秦桧夫妇。相传有一天，杭州有一家卖油炸食品的业主，捏了两个人形的面块比作秦桧夫妇，将它们揿到一块，用棒一压，投入油锅里炸，嘴里还念道："油炸桧。"这就是油条的来历。后来又在此基础上发展为杭州风味小吃：葱包桧。这种点心体现的是杭州人最质朴的民族感情和善恶观念，也为杭州这座柔美的城市添上了阳刚的一笔……

这段导游词的语言表达层次分明。首先从白居易的诗引出杭州的饮食文化，再通过"龙井虾仁"与苏东坡《望江南》诗句的联系，普通点心因杭州百姓十分痛恨秦桧夫妇而起名"油炸桧""葱包桧"，佐证出了杭州的饮食充满江南独特的文化色彩。由此可见，这位导游对杭州饮食介绍的成功与其具有严密的逻辑思维密不可分。

3. 掌握必要的逻辑方法

导游语言要具有逻辑性，导游必须学习和掌握一些基本的逻辑方法。

（1）比较法。比较法是对两种或两种以上同类的事物辨别其异同或高下的方法。人们常说"有比较才有鉴别"，只有通过比较，才能对事物有所区分。

譬如，"长江是中国第一长河，世界第三长河"。

这句导游词就是运用比较法得出的结论，因为长江的长度仅次于非洲的尼罗河和南美洲的亚马孙河。

(2)分析法和综合法。分析法是把一件事物、一种现象或一个概念分成较简单的组成部分，然后找出这些部分的本质属性和彼此之间的关系；综合法则是把分析的对象或现象的各个部分、各种属性联合成一个统一的整体。

譬如，导游向旅游者介绍：

西安牛羊肉泡馍的传统做法有三：一曰“干泡”，通过煮制，汤汁完全入馍内，此馍筋而韧、黏而滑；二曰“口汤”，煮的馍酥绵光滑，吃完碗内只留汤一口；三曰“水围城”，宽汤煮馍，碗四周是汤，中点是馍，汤多馍散，清香绵滑……

这段导游词对西安牛羊肉泡馍做法的讲解用分析法进行了介绍，先将其做法分为三种类型，再分别介绍具体的做法。若将这些导游词倒过来叙述，即先讲牛羊肉泡馍的各种做法，再归纳为三种，这就是综合法的运用。

(3)抽象法。抽象法又称概括法，是从许多事物中舍弃个别的、非本质的属性，抽出共同的、本质的属性的方法。

譬如，导游讲：

正是由于人们对道教神仙的崇拜、敬仰和畏惧，才产生了道教文化。至今保存在龙虎山各宫观中大量的道教神仙造像、法器供器，既是中国古人对神仙信仰的生动体现，也是道教文化留给今人的可贵的艺术成果。道教思想文化，作为中华传统文化的重要组成部分，在悠久和精深博大的中华传统思想文化的哺育下，形成了具有自己特色的思想哲理和信仰体系，为历代有识之学者和方外之士所珍重，引导着历代悟道修真之士信仰修行、研究继承和弘扬发展。

这段导游词就高度概括出道教文化对江西龙虎山和中国传统文化的影响。

(4)演绎法和归纳法。演绎法和归纳法都是推理的方法，前者是由一般原理推出关于特殊情况下的结论，其中三段论就是演绎的一种形式；后者是由一系列具体的事实概括出一般原理。

譬如，导游在介绍湖北神农架野人之谜时说：

关于野人的传说在我国流传了几千年，且遍布全国，早在3000年前，我国西南少数民族靡国就将“野人”作为礼物献给周成王。战国时屈原曾对“野人”在《九歌》中进行过充满诗意的描写。而在1976年5月14日，神农架林区副主任就曾在神农架大龙潭亲眼见到“红毛野人”，后有人再次发现野人的毛发、粪便及野人窝。从毛发的表皮来看，无论是髓质形态还是细胞结构都优于高等灵长目动物。最令人惊叹的是“野人窝”，它用20根箭竹扭成，人躺在上面视野开阔，舒服如靠椅。其制造与使用者是介于人和高等灵长目动物之间的奇异动物或野人。

此段导游词首先介绍我国关于野人的传说，然后叙述神农架林区有关野人的情况，最后得出“野人窝”证明了这一情况的结论。导游在这里采用的逻辑方法正是从一般到特殊的演绎法。归纳法则与此相反，即从特殊到一般。

（三）生动性

导游语言除了要有准确性和逻辑性外，生动性也至关重要。要使口语表达生动形象，导游除了要把握好语音、语调，还要善于运用比喻、比拟、排比、夸张、映衬、引用、双关和示现等修辞手法。

1. 比喻

比喻就是用类似的事物来打比方的一种修辞手法，它包括以下几种形式。

（1）使抽象事物形象化的比喻

譬如：“壮族姑娘山歌唱得特别好，她们的歌声就像百灵鸟鸣叫的声音一样优美动听。”

壮族姑娘的歌声是抽象的，这里将其比喻为百灵鸟鸣叫的声音就形象化了。

（2）使自然景物形象化的比喻

譬如：“玉龙雪山在碧蓝天幕的映衬下，像一条银色的玉龙在永恒地飞舞，故名玉龙山。”

这里将玉龙雪山比喻为一条银色的玉龙，显得既贴切又形象。

（3）使人物形象更加鲜明的比喻

譬如：“屈原的爱国主义精神和《离骚》《九歌》《天问》等伟大的诗篇与日月同辉！”

这里将屈原的精神和成就比喻为“日月”，使其形象更加突出。

（4）使语言简洁明快的比喻

譬如：“鄂南龙潭是九宫山森林公园的一处三级瀑布，其形态特征各异，一叠仿佛白练悬空；二叠恰似银缎铺地；三叠如同玉龙走潭。”

这里将瀑布比喻为白练、银缎和玉龙，言辞十分简洁明快。

（5）激发丰富想象的比喻

譬如：“从桂林到阳朔，83 公里水程的漓江，不仅山水如画，而且水声淙淙，悦耳动听，仿佛是天宫中的仙乐，听了叫人飘飘欲仙。其实这哪里是仙乐，这是漓江的音乐，大家请看，左岸边有两块大石头，一个像圆鼓，一个像金锣，当地的村民们都叫它们锣鼓石。右岸边两座挺拔秀丽的小山柱，仿佛是一对锣槌和鼓棍，大家仔细听，仿佛还有一对鸳鸯在唱歌呢。”

这里将桂林漓江的流水声比喻为天宫中的仙乐，令人产生无穷的遐想。

2. 比拟

比拟是通过想象把物拟作人或把甲物拟作乙物的修辞手法。在导游语言中，最常用的是拟人。

譬如：“迎客松的主干高大挺直，修长的翠枝向一侧倾斜，如同一位面带微笑的美丽少女向上山的旅游者热情招手。”

迎客松是植物，赋予人的思想感情后，会“面带微笑”，能“热情招手”，显得既贴切又生动形象。

运用比拟手法时，导游要注意表达恰当、贴切，要符合事物的特征，不能牵强附会；另外，还要注意使用场合。

3. 排比

排比是将几个内容相关、结构相同或相似、语气连贯的词语或句子组合在一起，以增强语势的一种修辞手法。导游讲解中运用得当，可产生朗朗上口、一气呵成的效果，增添感人力量。

譬如，一段关于上海南浦大桥的导游词：“大桥的建成已成为上海又一重要的标志。它仿佛一把钥匙，打开上海与世界的大门；它仿佛一面镜子，反映着代表中国最先进生产力水平的大都市的现代文明；它仿佛一部史册，叙述着中国的未来；它仿佛一本资质证书，充分证明中国完全可以参与和完成世界上的任何工程项目；它仿佛一曲优美的交响乐，奏出时代的最强音。”

4. 夸张

夸张是在客观真实的基础上，用夸大的词句来描述事物，以唤起人们丰富的想象的一种修辞手法。在导游语言中，夸张可以强调景物的特征，表达导游的情感，引起旅游者的共鸣。

譬如：“相传四川、湖北两地客人会于江上舟中，攀谈间竞相夸耀家乡风物。四川客人说‘四川有座峨眉山，离天只有三尺三’，湖北客人笑道‘峨眉山高则高矣，但不及黄鹤楼的烟云缥缈。湖北有座黄鹤楼，半截插在云里头’。惊得四川客人无言以对。”

这里用夸张的手法形容黄鹤楼的雄伟壮观，使旅游者对黄鹤楼“云横九派”“气吞云梦”的磅礴气势有了更深的认识。导游运用夸张手法应注意两点：一是要以客观现实为基础，使夸张具有真实感；二是要鲜明生动，能引起旅游者的共鸣。

5. 映衬

映衬是把两个相关或相对的事物，或者同一事物的两个方面并列在一起，形成鲜明对比的修辞手法。在导游讲解中运用映衬的手法可以增强口语表达效果，激发旅游者的兴趣。

譬如："溶洞厅堂宽敞、长廊曲折，石笋耸立、钟乳倒悬，特别是洞中多暗流，时隐时现，时急时缓，水声时如蛟龙咆哮，令人惊心动魄；时如深夜鸣琴，令人心旷神怡。"

这里"宽敞"与"曲折"，"耸立"与"倒悬"，"隐"与"现"，"急"与"缓"，"蛟龙咆哮"与"深夜鸣琴"形成强烈的对比，更加深了旅游者对洞穴景观的印象。

6. 引用

引用是指用一些现成的语句或材料（如名人名言、成语典故、诗词寓言等）作为根据来说明问题的一种修辞手法。在导游讲解中经常运用这种方法来增强语言的表达效果。引用包括明引、意引和暗引三种形式。

（1）明引：是指直接引用原话、原文。其特点是出处明确，说服力强。

譬如："山西平遥古城作为世界文化遗产，它的特点是什么？联合国教科文组织给予高度总结：'平遥古城是中国汉民族城市在明清时期的杰出范例，平遥古城保存了其所有特征，而且在中国历史的发展中为人们展示了一幅非同寻常的文化、社会、经济及宗教发展的完整画卷。'"

由于是联合国教科文组织的评价，引用后会给旅游者更强的信服感。

（2）意引：是指不直接引用原话、原文而只引用其主要意思。

譬如："国内外洞穴专家考察后确认，湖北利川的腾龙洞不仅是中国目前已知最大的岩溶洞穴，而且是世界特级洞穴之一，极具旅游和科研价值。"

这里引用的专家对腾龙洞的评价虽不是原话，但同样具有较强的说服力。

（3）暗引：是指把别人的话语融入自己的话语中，而不注明出处。

譬如："东坡赤壁的西面石壁更峻峭，就像刀劈的一样。留在壁面上的层层水迹，表明当年这儿确乎有过'惊涛拍岸，卷起千堆雪'的雄奇景象。"

这里引用的苏东坡《念奴娇·赤壁怀古》中的词句虽没有点明出处，却是对赤壁景观最形象的描写和绝妙的概括，让旅游者听后产生无穷的遐想。导游在运用引用手法时，既要注意为我所用、恰到好处，不能断章取义，又要注意不过多引用，更不能滥引。

7. 双关

双关是利用词语同音或者多义条件，使一个语言片段同时兼有表、里两层意思，并以里层意思为表意重点。双关有谐音、谐义两种，在导游词中运用比较多的是谐音双关技巧。我国民俗文化内容异常丰富，各种用谐音双关手段表现的生活内容必然要反映在语言表达中。如果在导游词中巧妙地加以利用，不仅能够为表达增色，而且还能够将一些民俗知识巧妙地传达给旅游者，从而十分生动形象地反映当地的民俗风貌，给旅游者留下深刻的印象。

8. 示现

示现是把已经过去的事情、将要发生的事情或想象中的事情活灵活现地描述出来的修辞手法。示现一般有回忆、追述、预想、悬想等形式。示现具有极强的表现力，回忆、追述是使过去的事情再现出来，如在眼前，给人以身临其境的感觉；预想是将未来移至眼前，生动形象，给人以活灵活现的感受。不论是哪种示现，都使人“未见如见”“未闻如闻”，具有较强的艺术魅力与感染力。导游为了给旅游者留下深刻的印象，应该根据交际的需要，不失时机地使用这种方法进行讲解，以收到更加理想的效果。

第二节　导游口头语言表达技巧

在导游服务中，口头语言是使用频率最高的一种语言形式，是导游做好导游服务工作最重要的手段和工具。美学家朱光潜告诉我们：“一个人话说得好就会如实地达意，使听者感到舒服，产生美感。这样的说话也就成了艺术。”由此可见，导游要提高自己的口头语言表达技巧，必须在“达意”和“舒服”上下功夫。

一、口头语言的基本形式

（一）独白式

独白式是导游讲述而旅游者倾听的语言传递方式。如导游致欢迎词、欢送词或进行独白式的导游讲解等。

譬如：

例 1：“西湖位于杭州市西部，旧称武林水、钱塘湖、西子湖，唐代始称西湖。唐代西湖面积 10.8 平方公里，到了宋代，面积缩为 9.3 平方公里，清代是 7.5 平方公里。现在西湖湖面南北长 3.3 公里，东西宽 2.8 公里，水面面积 5.64 平方公里，包括湖中岛屿为 6.3 平方公里，湖岸周长 15 公里。平均深度 2.27 米，最浅处不到 1 米，最深处 6.52 米。如今伴随着西湖西进扩大为 6.5 平方公里，接近 300 年前西湖的面积。”

例 2：“来自新加坡的旅游者朋友们，大家好！欢迎你们来到美丽的春城昆明旅游，我叫李明，是昆明国际旅行社的导游，这位是司机王师傅，他有丰富的驾驶经验，大家坐他的车尽可放心。衷心地希望在旅游过程中大家能和我共同配合，顺利完成在昆明的行程，如果我的服务有不尽如人意的地方，也请大家批评指正。最后，祝大家在昆明旅游期间能度过一段难忘的时光。"

从上面两个例子可以看出独白式口头语言的特点有以下几点。

1. 目的性强

导游讲一席话，或是为了介绍情况，或是为了联络感情，或是为了说明问题。如例 1 就是为了介绍西湖的概况，例 2 是为了欢迎旅游者、表达意愿。目的性都很强。

2. 对象明确

如例 1 和例 2 始终面对旅游团的全体旅游者说话，因而能够产生良好的语言效果。

3. 表述充分

如例 1 首先介绍西湖的地理区位，接着讲述西湖的历史和现状，使旅游者对西湖有了比较完整的印象；例 2 话语不多，但充分表明了自己的身份和热情的服务态度。

（二）对话式

对话式是导游与一个或一个以上旅游者之间所进行的交谈，如问答、商讨等。在散客导游中，导游常采用这种形式进行讲解。

譬如：

导游：你们知道北京最有名的菜式是什么吗？

旅游者：知道，肯定是北京烤鸭。

导游：那你们知道哪里的北京烤鸭最好吃吗？

旅游者：听说是全聚德的北京烤鸭最地道、正宗。

导游：那你们知道全聚德的来历吗？

旅游者：不太清楚，你能给我们讲讲吗？

导游：全聚德创始人是杨全仁。他初到北京时在前门外肉市街做生鸡鸭买卖。杨全仁对贩鸭之道揣摩得精细明白，生意越做越红火……

由上例可以看出对话式口头语言的特点：第一，依赖性强，即对语言环境有较强的依赖性。对话双方共处同一语境，有些话不展开来说，只言片语也能表达一个完整的或双方都能理解的意思。第二，反馈及时，对话式属于双向语言传递形式，其信息反馈既及时又明确。

二、口头语言的表达要领

（一）音量大小适度

音量是指一个人讲话时声音的强弱程度。导游在进行导游讲解时要注意控制自己的音量，力求做到音量大小适度。讲话时音量的大小有两点要求：一要恰当、适度。声音当大则大，当小则小，当平则平。大，不可大到声嘶力竭的程度；小，不可小到别人没法听清的地步。二要顺畅、自然。音量不可没有根据地忽大忽小，生硬地变换音量，不仅听起来不自然、不舒服，还会引起误会。总之，音量的大小变化是由思想情感决定的，而恰当的音量又会有助于思想感情的表达。一般来说，导游音量的大小应以每位旅游者都能听清为宜，但在游览过程中，音量大小往往受到旅游者人数、讲解内容和所处环境的影响，导游应根据具体情况适当进行调节。当旅游者人数较多时，导游应适当调高音量，反之则应把音量调低一点；在室外嘈杂的环境中讲解，导游的音量应适当提高，而在室内安静的环境中则应适当调低一些；对于导游讲解中的一些重要内容、关键性词语或要特别强调的信息，导游要提高音量，以提醒旅游者注意，加深旅游者的印象。

（二）语调高低有序

语调是指一个人讲话的腔调，即讲话时语音的高低起伏和升降变化。一般分为升调、降调和直调三种，高低不同的语调往往伴随着人们不同的感情状态。

1. 升调

升调多用于表达兴奋、激动、惊叹、疑问等感情状态。

譬如："大家快看，前面就是美丽的长白山天池了！"（表示兴奋、激动）

又如："你也知道我们湖北咸宁有个神秘的'131'军事工程？"（表示惊叹、疑问）

2. 降调

降调多用于表达肯定、赞许、期待、同情等感情状态。

譬如："我们明天早晨8点准时出发。"（表示肯定）

又如："希望大家有机会再来我们厦门，再来鼓浪屿。"（表示期待）

3. 直调

直调多用于表达庄严、稳重、平静等感情状态。

譬如："这儿的人们都很友好。"（表示平静状态）

又如："武汉红楼是中华民族推翻帝制、建立共和的历史里程碑。"（表示庄严、稳重）

语调有着十分重要的表达情感的作用，被称为“情感的晴雨表”。导游如果能根据讲解的具体内容对语调进行创造性的处理，使语调随着讲解内容的变化而呈现高潮、低潮的升降起伏，就会使讲解声情并茂。但是，在实地导游讲解中，也要注意避免因一味地追求“抑扬顿挫”而造成的“诗歌朗诵式讲解”的倾向。

（三）语速快慢相宜

语速是指一个人讲话速度的快慢程度。导游在导游讲解或同旅游者谈话时，要力求做到疾徐有致、快慢相宜。如果语速过快，会使旅游者感到听起来很吃力，甚至跟不上导游的节奏，对讲解内容印象不深甚至遗忘；如果语速过慢，会使旅游者感到厌烦，注意力容易分散，导游讲解亦不流畅；当然，导游如果一直用同一种语速往下讲，像背书一样，不仅缺乏感情色彩，而且使人乏味，令人昏昏欲睡。

在导游讲解中，较为理想的语速应控制在每分钟 200 字左右。当然，具体情况不同，语速也应适当调整。譬如，对中青年旅游者，导游讲解的速度可稍快些，而对老年旅游者则要适当放慢；对讲解中涉及的重要或要特别强调的内容，语速可适当放慢一些，以加深旅游者的印象，而对那些不太重要的或众所周知的事情，则要适当加快讲解速度，以免浪费时间，令旅游者不快。

（四）停顿长短合理

停顿是一个人讲话时语音的间歇或语流的暂时中断。这里所说的停顿不是讲话时的自然换气，而是语句之间、层次之间、段落之间的有意间歇。其目的是集中旅游者的注意力，增强导游语言的节奏感。停顿的类型主要包括以下几种。

1. 语义停顿

语义停顿，是指导游根据语句的含义所做的停顿。一般来说，一句话说完要有较短的停顿，一个意思说完则要有较长的停顿。

泰山至今保护较好的古建筑群有 22 处，/ 总建筑面积达 14 万多平方米。// 在古建筑群之间，/ 还有 12 处石坊、6 座石桥、7 座石亭、1 座铜亭和 1 座铁塔。// 泰山刻石有 2200 多处，/ 被誉为“中国摩崖刻石博物馆”，// 这里有中国碑刻最早的刻石—— / 泰山秦刻石；/ 有珍贵的汉代张迁碑、衡方碑和晋孙夫人碑；/ 有被誉为“大字鼻祖”“榜书之宗”的北齐经石峪刻石；/ 有天下洋洋大观的唐玄宗《纪泰山铭》和唐代双束碑等。//

这里的 / 表示一个短停顿，而 // 则表示一个长停顿。有了这些长短不一的停顿，导游就能把泰山的特点娓娓道来，旅游者听起来也比较自然。

2. 暗示省略停顿

暗示省略停顿，是指导游不直接表示肯定或否定，而是用停顿来暗示，让旅游者自己去判断。

譬如："请看，江对面的那座山像不像一只巨龟？ // 黄鹤楼所在的这座山像不像一条长蛇？ // 这就是'龟蛇锁大江'的自然奇观。"

这里通过停顿让旅游者去思考、判断，从而留下深刻的印象。

3. 等待反应停顿

等待反应停顿，是指导游先说出令人感兴趣的话，然后故意停顿下来以激起旅游者的反应。

譬如："三斗坪坝址的选择不是一帆风顺的，中外专家在三峡工程坝址的选择上曾发生过长时间的争论。"这时导游故意停顿下来，看到旅游者脸上流露出急于知道答案的神情，再接着介绍将坝址定在三斗坪的原因。

4. 强调语气停顿

强调语气停顿，是指导游讲解时，每讲到重要的内容，为了加深旅游者内心的印象所做的停顿。

譬如："藏经洞位于第 16 号洞窟通道的北侧，编号为 17 窟。那么，藏经洞是什么时候被密封的？又是为何被密封的呢？"导游讲到这里，故意把问题打住，然后讲解藏经洞被发现的历史及珍藏的文物，让旅游者在参观过程中联系这个问题进行思考。

第三节　导游态势语言运用技巧

态势语言亦称体态语言、人体语言或动作语言，它是通过人的表情、动作、姿态等来表达语义和传递信息的一种无声语言。同口头语言一样，它也是导游服务中重要的语言艺术形式之一，常常在导游讲解时对口头语言起着辅助作用，有时甚至能达到口头语言难以企及的效果。

一、首语

首语是通过人的头部活动来表达语义和传递信息的一种态势语言，它包括点头和摇头。一般来说，世界上大多数国家和地区都以点头表示肯定、以摇头表示否定。而实际上，首语有更多的具体含义，如点头可以表示肯定、同意、承认、认可、满意、理解、顺从、感谢、应允、赞同、致意等。另外，因民族习惯的差异，首语在有些国家和地区还有不同的含义，如印度、泰国等地某些少数民族奉行的是“点头不算摇头算”的原则，即同意对方意见用摇头来表示，不同意则用点头表示。

二、表情语

表情语是指通过人的眉、眼、耳、鼻、口及面部肌肉运动来表达情感和传递信息的一种态势语言。导游的面部表情要给旅游者一种平静、放松、自然的感觉，要尽量使自己的目光显得自然、诚挚，额头平滑不起皱纹，面部两侧笑肌略有收缩，下唇方肌和口轮匝肌处于自然放松的状态，嘴唇微闭。这样，才能使旅游者产生亲切感。

对导游来说，控制自己的面部表情要注意以下四点。

（一）灵敏

导游面部表情的变化要随着讲解内容的需要迅速表现出来。这对一般人而言，不会有太大的问题，但对导游来说，就有必要强调一下了。因为导游所讲解的内容可能已经重复过无数遍了，在这种情况下，导游很可能会面无表情，甚至表情麻木，这样就会引起旅游者的不满，很难再进行良好的沟通。

（二）鲜明

表情的鲜明是与敏感联系在一起的，先有了敏感的表情，进一步才是鲜明的表情。讲解的内容是明快的，就眉舒目展；是沉重的，就严肃凝重；是快乐的，就笑逐颜开；是郁闷的，就紧皱眉头……

（三）真诚

导游讲解时的面部表情要表现出真情实感，要让旅游者感到导游的表情是真诚的，否则任何虚情假意或者做作的姿态都会引起旅游者的反感。

（四）有分寸

导游在讲解过程中的各种表情还要有分寸，要自然、合理、和谐，千万不能夸饰。

总之，导游的面部表情应随着具体讲解内容的需要或随着旅游者的反应而变化，与表达同步，要有真情实感。

譬如，导游讲道：“悬空寺是恒山的骄傲，也是我们每个中国人的骄傲。它建于北魏后期，大约公元 6 世纪。牛顿力学尚需孕育上千年才能问世，而恒山人却半插飞梁、巧借岩石，在峭壁上创造了这一惊世之作，其智慧的火花是何等绚丽，胸中的气魄又是何等伟大！”

随着这段导游词的讲解，导游的脸上应该流露出喜悦、自豪的神色，并且面部的这种表情也应该随讲解内容同时产生并结束，这样，才会打动旅游者，引起旅游者的共鸣。

微笑是一种富有特殊魅力的面部表情，人们称之为“交际世界语”。微笑可以美化人的形象，是导游良好修养和文雅气质的体现，是塑造良好形象必不可少的手段。导游的微笑要给旅游者一种明朗、甜美的感觉，微笑时要使自己的眼轮匝肌放松，面部两侧笑肌收缩，口轮匝肌放松，嘴角含笑，嘴唇似闭非闭，以露出半牙为宜。这样才能使旅游者感到和蔼亲切。

三、目光语

目光语是通过人与人之间的视线接触来传递信息的一种态势语言。艺术大师达·芬奇说“眼睛是心灵的窗户”，意思是透过人的眼睛，可以看到他的内心情感。

目光主要由瞳孔变化、目光接触的长度及向度三个方面组成。瞳孔变化是指目光接触瞳孔的放大或缩小，一般来说，当一个人处在愉悦状态时，瞳孔就自然放大，目光有神；反之，当一个人处在沮丧状态时，则瞳孔自然缩小，目光黯淡。目光接触的长度是指目光接触时间的长短。导游一般连续注视旅游者的时间应在 1~2 秒钟，以免引起旅游者的厌恶和误解。目光接触的向度是指视线接触的方向。一般来说，人的视线向上接触（仰视）表示“期待”、“盼望”或“傲慢”等含义；视线向下接触（俯视）则表示“爱护”、“宽容”或“轻视”等含义；而视线平行接触（正视）表示“理性”“平等”等含义。导游常用的目光语应是“正视”，让旅游者从中感到自信、坦诚、亲切和友好。

导游讲解是导游与旅游者之间的一种面对面的交流。旅游者往往可以通过视觉交往从导游的一个微笑、一种眼神、一个动作、一种手势中加强对讲解内容的认识和理解。在导游讲解时，运用目光的方法很多，常用的有以下几种。

（一）目光的联结

导游在讲解时，应用热情而又诚挚的目光看着旅游者。正如德国导游专家哈拉尔德·巴特尔所说的：导游的目光应该是“开诚布公的、对人表示关切的，是一种可以从中看出谅解和诚意的目光”。那种一直低头或望着毫不相干处，翻着眼睛只顾自己口若悬河的导游是无法与旅游者沟通的。因此，导游应注意与旅游者目光的联结，切忌目光呆滞（无表情）、眼帘低垂（心不在焉）、目光向上（傲慢）、视而不见（轻视）和目光专注而无反应（轻佻）等不正确的目光联结方式。

（二）目光的移动

导游在讲解某一景物时，首先要用目光把旅游者的目光牵引过去，然后再及时收回目光，并继续投向旅游者。这种方法可使旅游者集中注意力，并使讲解内容与具体景物和谐统一，给旅游者留下深刻的印象。

（三）目光的分配

导游在讲解时，应注意自己的目光要统摄全部听讲解的旅游者，既可把视线落点放在最后边两端旅游者的头部，也可不时环顾周围的旅游者，但切忌只用目光注视面前的部分旅游者，使其他的旅游者感到自己被冷落，产生遗弃感。

（四）目光与讲解的统一

导游在讲解传说故事和逸闻趣事时，讲解内容中常常会出现甲、乙两人对话的场景，需要加以区别，导游应在说甲的话时把视线略微移向一方，在说乙的话时把视线略微移向另一方，这样可使旅游者产生一种逼真的临场感，犹如身临其境。

四、手势语

手势语是通过手的挥动及手指动作来传递信息的一种态势语言。

（一）手指语

手指语是一种较为复杂的伴随语言，是通过手指的各种动作来传递不同信息的手势语。由于文化传统和生活习俗的差异，在不同的国家、不同的民族中手指动作的语义也有较大区别，导游在工作中要根据旅游者所在国和民族的特点选用恰当的手指语，以免引起误会和尴尬。

1. 竖起大拇指

竖起大拇指，在世界上许多国家包括中国都表示“好”，用来称赞对方“高明”“了不起”“干得好”，但在有些国家还有另外的意思，如在韩国表示“首领”、“部长”、“队长”或“自己的父亲”，在日本表示“最高”、“男人”或“您的父亲”，在美国、墨西哥、澳大利亚等国则表示“祈祷幸运”，在希腊表示叫对方“滚开”，在法国、英国、新西兰等国是请求“搭车”。

2. 伸出食指

伸出食指，在新加坡表示“最重要”，在缅甸表示“拜托”“请求”，在美国表示“让对方稍等”，而在澳大利亚则是“请再来一杯啤酒”的意思。

3. 伸出中指

伸出中指，在墨西哥表示“不满”，在法国表示“下流的行为”，在澳大利亚表示“侮辱”，在美国和新加坡则是“被激怒和极度不愉快”的意思。

4. 伸出小指

伸出小指，在韩国表示“女朋友”“妻子”，在菲律宾表示“小个子”，在日本表示“恋人”“女人”，在印度和缅甸表示“要去厕所”，在美国和尼日利亚则是“打赌”的意思。

5. 伸出食指往下弯曲

在中国表示数字“9”，在墨西哥表示“钱”，在日本表示“偷窃”，在东南亚一带则是“死亡”的意思。

6. 用拇指与食指尖形成一个圆圈并手心向前

这是美国人爱用的“OK”手势，在中国表示数字“0”，在日本则表示“金钱”，而希腊人、巴西人和阿拉伯人用这个手势表示“诅咒”。

7. 伸出食指和中指构成英语“Victory”（胜利）的第一个字母“V”

西方人常用此手势来预祝或庆贺胜利，但应注意把手心对着观众，如把手背对着观众做这一手势，则被视为下流的动作。

在导游服务中，导游要特别注意不能用手指指点旅游者，这在西方国家是很不礼貌的动作，如导游在清点人数时用食指来点数，就会引起旅游者的反感。

（二）讲解时的手势

在导游讲解中，手势不仅能强调或解释讲解的内容，而且能生动地表达口头语言所无法表达的内容，使导游讲解生动形象，富有感染力。导游讲解中的手势有以下三种。

1. 情意手势

情意手势是用来表达导游讲解情感的一种手势。譬如，在讲到“我们中华民族伟大复兴的梦想一定能实现”时，导游用握拳的手有力地挥动一下，既可渲染气氛，也有助于情感的表达。

2. 指示手势

指示手势是用来指示具体对象的一种手势。譬如，导游讲到孔府大门楹联“与国咸休，安富尊荣公府第；同天并老，文章道德圣人家”时，可用指示手势来一字一字地加以说明。

3. 象形手势

象形手势是用来模拟物体或景物形状的一种手势。譬如，当讲到“有这么大的鱼”时，可用两手食指比一比；当讲到“五千克重的西瓜”时，可用手比画成一个球形状；当讲到“四川有座峨眉山，离天只有三尺三……湖北有座黄鹤楼，半截插在云里头”时，也可用手的模拟动作来形容。

导游讲解时，在什么情况下用何手势，都应视讲解的内容而定。在手势的运用上必须注意：一要简洁易懂；二要协调合拍；三要富有变化；四要节制使用；五要避免使用旅游者忌讳的手势。

（三）服务时的手势

导游为旅游者提供服务时也要善于运用手势。譬如，当旅游者提出询问时，导游脸上马上露出笑容，并且用手表示出一种关怀的姿态。这会使旅游者心里感到愉快，因为他得到了导游的尊重和关注。又如，旅游者询问洗手间在何处时，或许有的导游会用手指指明方向，而更文明的方式则是用手掌（手心朝上）指明方向。此外，在导游服务中用带尖的锐器指别人也是不礼貌的。譬如，把刀子递给别人时，不能用刀尖直指对方，而应把刀子横着递过去；在餐桌上，用刀、叉或筷子指着别人让菜也是不友善的。

第四节　导游语言的沟通技巧

导游与旅游者一见面，只需数分钟，旅游者就会在心里把印象和观念迅速组合成“山峰”屹立起来，以后便成为一种肯定的观念。这就为导游和旅游者以后的人际交往打下了良好的基础。而在接触过程中，语言是最基本、最重要的工具，语言表达方式、方法和技巧对沟通效果都会产生较大的影响。导游语言的沟通技巧很多，常用的有以下几种。

一、称谓的语言技巧

一般情况下，导游对旅游者的称谓通常有以下三种形式。

（一）交际关系型

交际关系型的称谓主要是强调导游与旅游者在导游交际中的角色关系。如“各位旅游者”“诸位旅游者”“各位团友”“各位嘉宾”等，这类称谓角色定位准确，宾主关系明确，既公事公办，又大方平和，特别是其中的“旅游者”称谓是导游语言中使用频率最高的一种。

（二）套用尊称型

套用尊称是在各种场合都比较适用，对各个阶层、各种身份也比较合适的社交通称。如“女士们、先生们”“各位女士、各位先生”等，这类称谓尊敬意味浓厚，适用范围广泛，回旋余地较大。但一般对涉外团较好，对国内团有点太过正式，亲和力不够。

（三）亲密关系型

亲密关系型多用于关系比较密切的人际关系之间的称谓。如“朋友们”“旅游者朋友们”等，这类称谓热情友好，亲和力强，注重强化平等亲密的交际关系，易于消除旅游者的陌生感。

在旅游活动中，导游对旅游者的称谓总的原则应把握三点：一要得体；二要尊重；三要通用。

二、自我介绍的语言技巧

在旅游团抵达时，导游常常要与旅游团团长、领队及旅游者接触见面，导游即使佩戴了导游身份标识或社徽，也得做自我介绍。自我介绍是导游推销自我形象和价值的一种重要方法。从某种意义上讲，自我介绍是进入导游活动的一把钥匙，这把钥匙运用得好，那么导游活动便成功了一半。导游掌握自我介绍的语言艺术，必须注意以下三个方面的技巧。

（一）热情友善，充满自信

导游自我介绍时要清晰地报出自己的姓名、单位、身份；面带微笑，用眼神表达友善、诚恳，并充满自信。如果含糊，或态度冷淡、随便应付就会使人产生疑虑和不信任感，彼此之间产生隔阂。

（二）介绍内容繁简适度

导游与旅游团团长、领队或地陪导游与全陪导游接头时，自我介绍一般从简，讲清自己的姓名、单位、身份即可，不便过多地自我介绍，因为旅游团初到一地，还有许多事情需要与团长、领队或全陪导游接洽协商。在旅游者集中后，或去下榻酒店的途中，导游的自我介绍可以具体详细一些，以便于旅游者尽快熟悉自己。

（三）善于运用不同的方法

自我介绍不单纯是介绍自己的姓名、单位、年龄、身份等，往往还有一个自我评价的问题。恰如其分的自我评价是缩短导游与旅游者之间距离的重要途径。其方法有三，具体如下。

1. 自谦式

譬如：“我是去年从外语学院毕业的，导游经验不足，请各位多多关照。”

对东方旅游者用自谦式自我介绍未尝不可，但对西方旅游者大可不必用这种自谦式，否则会使旅游者对你产生不信任感，更有甚者，旅游者会提出调换导游。

2. 调侃式

譬如：“十分荣幸能成为各位的导游，只是我的长相不太符合合格导游的标准。因为有名人说，导游是一个国家的脸面。大家看，我这脸面能代表我们这个美丽的国家吗？”

其自我嘲讽中包含着自律，于诙谐幽默的自我揶揄之中露出一点自信和自得之意，既能增强言语风趣感又不流于自夸。

3. 自识式

譬如：“我姓张，名曲，张是弯弓张，曲是弯弯曲曲的曲，但大家不要误会，我不是一个弯弯曲曲的人，而是一个十分正直的人。我为什么要取名‘曲’呢？大概是我小时候特别爱唱歌，所以父亲给我取名‘张曲’。现在，对于唱歌，我还是名副其实的，等会儿有空，我将为大家演唱一两曲。”

导游的自我介绍，既可用语言，也可借助名片。名片作为自我介绍的材料，古已有之。汉代时，把通报姓名的单片叫“谒”和“刺”，可见以名片为中介进行交际已是一种惯例。用名片是如今时兴的一种自我介绍方法。在导游活动中，对团长、领队、全陪导游或人数不多的旅游者皆可用这种自我介绍方法。赠送名片时要用双手恭敬地递给对方，并附带说声“认识您很高兴”“请多关照，今后保持联系”之类的话，这是一种高雅的自我介绍艺术。

三、交谈的语言技巧

在导游交际过程中，虽然导游讲解占据主要的地位，但往往还有大量的时间是用于同旅游者进行自由交谈。这种交谈是导游与旅游者之间增进互相了解与友谊的重要途径之一，因此，必须注意交谈的语言技巧。

（一）开头要寒暄

不寒暄就开始进入交谈，往往显得唐突而不礼貌。如“你觉得刚才看到的怎么样？”冷不丁一句，对方要不就莫名其妙，要不就只能“嗯啊”几句，很难进入实质性的交谈。因此，交谈之前，先寒暄一番，可以拉近彼此之间的感情距离，打破双方陌生的界限，使彼此之间有些初步了解。寒暄的方法很多，主要有以下几种。

问候式：如“你好，挺辛苦吧”，显得亲切自然。

询问式：一般用于询问对方的姓名、职业。如“您贵姓”“您从事什么工作（职业）呢”等。但切忌直接询问对方的履历、工资、收入、家庭财产、衣饰价格、女性年龄、婚姻状况等私人生活方面的问题。

夸赞式：如“王小姐，您的衣服真漂亮”“张教授，您的身体比我们年轻人还棒啊”。诚心地赞美是一种活泼的寒暄方法。

描述式：以友好的语气描述对方正在进行时的动态。如“您累了休息一下吧”“您对此挺有兴趣呀”。

言他式：用双方都认同的话打破沉默，引出话题。如：“今天天气真热！”“唉，又下雨了。”

进入交谈的方法，不局限于寒暄，寒暄也不必拘泥于谈话的内容，但切忌干涉对方的事，如“您这衣服穿着不怎么合身”“您是大学毕业吗”等。

（二）说话要真诚

导游要给旅游者留下良好的印象，不能忘记真诚。这绝不是出于说话策略的需要，而是做人的准则。所谓真诚，就是敢于把自己真实的思想开诚布公地说出来。同时，当对方真诚地对待你时，你也要以诚相报。对人真诚，并不是毫无节制地说话，也不是无原则地什么话都谈，必须符合外事纪律和道德规范。

（三）内容要健康

导游与旅游者交谈的内容一般不要涉及疾病、死亡等不吉利、不愉快的事情，不要说荒唐离奇、耸人听闻、黄色淫秽的事情，不要说他人的坏话，更不要谈有损国格、人格的事情。

（四）言语要中肯

喋喋不休、夸夸其谈或吞吞吐吐、欲言又止，或者故弄玄虚、矫揉造作等，都是交谈时的禁忌，导游必须特别注意。

（五）要“看”人说话

在不同的场合，对不同的人要说不同的话，这是交谈的一个基本准则。日本专家把说话能力分解成五个因素：语气（S）、用词（W）、内容（I）、感情（E）、技巧（T）。只要对五个因素做适当调整，就能获得良好的交谈效果：对年长者S>W=I=E=T；对同辈 I>S=W=E=T；对晚辈 S=W=I=T>E；对小孩 W=I=E>S>T；对初次见面者 S>I>W>T>E；商谈 W=I=T>S>E；恳谈 I>W>E>T>S；开玩笑T>I>E>W>S；夸赞 I>W>E>S>T；关注 I>T>S=W>E。

上述方程式的意思是，在各种不同的场合，语气（S）、用词（W）、内容（I）、感情（E）、技巧（T）各自发挥作用的程度也随之变化。如初次见面时，其方程式是 S>I>W>T>E，其含义是：初次与对方交谈，最重要的是选择适当的语气（S），其次是谈话的内容（I），之后依次是用词（W）、技巧（T）、感情（E），方程式中各因素的顺序，可按其在交谈中所起的作用的大小来拟定。

（六）善于把握谈话过程

在交谈过程中，导游要注意以下几点。

（1）切忌在对方谈兴正浓时突然中止交谈。应待交谈告一段落时，再设法收场。

（2）不要勉强延长交谈。当发现自己或对方交谈的内容临近枯竭时，应及时结束交谈，对方谈兴已衰时，不要无话找话。故意延长话题是最不明智的。

（3）要留意对方的暗示。若对方已无交谈兴趣，大多会利用身体或言语来做希望结束谈话的暗示，如故意看表，如坐针毡地改变坐姿，或心不在焉地游目四周等，遇到这种情况，就要知趣地结束谈话。

（4）结束交谈要恰到好处。准备结束谈话之前，可先预定一段时间，游刃有余地停止，突然中止交谈，匆匆离开，显得粗鲁无礼。若因别的事需要打断对方的谈话，可说一句道歉的话，然后再离开。

（5）结束交谈时，要给对方留下一个愉快的印象。微笑往往是结束交谈的最佳“句号”，几句幽默的话语更是结束交谈的“尾声”。

四、劝服的语言技巧

在导游服务过程中，导游常常会面临各种问题，需要对旅游者进行劝服，如活动日程改变需要劝服旅游者接受，对旅游者的某些越轨（不当）行为需要进行劝说等。劝服一要以事实为基础，即根据事实讲明道理；二要讲究方式、方法，使旅游者易于接受。

（一）诱导式劝服

诱导式劝服即循循善诱，通过有意识、有步骤地引导，澄清事实，讲清利弊得失，使旅游者逐渐信服。

譬如，某旅游团原计划自大连飞往南京，因未订上机票只能改乘火车，旅游者对此意见很大。这时导游首先应诚恳地向旅游者致歉，再耐心地向旅游者说明原委并分析利弊。导游可以说：“没有买上机票延误了大家的旅游行程，我很抱歉，对于大家急于赴南京的心情我很理解。但是如果乘飞机去南京还得等到明天，这样你们在南京只能停留一天，如果现在乘火车，大家可在南京停留两天，可以游览南京的一些主要景点。另外，大家一路旅途都非常辛苦，乘火车一方面可以观赏沿途的自然风光，另一方面也可以得到较好的休息。”导游的这席话使旅游者激动的情绪开始平复下来，一些旅游者表示愿意乘坐火车，另一些旅游者在他们的影响下也表示认可。

对这类问题的劝服，导游一是要态度诚恳，使旅游者感到导游是站在旅游者的立场上帮助他们考虑问题；二是要善于引导，巧妙地使用语言分析其利弊得失，使旅游者感到上策不行取其次也是最好的选择。

（二）迂回式劝服

迂回式劝服是指不对旅游者进行正面、直接的说服，而采用间接或旁敲侧击的方式进行劝说，即通常所说的“兜圈子”。这种劝服方式的好处是不伤害旅游者的自尊心，而又使旅游者比较容易接受。

譬如，某旅游团中有一位旅游者常常在游览中离团独自活动，出于安全考虑和旅游团活动的整体性，导游走过去对他说："×× 先生，大家现在休息一会儿，很希望您过来讲讲您在这个景点游览中的新发现，作为我导游讲解的补充。"这位旅游者听了会心一笑，自动走了过来。

在这里，导游没有直接把该旅游者喊过来，因为那样多少带有命令的口气，而是采用间接的、含蓄的方式，用巧妙的语言使旅游者领悟导游话中的含意，旅游者的自尊心也没有受到伤害。

（三）暗示式劝服

暗示式劝服是指导游不明确表达自己的意思，而采用含蓄的语言或示意的举动使人领悟到劝说。

譬如，有一位旅游者在旅游车内抽烟，使得车内空气浑浊。导游不便当着其他旅游者的面批评他，以免伤了这位旅游者的自尊，但在其又欲抽烟时，导游面对着他摇摇头或捂着鼻子轻轻咳嗽两声，使旅游者自觉地收起了香烟。

这里导游运用了副语言——摇头、捂鼻子咳嗽，暗示在车内"请勿吸烟"，使旅游者产生了自觉的反应。

五、提醒的语言技巧

在导游服务中，导游经常会碰到少数旅游者由于个性或生活习惯的原因，表现出群体意识较差或丢三落四的行为，如迟到、离团独自活动、走失、遗忘物品等。对这类旅游者，导游应从关心旅游者安全和旅游团集体活动的要求出发给予特别关照，在语言上要适时地予以提醒。提醒的语言方式很多，常用的有以下几种。

（一）敬语式提醒

敬语式提醒是导游使用恭敬口吻的词语，对旅游者直接进行的提醒方式，如"请""对不起"等。导游在对旅游者的某些行为进行提醒时应多使用敬语，这样会使旅游者易于接受，如"请大家安静一下""对不起，您又迟到了"。这样的提醒比"喂，你们安静一下""以后不能再迟到了"等命令式语言要好得多。

（二）协商式提醒

协商式提醒是导游以商量的口气间接地对旅游者进行的提醒方式，以取得旅游者的认同。协商将导游与旅游者置于平等的位置上，导游主动同旅游者进行协商，是对旅游者尊重的表现。一般来说，在协商的情况下，旅游者是会主动配合的。

譬如，某旅游者常常迟到，导游和蔼地说：“您看，大家已在车上等您一会儿了，以后是不是可以提前做好出发的准备？”

又如，某旅游者在游览中经常离团独自活动，导游很关切地询问他：

“××先生，我不知道在游览中您对哪些方面比较感兴趣，您能否告诉我，我好在以后的导游讲解中予以加强？”

（三）幽默式提醒

幽默式提醒是导游用有趣、好笑且意味深长的词语对旅游者进行的提醒方式。导游运用幽默的语言进行提醒，既可使旅游者获得精神上的愉悦，又可使旅游者在欢愉的气氛中受到启示或警觉。

譬如，导游提醒游览长城的旅游者注意安全并按时返回时说：“长城地势陡峭，大家注意防止摔倒。另外，不要头也不回一股脑儿地往前走，一直走下去就是丝绸之路了，有人走了两年才走到，特别辛苦。”

又如，几位年轻旅游者在游览时，纷纷爬到一尊大石象的背上照相，导游见了连忙上前提醒他们：“希望大家不要欺负这头忠厚老实的大象！”这比一脸严肃地说“你们这样做是损坏文物，是要罚款的”效果要好得多。

六、回绝的语言技巧

回绝指对别人的意见、要求予以拒绝。在导游服务中，导游常常会碰到旅游者提出的各种各样的问题和要求，除了一些常见的问题和合理且可行的要求可予以满足外，也有一些问题和要求是不合理的或不可能办到的，对这类问题或要求导游需要回绝。但是，囿于导游同旅游者之间主客关系的束缚，导游不便于直接回答“不”，这时导游必须运用回绝的语言技巧。

（一）柔和式回绝

柔和式回绝是导游采用温和的语言进行推托的回绝方式。采取这种方式回绝旅游者的要求，不会使旅游者感到太失望，避免了导游与旅游者之间的对立状态。

譬如，某领队向导游提出是否可把日程安排得紧一些，以便增加一两个旅游项目。导游知道这是计划外的要求，并且不可能予以满足，于是采取了委婉的拒绝方式：“您的意见很好，大家希望在有限的时间内多看看的心情我也理解，如果有时间能安排的话我会尽力的。”这位导游没有明确回绝领队的要求，而是借助客观原因（时间），采用模糊的语言暗示了拒绝之意。

（二）迂回式回绝

迂回式回绝是指导游对旅游者的发问或要求不正面表示意见，而是绕过问题从侧面予以回应或回绝。

（三）引申式回绝

引申式回绝是导游根据旅游者话语中的某些词语加以引申而产生新意的回绝方式。

譬如，某旅游者在离别前把吃剩的半瓶药送给导游并说：“这种药很贵重，对治疗我的病很管用，送给你做个纪念。”导游谢绝说：“既然这种药贵重，又对您很管用，送给我这没病的人太可惜了，还是您自己带回去慢慢用更好。”

这里导游用旅游者的话语进行的引申十分自然，既维护了自己的尊严，又达到了拒绝的目的。

（四）诱导式回绝

诱导式回绝是指导游针对旅游者提出的问题进行逐层剖析，引导旅游者对自己的问题进行自我否定的回应方式。

譬如，有位法国旅游者问导游：“有人说，西藏应是一个独立的国家，对此你是怎样看的？”导游反问他：“您知道西藏政教领袖班禅、达赖的名字是怎么来的吗？”法国旅游者摇摇头说：“不知道。”导游接着说：“我告诉您吧，他们的名字是清朝皇帝册封的，可见西藏早就是中国的一部分。正如布列塔尼是法国的一部分一样，您能因为那里的居民有许多自己的风俗就说它是一个独立的国家吗？”这位法国旅游者摇摇头笑了。

总之，导游应根据旅游者的情况、问题的性质、要求的合理与否，分别采用不同的回绝方式，尽量减少旅游者的不快。

七、道歉的语言技巧

在导游服务中，因为导游说话的不慎、工作中的某些过失或相关接待单位服务上的欠缺，会引起旅游者的不快和不满，造成旅游者同导游之间关系的紧张。不管造成旅游者不愉快的原因是主观的还是客观的，也不论责任在导游自身还是在旅行社或相关接待单位，导游都应妥善处理，通过恰当的语言表达方式向旅游者致歉或认错，以消除旅游者的误会和不满情绪，求得旅游者的谅解。

（一）微笑式道歉

微笑是一种润滑剂，微笑不仅可以对导游和旅游者之间产生的紧张气氛起到缓和作用，而且是向旅游者传递歉意信息的载体。如某导游回答旅游者关于长城的提问时，将长城说成建于秦朝，其他旅游者纠正后，导游觉察到这样简单地回答是错误的，于是对这位旅游者抱歉地一笑，使旅游者不再计较了。

（二）迂回式道歉

迂回式道歉是指导游在不便于直接、公开地向旅游者致歉时，而采用其他的方式求得旅游者谅解的一种技巧。如某导游在导游服务中过多地关照部分旅游者，引起了另一些旅游者的不悦，导游觉察后，便主动地多接触这些旅游者，并给予关照和帮助，逐渐使这部分旅游者冰释前嫌。

除采用迂回道歉方式改进导游服务外，导游还可请示旅行社或同相关接待单位协商后，采用向旅游者赠送纪念品、加菜或免费提供其他服务项目等方式向旅游者道歉。

（三）自责式道歉

由于旅游供给方的过错，使旅游者的利益受到较大损害而引起强烈不满时，即使代人受过，导游也要勇于自责，以缓和旅游者的不满情绪。

譬如，某导游接待一个法国旅游团，17:00 入住酒店后发现团长夫人的行李箱不见了，团长夫人非常气愤，连 18:30 法国驻华大使的宴请也没有参加。至次日凌晨，行李箱还未找到，所有团员均未睡觉，都在静静地等着。在这种情况下，陪同的导游一面劝旅游者早点儿休息，一面自责地对大家说："十分对不起，这件事发生在我们国家是一件很不光彩的事，对此我心里也很不安，不过还是请大家早点儿休息，我们当地的工作人员还在继续寻找，我们一定会尽力的。"不管团长夫人的行李箱最终是否找到，导游这种勇于自责的道歉，既体现了帮助旅游者解决问题的诚意，也是对旅游者的一种慰藉。

不管采用何种道歉方式，首先，道歉必须是诚恳的；其次，道歉必须是及时的，即知错必改，这样才能赢得旅游者的信赖；最后，道歉要把握好分寸，不能因为旅游者某些不快就道歉，要分清深感遗憾与道歉的界限。

八、答问的语言技巧

来自不同国家和地区的旅游者出于各种动机，常常会提出各种各样的甚至是稀奇古怪的问题，需要导游给予回答。这时，避而不答和率直的表态是两种反应形式，但这两种反应都是机械的条件反射，有时可能会加大问题的严重性。如果讲究答问的语言技巧，不仅会减轻问题的严重性，同时又不会削弱表达效果。因此，导游有必要掌握答问的语言技巧。

（一）是非分明

导游在回答旅游者的提问时，能够给予明确回答的，就要是非分明、毫无隐讳地予以回答，以澄清对方的误解和模糊认识。

（二）以问为答

导游对旅游者的有些问题，不直接给予肯定或否定的回答，而是以反问的形式，使对方从中得到答案。

（三）曲语回避

有的旅游者提的问题很刁钻，导游答问时容易陷入“两难境地”，无论你是回答肯定或否定，都能被抓住把柄。这时只能以曲折含蓄的语言予以回避，不给予正面回答。

譬如，有位美国旅游者问导游：“你认为是毛泽东好，还是邓小平好？”这位导游很机智，立即用曲语回避道：“您是否能先告诉我，是华盛顿好，还是林肯好？”这位旅游者顿时哑然。

（四）诱导否定

对方提出问题之后，不马上回答，先讲一点理由，提出一些条件或反问一个问题，诱使对方自我否定，自己放弃原来提出的问题。此方法类似于前述的“诱导式回绝”。

随堂练

案例

第六章
导游带团技能

【学习目标】

熟悉导游主导地位的确立和导游形象的塑造及信息技术应用的技巧，掌握导游运用心理服务、引导旅游者审美、组织协调旅游活动、做好集体协作、接待不同类型旅游者的方法和技巧。

导游的带团技能，是导游根据旅游团的整体需要和不同旅游者的个别需要，熟练运用能提高旅游产品使用价值的方式、方法和技巧的能力。它贯穿于旅游活动的全过程，其水平高低直接影响导游服务的效果。

第一节　导游的主导地位和形象塑造

一、确立在旅游团的主导地位

旅游团队是由素不相识的、各种各样的旅游者构成的临时性和松散性的团体。导游在带团过程中应该尽快确立自己在旅游团中的主导地位，这是带好一个旅游团的关键。导游只有确立了自己在旅游团中的主导地位并取得了旅游者的信任，才能具有凝聚力、影响力和调控力，才能真正带好一个旅游团。

（一）以诚待人，热情服务

导游服务具有周期性短的特点，导游每接一个团，与旅游者接触的时间都不长，难以“日久见人心”，因此，导游要尽快与旅游者建立良好的人际关系，这样才能顺利开展工作。真诚对待旅游者是建立良好人际关系的感情基础，心诚则灵，有诚意才可靠。当导游的真诚和热情被旅游者认可，就能赢得旅游者的好感与信赖。

许多初出茅庐的年轻导游带团时难免会出现一些差错，但他们往往能得到旅游者的肯定和欢迎，这是因为他们的热情和真诚感动了旅游者。真诚和热情有时还能弥补导游工作中的某些不足，当旅游者认定导游是真心维护他们的利益时，即使遇到了问题、事故，他们也会持合作的态度。

譬如，某旅游团因故需要提前离开杭州，旅游者心中不快。而在游览西湖时又下起了大雨，这时，该团全陪导游请地陪导游放慢前进速度，让旅游者边听讲解边避雨，在协助地陪导游先安排好旅游者避雨后，自己冒雨跑到停车场，在旅游车中找到旅游者的雨具，并冒雨将雨具送到每位旅游者手中。他的真诚感动了旅游者，需要提前离开的不快很快消失，全团旅游者十分合作，全陪导游的工作也因此进行得非常顺利。

（二）换位思考，宽以待客

换位思考是指导游站在旅游者的角度，以“假如我是旅游者”的思维方式来理解旅游者的所想、所愿、所求和所为，从而做到“宽以待客”，想方设法满足旅游者的要求，理解他们的“过错”或苛求。由于客观存在的物质条件、生活水平的差距，往往旅游者在客源地很容易办到的事情到目的地却很难办到，甚至成了“苛求”。如果导游能站在旅游者的角度，对旅游者提出的种种要求平心静气地对待，努力寻找其中的合理成分，尽力使旅游者的要求得到满足，即使是苛求也一定能妥善地加以处理。

（三）树立威信，善于“驾驭”

由于导游服务是一种引导、组织旅游者进行各种旅游活动的积极行为，因此导游必须是旅游团的主导者，对旅游团具有“驾驭”能力。导游要确立自己在旅游团中的威信，主导旅游者的情绪和意向，努力使旅游者的行为趋于一致，使一个临时组成的松散的旅游者群体成为井然有序的旅游团队。

二、树立良好的导游形象

树立良好形象是指导游要在旅游者心目中确定可信赖、可以帮助他们和有能力带领他们安全、顺利地在旅游目的地进行旅游活动的形象。导游要想在旅游者心目中树立良好的导游形象，必须从以下三个方面着手。

（一）重视“第一印象”

在人际知觉中，给人留下的第一印象是至关重要的。如果一个人在初次见面时给人留下了良好的印象，就会影响人们对他以后一系列行为的评判和解释，反之也是一样。因此，导游良好形象的塑造首先在于给旅游者留下良好的第一印象，使旅游者形成心理定式，在不知不觉中成为日后判断导游的重要依据。

迎接旅游团是导游与旅游者接触的开始，导游在接团时留给旅游者的第一印象，对旅游者心理有重大影响，它往往会左右旅游者在以后的旅游活动中的判断和认识。旅游者每到一地，总是怀着一种新奇的、忐忑不安的心情，用审视甚至近乎挑剔的目光打量前来接团的导游。因此，导游从第一次接触旅游者起就必须注意树立良好的形象。既要注意外在形象，又要注意态度对旅游者心理的影响，还要通过周密的安排、细致的服务和高效率的工作给旅游者留下良好的第一印象。导游在接团前如能记住旅游者的姓名和特征，迎客时能叫出他们的名字，旅游者会迅速消除初到异地的孤独感和茫然感，增强安全感和信任感，这也为以后导游与旅游者和睦相处奠定了一定的感情基础。

导游真正的第一次"亮相"是在致欢迎词的时候，只有在这时，旅游者才会静下心来，"掂一掂导游的分量"。他们会用审视的目光观察导游的衣着装束和举止风度；聆听导游的讲话声音、语调、用词是否得体、态度是否真诚……然后通过分析思考对导游做出初步的结论。

譬如，对导游的衣着装扮，旅游者就有自己的想法：如果导游太注重修饰自己，旅游者可能会想："一个光顾修饰自己的人怎么会想着别人、照顾别人？"但是，如果导游衣冠不整，旅游者又可能会想："一个连自己都照顾不好的人又怎能照顾好客人？"

因此，导游应特别注意致欢迎词这一环节的言行举止，力求在旅游者心目中留下良好的第一印象。

（二）维护良好的形象

良好的第一印象只是体现在导游接团这一环节，而维护形象则贯穿于导游服务的全过程，因此，维护形象往往比树立形象更艰巨、更重要。有些导游只注意接团时的形象，而忽视在服务工作中保持和维护良好的形象，与旅游者接触的时间稍长一些就放松了对自己的要求，譬如不修边幅、说话不注意、承诺不兑现、经常迟到等，于是在旅游者中的威信逐渐降低，工作自然不好开展。导游必须明白良好的第一印象不能"一劳永逸"，需要在以后的服务工作中注意维护和保持，因为形象塑造是一个长期的、动态的过程，贯穿于导游服务的全过程。导游在旅游者面前要始终表现出豁达自信、坦诚乐观、沉着果断、办事利落、知识渊博、技能娴熟等特质，用使旅游者满意的行为来加深、巩固良好的形象。

（三）留下美好的最终印象

心理学中有一种"近因效应"，它是指在人际知觉中，最后给人留下的印象因时间距离最近而对人有着强烈的影响。国外一些旅游专家有这样的共识：旅游业最关心的是其最终的产品——旅游者的美好回忆。导游留给旅游者的最终印象也是非常重要的。若导游留给旅游者的最终印象不好，就可能导致前功尽弃。一个游程下来，尽管导游已感到很疲惫，但从外表上依然要保持精神饱满而且热情不减，这一点常令旅游者对整个游程抱肯定和欣赏的态度。同时，导游要针对旅游者此时开始想家的心理特点，提供周到的服务，不厌其烦地帮助他们，如选购商品、捆扎行李等。致欢送词时，要对服务中的不尽如人意之处诚恳道歉，广泛征求意见和改进建议，代表旅行社祝他们一路平安，真诚地请他们代为问候亲人。送别时要行注目礼或挥手示意，一定要等飞机起飞、火车启动、轮船驶离后方可离开。美好的最终印象能使旅游者对即将离开的旅游目的地和导游产生较强烈的恋恋不舍的心情，从而激起再游的动机。旅游者回到家乡后，通过现身说法还可起到良好的宣传作用。

三、掌握信息技术应用的技巧

导游掌握必要的信息技术应用技巧可以提高工作效率和服务质量，为旅游者提供更加便捷、丰富和个性化的旅游体验。导游应掌握的信息技术应用技巧包括以下几个方面。

（一）移动设备与应用

导游应熟练使用智能手机和平板电脑，了解其基本操作和设置。掌握常用的旅游相关应用程序，如地图导航、翻译软件、天气预报等，并能熟练运用它们为旅游者提供服务。能使用社交媒体平台如微信、微博等，与游客进行沟通和分享旅游信息。

（二）电子文档与资料管理

导游需熟练使用办公软件，如 Word、Excel、PowerPoint 等，制作和编辑旅游行程、景点介绍、游客信息等文档。并学会使用云存储服务，如百度网盘、腾讯微云等，方便存储和共享旅游资料，确保在不同设备上都能随时访问。

（三）在线预订与票务管理

导游应熟悉各大在线旅游平台的操作，如携程、去哪儿、飞猪等，能够为旅游者查询和预订机票、酒店、景点门票等。掌握在线预订的流程和注意事项，如预订时间、退改签政策等，为旅游者提供准确的信息和建议。

（四）多媒体展示与讲解

导游宜学会使用图片、视频编辑软件，如 Photoshop、Premiere 等，制作精美的景点图片和宣传视频，增强讲解的吸引力。掌握多媒体展示设备的使用，如投影仪、电子白板等，能够在讲解过程中生动地展示旅游信息。

（五）虚拟现实与增强现实技术

导游应了解虚拟现实（VR）和增强现实（AR）技术在旅游中的应用，如通过 VR 让游客提前体验景点，或通过 AR 为游客提供更加丰富的互动体验。如有条件，可以尝试将 VR 和 AR 技术应用到实际的导游服务中，提升旅游者的旅游体验。

（六）数据分析与客户管理

导游宜学会使用数据分析工具，如 Excel 中的数据分析功能或专业的数据分析软件，对旅游者的信息和需求进行分析，以便更好地提供个性化的服务。

掌握客户关系管理（CRM）系统的使用，及时跟进旅游者的反馈和意见，提高旅游者的满意度和忠诚度。

（七）网络安全与信息保护

导游应了解网络安全的基本知识，如密码设置、防范网络诈骗等，确保游客的个人信息和支付安全。并遵守相关的法律法规和职业道德，妥善处理游客的信息，不泄露游客的隐私。

第二节　导游提供心理服务的技巧

心理服务亦称情绪化服务，是导游为调节旅游者在旅游过程中的心理状态所提供的服务。导游服务的对象是旅游者，带好旅游团，关键是带好旅游者。旅游团中的旅游者因受团体的限制，其个别要求难以在旅游合同中反映出来。当旅游者到达旅游目的地后，个人的想法和要求会在心里产生，继而在情绪上、行动上有所反映。此外，在旅游过程中，还可能遇到一些问题，这些问题有的来自接待服务某个环节的欠缺，有的来自与旅游团中其他旅游者的关系，有的出自旅游者本人或其家庭，但碍于团体关系不便表示出来而形成心理障碍。这些情况要求导游除了要提供旅游合同中规定的旅游者有权享受的服务，还有必要向旅游者提供心理服务。

一、了解旅游者的心理

导游要有效地向旅游者提供心理服务，首先必须了解旅游者的心理。

（一）从人口统计特征上了解旅游者

每个国家、每个民族都有自己的传统文化和民风民俗，人们的性格和思维方式亦不相同，即使是同一个国家，不同地区、不同民族的人在性格和思维方式上也有很大差异；与此同时，旅游者所属的社会阶层、年龄和性别的不同，对其心理特征和生活情趣也会产生较为明显的影响。导游应从这些方面去了解旅游者，并有针对性地向他们提供心理服务。

1. 区域和国籍

从区域的角度看，西方人和东方人在性格和思维上有较明显的差异。西方人较开放、感情外露，喜欢直截了当地表明意愿，其思维方式一般由小到大、由近及远、由具体到抽象；东方人较含蓄、内向，往往委婉地表达意愿，其思维方式一般从大到小、从远到近、从抽象到具体。了解了这些差异，导游在接待西方旅游者时，就应特别注重细节。譬如，西方旅游者认为，只有各种具体的细节做得好，由各种细节组成的整体才会好，他们把导游提供的具体服务抽象为导游的工作能力与整体素质。

从国籍的角度看，同是西方人，在思维方式上也存在着一些差别。

如英国人矜持，讲究绅士风度；美国人开朗，随意，重实利；法国人浪漫，追求华丽，爱享受生活；德国人踏实，勤奋，守纪律；意大利人热情，热爱生活等。

2. 所属社会阶层

来自上层社会的旅游者大多严谨持重，发表意见时往往经过深思熟虑，他们期待听到高品位的导游讲解，以获得高雅的精神享受；一般旅游者则喜欢不拘形式的交谈，话题广泛，比较关心带有普遍性的社会问题及当前的热门话题，在参观游览时，期待听到故事性的导游讲解，希望轻轻松松地旅游度假。

3. 年龄和性别

年老的旅游者好思古怀旧，对游览名胜古迹、会见亲朋老友有较大的兴趣，他们希望得到尊重，希望导游多与他们交谈；年轻的旅游者好逐新猎奇，喜欢多动多看，对热门社会问题有浓厚的兴趣；女性旅游者则喜欢谈论商品及购物，喜欢听带故事情节的导游讲解。

（二）从分析地理环境来了解旅游者

旅游者由于所处的地理环境不同，对于同一类旅游产品会有不同的需要与偏好，他们对那些与自己所处地理环境迥然不同的旅游目的地往往情有独钟。譬如，我国北方旅游者喜爱南国风情，南方旅游者偏好北国风光；内陆地区旅游者喜欢去青岛、三亚等海滨城市，沿海地区旅游者向往九寨沟、西双版纳独特的风貌；旅游者在盛夏时节去大连、哈尔滨等北方名城，隆冬季节奔赴海南岛和东南亚，这种反向、反季节出游已成为一种普遍现象，导游可通过分析地理环境来了解旅游者的这些心理活动。

(三)从参团和出游动机了解旅游者

人们参加旅游团的心理动机一般包括：省心，不用做决定；节省时间和金钱；有伴侣、有团友；有安全感；能正确了解所看到的景物。导游通过细致周到的服务和精彩生动的讲解能满足旅游者的这些心理需求。

从旅游的角度看，旅游者的旅游动机则可分为：观赏风景名胜、探求文化差异、寻求文化交融的文化动机；考察国情民风、体验异域生活、探亲访友寻根的社会动机；考察投资环境、进行商务洽谈、购买旅游商品的经济动机；休闲度假、康体健身、消遣娱乐的身心动机。导游了解和把握了旅游者的旅游动机，就能更恰当地安排旅游活动和提供导游服务。

(四)从不同的个性特征了解旅游者

旅游者的个性各不相同，导游从旅游者的言行举止可以判断其个性，从而达到了解旅游者并适时提供心理服务的目的。

1. 活泼型旅游者

活泼型旅游者爱交际，喜讲话，好出点子，乐于助人，喜欢多变的游览项目。对这类旅游者，导游要扬长避短，既要乐于与他们交朋友，又要避免与他们过多交往，以免引起其他团员的不满；要多征求他们的意见和建议，但注意不让其左右旅游活动，打乱正常的活动日程；可适当地请他们帮助活跃气氛，协助照顾年老体弱者等。活泼型旅游者往往能影响旅游团的其他人，导游应与其搞好关系，在适当的场合表扬他们的配合并表示感谢。

2. 急躁型旅游者

急躁型旅游者性急，好动，争强好胜，易冲动，好遗忘，情绪不稳定，比较喜欢离群活动。对这类比较难对付的旅游者，导游要避其锋芒，不与他们争论，不激怒他们；在他们冲动时不要与之计较，待他们冷静后再与其好好商量，这样往往能取得良好的效果；对他们要多微笑，服务要热情周到，而且要多关心他们，随时注意他们的安全。

3. 稳重型旅游者

稳重型旅游者稳重，不轻易发表见解，一旦发表，会希望得到他人的尊重。这类旅游者容易交往，但他们不主动与人交往，不愿麻烦他人；游览时他们喜欢细细欣赏，购物时爱挑选比较。导游要尊重这类旅游者，不要怠慢，更不能故意冷淡他们；要主动多接近他们，尽量满足他们合理且可能的要求；与他们交谈要客气、诚恳，语速要慢，声调要低；讨论问题时要平心静气，认真对待他们的意见和建议。

4. 忧郁型旅游者

忧郁型旅游者身体弱，易失眠，忧郁孤独，敏感多疑，少言语但重感情。面对这类旅游者，导游要格外小心，不要多问，尊重他们的隐私；要多亲近他们、多关心体贴他们，但不能过分表示亲热；多主动与他们交谈一些愉快的话题，但不要与他们高声说笑，更不要与他们开玩笑。

以上这四种个性的旅游者中以活泼型和稳重型居多，急躁型和忧郁型只是少数。不过，典型个性只能反映在少数旅游者身上，多数旅游者往往兼有其他类型个性的特征。在特定的环境中，人的个性往往会发生变化。因此，导游在向旅游者提供服务时要因人而异，要随时观察旅游者的情绪变化，及时调整，力争使导游服务更具针对性，获得令旅游者满意的效果。

（五）从分析心理变化来了解旅游者

旅游者来到异国他乡，由于生活环境和生活节奏的变化，在旅游的不同阶段，其心理活动也会随之发生变化。

1. 旅游初期阶段：求安全心理、求新心理

旅游者刚到目的地，较为兴奋激动，但人生地疏、语言不通，往往容易产生孤独感、茫然感和不安全感，唯恐发生不测，危及财产甚至生命。也就是说，在旅游初期阶段，旅游者求安全的心态表现得非常突出，因此，消除旅游者的不安全感成为导游的首要任务。旅游目的地全新的环境、奇异的景物、独特的民俗风情，使旅游者逐新猎奇的心理空前高涨，这在入境初期阶段表现得尤为突出，往往与不安全感并存。因此，在消除旅游者不安全心理的同时，导游要尽力安排富有特色的活动项目，满足他们的求新心理。

2. 旅游中期阶段：懒散心态、求全心理、群体心理

随着时间的推移、旅游活动的开展以及相互接触的增多，旅游团成员之间、旅游者与导游之间越来越熟悉，旅游者开始感到轻松愉快，会产生一种平缓、轻松的心态。但是，正由于这种心态的影响，旅游者往往忘却了控制自己，常常自行其是，甚至出现一些反常言行及放肆、傲慢、无理的行为。一方面，旅游者的个性充分暴露，有些旅游者开始出现懒散心态，如时间观念较差，群体观念弱，游览活动中自由散漫，到处丢三落四，旅游团内部的矛盾逐渐显现等。另一方面，旅游者把旅游活动理想化，希望在异国他乡能享受到在家中不可能得到的服务，希望旅游活动的一切都是美好的、理想的，从而产生生活上、心理上的过高要求，对旅游服务横加挑剔，求全责备，求全心理非常明显。另外，由于旅游者的思考力和判断力减弱，如果团内出现思辨能力较强而又大胆直言的“领袖人物”时，其他旅游者便会不假思索地附和他，唯其马首是瞻，不知不

觉地陷入一种人云亦云、随波逐流的群体心理状态。

导游在旅游中期阶段的工作最为艰巨，也最容易出差错。因此，导游的精力必须高度集中，对任何事都不得掉以轻心。这个阶段也是对导游组织能力和独立处理问题能力的实战检验，是对其导游技能和心理素质的全面检阅，所以每个导游都应十分重视这个阶段的工作。

3. 旅游后期阶段：忙于个人事务

旅游活动后期，即将返程时，旅游者的心理波动较大，开始忙乱起来，譬如，与家庭及亲友联系突然增多，想购买称心如意的纪念品但又怕行李超重等。总之，他们希望有更多的时间处理个人事务。在这一阶段，导游应给旅游者留出充分的时间处理自己的事情，对他们的各种疑虑要尽可能耐心地解答，必要时做一些弥补和补救工作，使前一段时间未得到满足的个别要求得到满足。

二、调整旅游者的情绪

旅游者在旅游过程中，会随着自己的需要是否得到满足而产生不同的情感体验。如果他们的需要得到满足，就会产生愉快、满意、欢喜等肯定的、积极的情绪；反之则会产生烦恼、不满、懊恼甚至愤怒等否定的、消极的情绪。导游要善于从旅游者的言行举止和表情变化去了解他们的情绪，在发现旅游者出现消极或否定情绪后，应及时找出原因并采取相应措施来消除或进行调整。

（一）补偿法

补偿法，是指导游从物质上或精神上给旅游者以补偿，从而消除或弱化旅游者不满情绪的一种方法。譬如，如果没有按协议书上注明的标准提供相应的服务，应给旅游者以补偿，而且替代服务一般应高于原先的标准；如果因故无法满足旅游者的合理要求而导致其不满时，导游应实事求是地说明困难，诚恳地道歉，以求得旅游者的谅解，从而消除旅游者的消极情绪。

（二）分析法

分析法，是指导游将造成旅游者消极情绪的原委向旅游者讲清楚，并一分为二地分析事物的两面性及其与旅游者的得失关系的一种方法。譬如，由于交通原因不得不改变日程，旅游者要多花时间于旅途之中时，常常会引起他们的不满，甚至愤怒抗议。导游应耐心地向旅游者解释造成日程变更的客观原因，诚恳地表示歉意；并分析改变日程的利弊，强调其有利的一面或着重介绍新增加的游览内容的特色和趣味，这样往往能收到较好的效果。

（三）转移注意法

转移注意法，是指在旅游者产生烦闷或不快情绪时，导游有意识地转移旅游者的注意力，使其从不愉快、不顺心的事情转移到愉快、顺心的事情上。譬如，有的旅游者因对参观对象有不同意见而不快；有的旅游者因爬山时不慎划破了衣服而懊恼；有的旅游者因看到不愉快的现象产生联想而伤感等。导游除了说服或安慰旅游者，还可通过讲笑话、唱山歌、学说本地话或讲述民间故事等形式来活跃气氛，使旅游者的注意力转移到有趣的文娱活动上来。

三、激发旅游者的游兴

兴趣是人们力求认识某种事物或某种活动的倾向，这种倾向一经产生，就会出现积极主动、专注投入、聚精会神等心理状态，形成良好的游览心境。导游服务要取得良好的效果，需要导游在游览过程中激发旅游者的游兴，使旅游者自始至终沉浸在兴奋、愉悦的氛围之中。导游可从以下几方面激发旅游者的游兴。

（一）通过直观形象激发旅游者的游兴

导游应通过突出游览对象本身的直观形象来激发旅游者的游兴。

譬如：九寨沟所有的瀑布都是从密林里狂奔而出。其中诺日朗瀑布宽度居全国之冠，它在高高的翠岩上急泻倾挂，似巨幅画帘凌空飞落，雄浑壮丽。跌落之水激溅起无数小水珠，化作迷茫的水雾。导游要引导旅游者从最佳的角度观赏，才能突出诺日朗瀑布的直观形象，使旅游者产生叹为观止的观感，激起旅游者强烈的兴趣。

（二）运用语言艺术激发旅游者的游兴

导游运用语言艺术可以调动旅游者的情绪，激发旅游者的游兴。譬如，通过讲解历史故事可激发旅游者对名胜古迹和民间艺术的探索；通过朗诵名诗佳句可激起旅游者漫游名山大川的豪情；通过提出生动有趣的问题引起旅游者的思考和探讨。这样营造出的融洽、愉快的氛围可使旅游者的游兴更加浓烈。

（三）通过组织文娱活动激发旅游者的游兴

一次成功的旅游活动，仅有导游讲解是远远不够的，导游还应抓住时机，组织丰富多彩的文娱活动，动员全团旅游者共同营造愉快氛围。例如，在旅游活动开始不久，导游请旅游者们做自我介绍，以加速彼此之间的了解，同时还可以发现旅游者的特长，如所去景点的路途较远，导游可在途中组织旅游者唱歌、猜谜语、做游戏，教外国旅游者数数、学说中国话等。如果团内有多才多艺的旅游者，可请他出来主持或表演等。导游也应有一两手“绝活”，来回报旅游者的盛情邀请。如有的导游会演奏民族乐器，常带着唢呐、笛子上团；有的导游会唱山歌，常在途中为旅游者即兴演唱，使旅游者惊叹不已，对传统民间艺术兴趣倍增。

(四)使用声像导游手段激发旅游者的游兴

声像导游是导游服务重要的辅助手段之一，每天去景点游览之前，导游如能先为旅游者放映一些内容相关的幻灯片、录像或光盘，往往能收到事半功倍的效果。有时有些景点因受客观条件限制或因旅游者体力不支，旅游者难以看到景点的全貌，留下不少的缺憾，通过声像导游可以弥补这一缺憾，给旅游者留下完整的、美好的印象。如果是在旅游车上进行导游讲解，导游还可利用车上的音响设备配上适当的音乐，或在讲解间歇时播放一些有着浓郁地方特色的歌曲、乐曲、戏曲等，使车厢内的气氛轻松愉快，让旅游者始终保持游兴和兴奋、愉悦的心情。

四、把握心理服务的要领

(一)尊重旅游者

尊重人是人际关系中的一项基本准则。尊重旅游者，就是要尊重旅游者的人格和愿望。旅游者对于能否在旅游目的地受到尊重非常敏感。他们希望在同旅游目的地的人们的交往中，人格得到尊重，意见和建议得到尊重；希望在精神上能得到在本国、本地区所得不到的满足；希望要求得到重视，生活得到关心和帮助。旅游者希望得到尊重是正常的、合理的，也是起码的要求。导游必须明白，只有当旅游者生活在热情友好的气氛中，自我尊重的需求得到满足时，为他提供的各种服务才有可能发挥作用。

“扬他人之长，隐其之短”是尊重人的一种重要做法，在旅游活动中，导游要妥善安排，让旅游者进行“参与性”活动，使其获得自我成就感，增强自豪感，从而在心理上获得极大的满足。

(二)微笑服务

微笑是自信的象征，是友谊的表示，是和睦相处、合作愉快的反映；微笑还是一种无声的语言，有强化有声语言、沟通情感的功能，还有助于增强交际效果。在旅游服务中，微笑具有特别的魅力。

20 世纪 30 年代，西方国家饭店业受经济危机影响，呈现出大萧条的局面。希尔顿饭店集团的创始人康纳 · 希尔顿却告诫他的员工：“我请各位切记，万万不可把我们心理上的愁云摆在脸上，无论遇到多大的困难，希尔顿饭店员工脸上的微笑永远是属于顾客的阳光。”微笑服务正是希尔顿饭店成功的秘诀之一。

导游若想向旅游者提供成功的心理服务，就得学会笑口常开，“笑迎天下客”。

（三）使用柔性语言

“一句话能把人说笑，也能把人说跳。”导游有时一句话说好了会使旅游者感到高兴；有时一不小心，甚至是无意中的一句话，就有可能伤害旅游者的自尊心。因此，导游在与旅游者交往时必须注意自己的语言表达方式，与旅游者说话要避免使用“铿锵有力”“掷地有声”的刚性语言。要尽量做到语气亲切、语调柔和、措辞委婉、说理自然，常用商讨的口吻与旅游者说话，这样的“柔性语言”既使人愉悦，又有较强的说服力，往往能达到以柔克刚的效果。

（四）与旅游者建立“伙伴关系”

旅游活动中，旅游者不仅是导游的服务对象，也是合作伙伴，只有旅游者的通力合作，旅游活动才能顺利进行，导游服务才能取得良好的效果。要想获得旅游者的合作，导游应设法与旅游者建立“伙伴关系”。一方面，导游可通过诚恳的态度、热情周到的服务、谦虚谨慎的作风、让旅游者获得自我成就感等方式与旅游者建立合乎道德的正常理性的情感关系。当然，这种情感关系应是面对每一位旅游者的，绝不能厚此薄彼。另一方面，导游在与旅游者交往时还应把握正确的心理状态，尊重旅游者，与旅游者保持平行性交往。

（五）提供个性化服务

个性化服务是导游在做好规范化服务的同时，针对旅游者个别要求而提供的服务。个性化服务虽然针对的只是个别旅游者的个别需求，有时甚至只是旅游过程中的一些琐碎小事，但是，做好这类小事往往会起到事半功倍的效果，尤其是对注意细节的西方旅游者而言，可使他们感受到导游求真务实的作风和为旅游者分忧解难的精神，从而产生对导游的信任。“细微之处见真情”，讲的就是这个道理。

提供个性化服务并不容易，关键在于导游要将旅游者“放在心中”，眼中“有活儿”，善于把握时机主动服务。个性化服务要求导游要了解旅游者，用热情主动的服务尽力满足其合理要求。此外，个性化服务只有与规范化服务完美地结合才是优质的导游服务。

第三节　导游引导旅游者审美的技巧

旅游活动是一项寻觅美、欣赏美、享受美的综合性审美活动。它不仅能满足人们爱美、求美之需求，而且能起到净化情感、陶冶情操、增长知识的作用。

俄罗斯教育家乌申斯基说：“……美丽的城郭，馥郁的山谷，凹凸起伏的原野，蔷薇色的春天和金黄色的秋天，难道不是我们的老师吗？……我深信，美丽的风景对青年气质发展具有的教育作用，是老师都很难与之竞争的。”

因此，导游在带团旅游时，应重视旅游的美育作用，正确引导旅游者观景赏美。

一、传递正确的审美信息

旅游者来到旅游目的地，由于对其旅游景观，特别是对人文景观的社会、艺术背景不了解，审美情趣会受到很大的影响，往往不知其美在何处，从何处着手欣赏。作为旅游者观景赏美的向导，导游首先应把正确的审美信息传递给旅游者，帮助旅游者在观赏旅游景观时，感觉、理解、领悟其中的奥妙和内在的美。

譬如：欣赏昆明大观楼，重在欣赏其悬于楼前的 180 字长联。上联突出一个“赏”字，写滇池四周风光，像一幅山水画；下联重在一个“叹”字，记云南历史，如一篇叙事史诗。讲透气势磅礴、意境高远的“海内第一长联”，可帮助旅游者更好地领略大观楼的审美意境。

又如，游览汉阳古琴台，导游除了要向旅游者讲解“俞伯牙摔琴谢知音”的传说故事外，还应引导旅游者欣赏古琴台这座规模不大但布局精巧的园林，介绍古琴台依山就势，巧用借景手法，把龟山月湖巧妙地借过来，构成一个广阔深远的艺术境界的特色。

当然，向旅游者传递正确的审美信息，导游首先应注意所传递的信息是准确无误的，很难想象在游览腾冲火山热海时，导游致欢迎词“欢迎大家来到腾冲市火山热海 5A 级旅游风景区”，内行的旅游者听后会是一种什么感觉。

二、分析旅游者的审美感受

旅游者在欣赏不同的景观时会获得不同的审美感受，但有时旅游者在观照同一审美对象时，其审美感受也不尽相同，甚至表现出不同的美感层次。我国著名美学家李泽厚就将审美感受分为“悦耳悦目”、“悦心悦意”和“悦志悦神”三个层次。

（一）悦耳悦目

悦耳悦目，是指审美主体以耳、目为主的全部审美感官所体验的愉快感受，这种美感通常以直觉为特征，仿佛主体在与审美对象的直接交融中，不假思索便可于瞬间感受到审美对象的美，同时唤起感官的满足和愉悦。

譬如，漫步于江苏西山国家森林公园之中，当旅游者看到以绿色为主的自然色调，呼吸到富含负氧离子的清新空气，嗅到沁人心脾的花香，听到林间百鸟鸣唱，就会不自觉地陶醉其中，从而进入“悦耳悦目”的审美境界。

（二）悦心悦意

悦心悦意，是指审美主体透过眼前或耳边具有审美价值的感性形象，在无目的中直观地领悟到对方某些较为深刻的意蕴，获得审美享受和情感升华，这种美感是一种意会，有时很难用语言加以充分而准确的表述。

譬如，观赏齐白石的画，旅游者感到的不只是草木鱼虾，而是一种悠然自得、鲜活洒脱的情思意趣；泛舟沱江之上，聆听土家族姑娘优美动人的歌声，旅游者感受到的不只是音响、节奏与旋律的形式美，而是一种饱含着甜蜜和深情的爱情信息流或充满青春美的心声。

这些较高层次的审美感受，使旅游者的情感升华到一种欢快愉悦的状态，进入了较高的艺术境界。

（三）悦志悦神

悦志悦神，是指审美主体在观照审美对象时，经由感知、想象、情感、理解等心理功能交互作用，从而唤起的那种精神意志上的昂奋和伦理道德上的超越感。它是审美感受的最高层次，体现了审美主体大彻大悟，从小我进入大我的超越感，体现了审美主体和审美对象的高度和谐统一。

譬如，乘船游览长江、黄河，会唤起旅游者的思旧怀古之情，使旅游者产生深沉崇高的历史责任感；登上八达岭长城俯瞰长城内外，会激起旅游者的壮志豪情，使旅游者产生强烈的民族自豪感。

导游应根据旅游者的个性特征，分析他们的审美感受，有针对性地进行导游讲解，使具有不同审美层次的旅游者都能获得审美愉悦和精神享受。

三、激发旅游者的想象思维

观景赏美是客观风光环境和主观情感结合的过程。人们在观景赏美时离不开丰富而自由的想象，譬如泰山登山路旁的一块摩崖刻石，上刻二字（图6-1），如果没有发挥想象，我们很难体会隐喻其中的“风月无边”的意境。人的审美活动是以审美对象为依据，经过积极的思维活动，调动已有的知识和经验，进行美的再创造的过程。一些旅游景观，尤其是人文景观的导游讲解，需要导游制造意境，进行美的再创造，才能激起旅游者的游兴。

图 6-1　泰山摩崖刻石

譬如，游览西安半坡遗址，导游面对那些打磨的石器、造型粗糙的陶器，只是向旅游者平平淡淡地介绍这是什么、那是什么，旅游者就会感到枯燥乏味。如果导游在讲解中营造出一种意境，为旅游者勾画出一幅半坡先民们集体劳动、共同生活的场景："在 6000 年前的黄河流域，就在我们脚下的这片土地上，妇女们在田野上从事农业生产，男人们在丛林中狩猎、在河流中捕鱼，老人和孩子们在采摘野果。太阳落山了，村民们聚集在熊熊燃烧的篝火旁童叟无欺、公平合理地分配着辛勤劳动的成果，欢声笑语此起彼伏……半坡先民们就是这样依靠集体的力量向大自然索取衣食，用辛勤艰苦的劳动创造了光辉灿烂的新石器文化。"旅游者们就会产生浓厚的兴趣，时而屏息细听，时而凝神遐想，旅游者的想象思维被充分激发出来，导游境界也得到了升华。

四、灵活掌握观景赏美的方法

（一）动态观赏和静态观赏

无论是山水风光还是古建园林，任何风景都不是单一的、孤立的、不变的画面形象，而是活泼的、生动的、多变的、连续的整体。旅游者漫步于景物之中，步移景异，从而获得空间进程的流动美，这就是动态观赏。

譬如，在浙江的千岛湖中泛舟，游人既可欣赏山上的树木葱茏、百花竞艳，也可领略水上的浮光跃金、沙鸥翔集；还有镶嵌在绿波之上的 1000 多个岛屿，灿灿地撩你的思绪，楚楚地勾你的魂魄，让你在移动中流连忘返。

然而，在某一特定空间，观赏者停留片刻，选择最佳位置驻足观赏，通过感觉、联想来欣赏美、体验美感，这就是静态观赏。这种观赏形式时间较长、感受较深，人们可获得特殊的美的享受。

譬如，在庐山花径景区云雾缭绕的如琴湖畔，驻足于繁花似锦的花径公园，吟诵白居易的著名诗篇《大林寺桃花》，引人遐想，令人陶醉。

（二）观赏距离和观赏角度

距离和角度是两个不可或缺的观景赏美因素。自然美景千姿百态，变幻无穷，一些似人似物的奇峰巧石，只有从一定的空间距离和特定的角度去看，才能领略其风姿。

譬如，旅游者在长江游轮上观赏长江三峡神女峰，远远望去，朦胧中看到的是一尊丰姿秀逸、亭亭玉立的中国美女雕像，然而若借助望远镜观赏，旅游者定会大失所望，因为看到的只是一堆石头而已，毫无美感可言。

又如，在黄山半山寺望天都峰山腰，有堆巧石状似公鸡，头朝天门，振翅欲啼，人称“金鸡叫天门”，但到了龙蟠坡，观看同一堆石头，看到的则似五位老翁在携杖登险峰，构成了“五老上天都”的美景。

这些都是由于空间距离和观赏角度不同造就的不同景观。导游带团游览时要善于引导旅游者从最佳距离、最佳角度去观赏风景，使其获得美感。

除空间距离外，旅游者观景赏美还应把握心理距离。心理距离是指人与物之间暂时建立的一种相对超然的审美关系。在审美过程中，旅游者只有真正从心理上超脱于日常生活中功利的、伦理的、社会的考虑，摆脱私心杂念，超然物外，才能真正获得审美的愉悦，否则就不可能获得美感。

譬如，深海恐惧症患者不可能领略大海的波澜壮阔，刚失去亲人的旅游者欣赏不了地下宫殿的宏伟等。常年生活在风景名胜中的人往往对周围的美景熟视无睹，也不一定能获得观景赏美带来的愉悦，“不识庐山真面目，只缘身在此山中”就说明了这个道理。

（三）观赏时机和观赏节奏

观赏美景要掌握好时机，即掌握好季节、时间和气象的变化。清明踏青、重阳登高、春看兰花、秋赏红叶、冬观蜡梅等都是自然万物的时令变化规律造成的观景赏美活动。

譬如，观赏山景，北宋郭熙在《林泉高致》中告诉游人：“真山水之烟岚，四时不同，春山淡冶而如笑，夏山苍翠而如滴，秋山明净而如妆，冬山惨淡而如睡。”

变幻莫测的气候景观是欣赏自然美景的一个重要内容。譬如，在泰山之巅观日出，在峨眉山顶看佛光，在庐山小天池欣赏瀑布云，在蓬莱阁观赏海市蜃楼，这些都是因时间的流逝、光照的转换造成的美景，而观赏这些自然美景，就必须把握住稍纵即逝的观赏时机。

观景赏美是为了让旅游者愉悦身心、获得享受，如果观赏速度太快，不仅使旅游者筋疲力尽达不到观赏目的，还会损害他们的身心健康，甚至会影响旅游活动的顺利进行，因此导游要注意调节观赏节奏。

1. 有张有弛，劳逸结合

导游要根据旅游团成员的实际情况安排有弹性的活动日程，努力使旅游审美活动既丰富多彩又松紧相宜，让旅游者在轻松自然的活动中获得最大限度的美的享受。

2. 有急有缓，快慢相宜

在审美活动中，导游要视具体情况把握好游览速度和导游讲解的节奏，哪儿该快、哪儿该慢，哪儿多讲、哪儿少讲甚至不讲，必须做到心中有数。对年轻人讲得快一点、走得快一点、活动多一点；对老年人则相反。如果旅游者的年龄相差悬殊、体质差异大，要注意既让年轻人的充沛精力有发挥的余地，又不使年老体弱者过于劳累。总之，观赏节奏要因人、因时、因地随时调整。

3. 有讲有停，导、游结合

导游讲解是必不可少的，通过讲解和指点，旅游者可适时地、正确地观赏到美景，但在特定的地点、特定的时间让旅游者去凝神遐想，去领略、体悟景观之美，往往会收到更好的审美效果。

总之，在旅游过程中，导游应力争使观赏节奏适合旅游者的生理负荷、心理动态和审美情趣，安排好行程，组织好审美活动，让旅游者感到既顺乎自然又轻松自如。只有这样，旅游者才能获得旅游的乐趣和美的享受。

第四节　导游组织和协调的技巧

旅游团是一个特殊的群体，旅游者参团旅游的动机各异，兴趣爱好各不相同。因此，导游应该具备良好的组织协调能力，合理安排旅游团的各项旅游活动。

一、旅游活动的组织安排技巧

（一）灵活搭配活动内容

灵活机动地安排游览活动是导游组织协调能力的重要体现。导游界有句行话："有张有弛，先张后弛。"这就说明导游在带团过程中应该掌握游览活动的节奏，遵循"旅速游缓""先远后近""先高后低"的原则。只有这样，才能带好旅游团。

导游是组织游览活动的核心，旅游活动在内容和节奏上是否搭配得当，会直接影响旅游者的情绪和心理。导游搭配活动内容时，首先，应注意游览景点安排要避免雷同，这是因为旅游者在旅游活动中需求内容是不断变化的；其次，游览要与购物、娱乐相结合，只有游览与购物、娱乐结合得好，才可以满足旅游者的多样化需求。

（二）科学安排旅游者饮食

旅游者在旅游活动中的饮食非常重要，只有吃得饱，才有精力去旅游；只有吃得好，才能游得好；只有吃得干净、吃得卫生，才能游得愉快、游得顺利。但是，出门在外，不同往日在家里，导游在安排饮食时，要提醒旅游者特别注意饮食卫生，防止偏食，少吃生冷食物，防止消化不良。

（三）尽快安排旅游者入住

旅游团抵达下榻的饭店后，导游要尽快安排旅游者入住。其主要技巧有以下几个方面。

（1）要安排好旅游者，在大厅找椅子让旅游者坐下休息，顺手拿些饭店介绍、景点介绍让旅游者看。旅游者有了可看之物，引起兴趣，就不会因干等而着急。

（2）拿到房卡后，立即走到大家休息的地方，将房卡一一发给大家，同时请地陪导游帮忙将房号登记在旅游者名单上。然后将安顿好的名单交给前台，复印三份，一份留给前台，一份给地陪导游，一份留给自己。技巧的关键是想得周到，准备工作做得好，到时才不会忙乱。

（3）旅游者陆续进入房间，要与地陪导游认真做好以下服务工作：一是教会旅游者使用房卡；二是帮助旅游者安排好行李，使行李迅速入房；三是帮助旅游者看看房间是否已打扫干净，有些饭店服务欠佳，尤其旅游旺季时，常常出现差错。

（四）注意旅行服务技巧

导游带团乘坐任何交通工具时，按国际惯例，都要第一个下，最后一个上，这样便于照顾好旅游者。乘坐交通工具安全第一，还要注意掌握一些必要的技巧。

1. 带团乘机的技巧

乘坐飞机时，导游一般应当最后上机，这样可以确保全团都顺利登上飞机；导游应尽量选择坐在旅游者中间靠走道的位置，以便在飞行时照料自己的旅游者；下飞机后应当抢先到达出站口，因为只有导游才认识前来迎接的地陪导游。

在整个乘机过程中，导游应特别注意以下几点。

（1）购票后，要检查机票信息，防止出现乘机人姓名同音字错误。并了解乘机注意事项，一定要按时抵达机场等候。

（2）到机场办理登机手续，导游应请旅游者带好机票、身份证、登机牌等，过安全检查，等候上机。

（3）上机后，如有晕机经历者，可提醒旅游者吃晕机药。在飞机上如有旅游者出现晕机反应，导游可提醒旅游者闭目养神，避免走动。若严重，可与空乘人员联系。

（4）上机后，听从空乘人员安排，请旅游者仔细听空乘人员介绍安全知识。一般来讲，空乘人员都能热情服务，所以，在飞机上有什么问题，有什么要求，可以随时向空乘人员提出。

（5）到达时，听从空乘人员安排，按顺序下机，提醒大家不要忘记取自己的行李，如果行李出现损坏现象，要及时到航空公司的办事处登记索赔。

2. 带团乘火车的技巧

火车是旅游重要的交通工具。乘火车旅游，可以欣赏途中景色，特别是田园风光，这是飞机难以做到的，所以很受旅游者欢迎。

乘坐火车时，导游要尽量把自己安排在位于旅游者中间的铺位或座位，要经常走动，关照每一位旅游者。在分配位置时，注意旅游者之间的关系，尽量把一家人、夫妻、情侣分配在相邻的铺位或座位。选择乘火车，导游要注意以下技巧。

（1）购得火车票后，要检查票面，千万不要乘错车次。

（2）到车站后，听广播和服务员召唤，千万不要误了车次，如遇排队，导游领头靠前，请团长负责其后，以便前后照料。

（3）上车后，找好铺位或座位，找不到时可请乘务员协助。

（4）上车后，要安排好车上生活，要经常提醒旅游者活动一下身体，防止不适。

（5）注意车上广播，关照大家提前做好下车准备。一般来说，下一站的导游会在出站口迎接大家。请大家安心服从安排。

（五）引导旅游者理性购物

1. 帮助旅游者制订“购物计划”

中国人有个习惯，叫“穷家富路”，就是说在家里日子可以过得俭朴些，一旦外出就要多带些钱，花着方便些，尤其现在我国移动支付非常方便快捷，更容易使一些旅游者在旅游过程中见什么买什么，结果回来一看，买了很多没有意义的东西，造成浪费。

一些外国或外地旅游者来到商店后，会拿出个小本，上写应购些什么，甚至还分门别类。在这种情况下，导游可帮助旅游者制订一个“购物计划”，并让旅游者对旅游商品有所了解。一般而言，旅游购物品主要包括：①旅游工艺品，如饰物、手编、民间工艺品等；②旅游纪念品，如带有当地景观的小型纪念品，如泰山手杖、长城纪念章等；③土特产品，如贵州茅台、云南白药、东北人参、苏杭丝绸等；④旅游食品，以及旅游日用品。

2. 引导旅游者学会理性购物

导游应善于教会旅游者理性购物，避免上当受骗。首先，导游要告诉旅游者，购物的首要原则是“少买吃的，多买用的”。一些旅游者旅行回来，满载而归。但几个月后就发现，所购吃食，不是变质就是坏掉，不得不扔掉。另有一些旅游者，刚刚到家就发现食品不能食用了，后悔不迭。但一些用的东西，大部分都能派上用场。纪念性的物品，时间越久，其价值越大，每每拿出，展示给友人，总能带来些欢娱。

其次，导游要提醒旅游者，购物时应坚持“三要”。许多旅游者购物时都有“从众心理”，别人买样东西，也不管自己需不需要、喜不喜欢，一哄而起，就跟着买。在这种情况下，小商贩最易搞骗术，而旅游者也最易上当。所以，应建议旅游者做到“三要”：一是要买自己喜欢的物品，二是买东西一定要商家开“发票”，三是贵重物品一定要“保单”。

二、导游的协作技巧

导游工作是联系各项旅游服务的纽带和桥梁，导游在带团时离不开其他相关旅游服务部门和工作人员的协作。

（一）全陪导游（地陪导游）与领队的协作

在接待外国旅游团时，领队是受海外旅行社委派，全权代表该旅行社带领旅游团从事旅游活动的人员。在旅游团中，领队既是海外旅行社的代表，又是旅游者的代言人，还是导游服务集体中的一员，在海外社、组团社和地接社之间以及旅游者和导游之间起着桥梁作用。导游能否圆满完成任务，在很大程度上要靠领队的合作和支持，因此，处理好与领队的关系就成为导游不能忽视的重要内容。

1. 尊重领队，遇事与领队多磋商

带团到中国来旅游的领队，多数是职业领队，在海外旅行社任职多年并受过专业训练，对我国的情况尤其是我国旅游业的业内情况相当熟悉。他们服务周到细致，十分注意维护组团社的信誉和旅游者的权益，深受旅游者的信赖。

此类领队是中方旅行社长期合作的海外客户代表，也是旅游团中的“重点人物”，对他们一定要尊重。尊重领队就是遇事要与他们多磋商。旅游团抵达后，地陪导游要尽快与领队商定日程，如无原则问题应尽量考虑采纳领队的建议和要求。在遇到问题、处理事故时，全陪导游、地陪导游更要与领队磋商，争取领队的理解和支持。

2. 关心领队生活，支持领队工作

职业领队常年在异国他乡履行自己的使命，进行着重复性的工作，十分辛苦。由于其“特殊的身份”，旅游者一般只会要求领队如何关心自己而很少去主动关心领队。因此，导游如果在生活上对领队表示关心、在工作上给予领队支持，领队会很感动。当领队的工作不顺利或旅游者对其不理解时，导游应主动助其一臂之力，能办到的事情尽量给予帮助，办不到的多向旅游者解释，为领队解围。但要注意，支持领队的工作并不是取代领队，导游应把握好尺度。此外，作为旅游团中的“重点人物”，导游给领队以照顾或提供方便应掌握分寸，不要引起旅游者的误会和心理上的不平衡。

3. 多给领队荣誉，调动其积极性

要想处理好与领队的关系，导游还要随时注意给领队面子，遇到一些显示权威的场合，应多让领队尤其是职业领队出头露面，使其博得旅游者们的好评，如游览日程商定后，地陪导游应请领队向全团旅游者宣布。只要导游真诚地对待领队，多给领队荣誉，领队一般也会领悟到导游的良苦用心，从而采取合作的态度。

4. 灵活应变，掌握工作的主动权

由于旅游团成员对领队工作的评价会直接影响到领队的进退得失，所以有的领队为讨好旅游者而对导游指手画脚，当着全团旅游者的面“抢话筒”，一再提“新主意”，给导游出难题，使地陪导游的工作比较被动。遇到类似情况，地陪导游应采取措施变被动为主动，对于“抢话筒”的领队，地陪导游既不能马上反抢话筒，也不能听之任之，而应灵活应变，选择适当的时机给予纠正，让旅游者感到“还是地陪导游讲得好”。这样，导游既表明了自己的态度又不失风范，工作上也更为主动了。

5. 争取旅游者支持，避免正面冲突

在导游服务中，接待方导游与领队在某些问题上有分歧是正常现象。一旦出现此类情况，接待方导游要主动与领队沟通，力求及早消除误解。对那些工作不熟练、个性突出且难以合作的领队，导游要沉着冷静，坚持原则，分清是非，对违反合同内容、不合理的要求不能迁就；对于某些带侮辱性的或“过火”的言辞不能置之不理，要根据“有理、有利、有节”的原则讲清道理，使其主动道歉，但要注意避免与领队发生正面冲突。有时领队提出的做法行不通，导游无论怎样解释说明，领队仍固执己见。这时导游就要向全团旅游者讲明情况，争取大多数旅游者的理解和支持。但要注意，即使领队的意见被证明不对也不能把领队“逼到绝路”，要设法给领队台阶下，以维护领队的自尊和威信，争取以后的合作。

（二）全陪导游与地陪导游的协作

无论是全陪导游还是地陪导游，都有一个与对方配合的问题。协作成功的关键是各自应把握好自身的角色或位置，找准个人的定位。要充分认识到虽然各自受不同旅行社的委派，但都是旅游服务的提供者，都在执行同一个协议，彼此间是相互平等的关系。

全陪导游或地陪导游正确的做法应该是：首先，要尊重对方，努力与合作者建立良好的人际关系；其次，要善于向对方学习，有事多请教；最后，要坚持原则，平等协商。如果对方“打个人小算盘”，提出改变活动日程、减少参观游览时间、增加购物等不正确的做法，全陪导游或地陪导游应向其讲清道理，尽量说服并按计划执行，如对方仍坚持己见、一意孤行，应采取必要的措施并及时向地接社反映。

三、导游与司机的协作

旅游车司机在旅游活动中扮演着非常重要的角色，司机一般熟悉旅游线路和路况，经验丰富，导游与司机配合得好坏，是导游服务工作能否顺利进行的重要因素之一。

（一）及时向司机通报相关信息

旅游线路有变化时，导游应提前告诉司机；如果接待的是外国旅游者，在旅游车到达景点时，导游用外语向旅游者宣布集合时间、地点后，要记住用中文告诉司机。

（二）协助司机做好安全行车工作

大部分旅游车的司机具有丰富的驾驶经验，可以胜任旅游团的安全驾驶任务。但有些时候，导游适当给予协助能够减轻司机的工作压力，便于更好地开展工作。导游可为司机做的一些小事情，包括：遇到险情，由司机保护车辆和旅游者，导游去求援；在行车途中不要与司机闲聊，以免影响驾驶安全等。

（三）征求司机对日程安排的建议

导游在旅游过程中应注意倾听司机的建议，从而使司机产生团队观念和被信任感，积极参与导游服务工作，帮助导游顺利完成带团的工作任务。

四、导游做好集体协作

旅游产品是一种组合性的整体产品，不仅包括沿线的旅游景点，还包括沿线提供的交通、食宿、购物、娱乐等各种旅游设施和服务，需要旅行社、饭店、景点和交通、购物、娱乐部门等旅游接待单位的高度协作。作为旅行社的代表，导游应处理好与旅游接待单位的协作。

（一）及时协调，衔接好各环节的工作

导游在服务过程中要与饭店、车队、机场（车站、码头）、景点、商店等许多部门和单位打交道，其中任何一个接待单位或服务工作中的某一环节出现失误和差错，都可能导致“一着不慎，满盘皆输”的不良后果。导游在服务工作中要善于发现或预见各项旅游服务中可能出现的差错和失误，通过各种手段及时予以协调，使各个接待单位的供给正常有序。譬如，旅游团活动日程变更涉及用餐、用房、用车时，地陪导游要及时通知相关的旅游接待单位并进行协调，以保证旅游团的食、住、行能有序地衔接。

（二）主动配合，争取协作单位的帮助

导游服务工作的特点之一是独立性强，导游一人在外独立带团，常常会有意外或紧急情况发生，仅靠导游一己之力，问题往往难以解决，因此导游要善于利用与各地旅游接待单位的协作关系，主动与协作单位有关人员配合，争取得到他们的帮助。譬如，迎接散客时，为避免漏接，地陪导游可请司机站在另一个出口处举牌帮助迎接；又如，旅游团离站时，个别旅游者到达机场后发现自己的贵重物品遗忘在饭店客房内，导游可请求饭店协助查找，找到后将物品立即送到机场或快递给旅游者。

第五节　导游接待不同类型旅游者的技巧

旅游者来自不同的国家和地区，他们在年龄、职业、宗教信仰、社会地位等方面存在较大的差异，有些旅游者甚至非同一般，特点尤为突出，导游必须针对不同类型旅游者给予特别重视和关照。

一、儿童的接待技巧

出于增长见识、健身益智的目的，越来越多的旅游者喜欢携带自己的子女一同到目的地旅游，其中不乏一些少年儿童。导游应在做好旅游团中成年旅游者旅游工作的同时，根据儿童的生理和心理特点，做好专门的接待工作。

（一）注意儿童的安全

儿童旅游者，尤其是 2~6 岁的儿童，天性活泼好动，因此要特别注意他们的安全。地陪导游可酌情讲些有趣的童话和小故事吸引他们，既活跃了气氛，又使他们不到处乱跑，保证了安全。

（二）掌握"四不宜"原则

对有儿童的旅游团，导游应掌握"四不宜"的原则：不宜为讨好儿童而给其买食物、玩具；不宜在旅游活动中突出儿童，而冷落其他旅游者；即使家长同意也不宜单独带儿童外出活动；儿童生病，应及时建议家长请医生诊治，而不宜建议其给孩子服药，更不能提供药品给儿童服用。

（三）对儿童多给予关照

导游对儿童的饮食起居要特别关心，多给一些关照。如天气变化时，要及时提醒家长给孩子增减衣服，如果天气干燥，还要提醒家长多给孩子喝水等；用餐前，考虑到儿童个子小，地陪导游应先给餐厅打电话，请餐厅准备好儿童座椅和刀、叉、勺等一些儿童餐具，以减少其用餐时的不便。

（四）注意儿童的收费标准

根据儿童不同的年龄或身高，有不同的收费标准和规定，如机（车、船）票、住房、用餐等，导游应特别注意。

二、高龄旅游者的接待技巧

在我国入境旅游和国内旅游市场，老年旅游者均占有较大的比例，而在这些老年旅游者中还有年龄在 80 岁以上的高龄旅游者。尊敬老人是中华民族的传统美德，因此，导游应通过谦恭尊敬的态度、体贴入微的关怀以及不辞辛苦的服务做好高龄旅游者的接待工作。

（一）妥善安排日程

导游应根据高龄旅游者的生理特点和身体情况，妥善安排好日程。

首先，日程安排不要太紧，活动量不宜过大、项目不宜过多，在不减少项目的情况下，尽量选择便捷线路和有代表性的景观，少而精，以细看、慢讲为宜。其次，应适当增加休息时间。参观游览时可在上午、下午各安排一次中间休息，在晚餐和看节目之前，应安排回饭店休息一会儿，晚间活动后不要回饭店太晚。最后，带高龄旅游者团不能用激将法和诱导法，以免旅游者体力消耗大，发生危险。

（二）做好提醒工作

高龄旅游者由于年龄大，记忆力减退，导游首先应每天重复讲解第二天的活动日程并提醒注意事项。如预报天气情况、提醒增减衣服、带好雨具、穿上旅游鞋等。进入游人多的景点时，要反复提醒他们提高警惕，带好自己的随身物品。

如接待外国高龄旅游者，由于其对人民币不熟悉，加上年纪大、视力差，使用起来较困难。为了使用方便或不被人蒙骗，地陪导游应提醒其准备适量的小面值人民币。

此外，由于饮食习惯和生理上的原因，带高龄旅游者团队，地陪导游还应适当增加去厕所的次数。

（三）注意放慢速度

高龄旅游者大多数腿脚不太灵活，有时甚至力不从心。地陪导游在带团游览时，一定要注意放慢行走速度，照顾走得慢或落在后面的高龄旅游者，选台阶少、较平坦的地方走，以防摔倒碰伤。在向高龄旅游者讲解时，导游也应适当放慢语速、提高音量，吐字要清楚，必要时还要多重复几遍。

（四）耐心解答问题

老年旅游者在旅游过程中喜欢提问题，好刨根问底，再加上年纪大，记忆力不好，一个问题经常重复问几遍，遇到这种情况，导游不应表示反感，要耐心、不厌其烦地给予解答。

（五）预防旅游者走失

每到一个景点，地陪导游要不怕麻烦、反复多次地告诉高龄旅游者旅游线路及旅游车停车的地点，尤其是上下车地点不同的景点，一定要提醒高龄旅游者记住停车地点。另外，要提前嘱咐高龄旅游者，一旦发现找不到团队，千万不要着急，不要到处乱走，要在原地等待导游的到来。

（六）尊重西方传统

许多西方老年旅游者，在旅游活动中不愿过多地受到导游的特别照顾，认为那是对他们的侮辱，显示出他们是无用之人。因此，对此类旅游者应尊重西方传统，注意照顾方式。

三、残障旅游者的接待技巧

在旅游团队中，有时会有聋哑、截瘫、视力障碍（盲人）等残障旅游者，他们克服了许多常人难以想象的困难来旅游。残障旅游者的自尊心和独立性特别强，虽然他们需要关照，但又不愿给别人增添麻烦。因此，在接待残障旅游者时，导游要特别注意方式方法，既要热情周到，尽可能地为他们提供方便，又要不给他们带来压力或伤害他们的自尊心，真正做到让其乘兴而来、满意而归。

（一）适时、恰当的关心照顾

接到残障旅游者后，导游首先应适时地询问他们需要什么帮助，但不宜问候过多，如果过多地当众关心照顾，反而会使他们反感。如果残障旅游者不主动介绍，导游不要打听其残障的原因，以免引起不快。导游在工作中要时刻关注残障旅游者，注意他们的行踪，并给予恰当的照顾。尤其是在安排活动时，要多考虑残障旅游者的生理条件和特殊需要，譬如选择线路时尽量不走或少走台阶、提前告诉他们洗手间的位置、通知餐厅安排在一层餐厅就餐等。

（二）具体、周到的导游服务

对不同类型的残障旅游者，导游服务应具有针对性。

接待聋哑旅游者要安排他们在车上前排就座，因为他们需要通过导游讲解时的口型来了解讲解的内容。为了让他们获得更多的信息，导游还应有意面向他们放慢讲解的速度。

对截瘫旅游者，导游应根据接待计划分析旅游者是否需要轮椅，如需要应提前做好准备。接团时，要与计调部或有关部门联系，最好派有行李箱的车，以便放轮椅或其他物品。

对有视力障碍的旅游者，导游应安排他们在前排就座，能用手触的地方、物品可以尽量让他们触摸。在导游讲解时可主动站在他们身边，讲解内容要力求细致生动，口语表达要更加准确、清晰，讲解速度也应适当放慢。

随堂练

案例

第七章 导游讲解技能

【学习目标】

掌握常用的导游讲解方法。

导游服务是一门艺术，它集表演艺术、语言艺术和综合艺术于一身，集中体现在导游讲解之中。因此，导游讲解往往被看作衡量导游水平高低的最为重要的技能。

对于导游讲解的内涵，许多专家学者和导游从业人员有着不尽相同的认识。我们认为，导游讲解就是导游以丰富多彩的社会生活和绚丽多姿的景观景物为题材，以兴趣爱好不同、审美情趣各异的旅游者为对象，对自己掌握的各类知识进行整理、加工和提炼，用简洁明快的语言进行的一种意境的再创造。

导游精彩的讲解，可使祖国的大好河山更加生动形象，使各地的民俗风情更加绚丽多姿，使沉睡千百年的文物古迹死而复活，使令人费解的自然奇观有了科学答案，使造型奇巧的工艺品栩栩如生，使风味独特的名点佳肴内涵丰富，从而使旅游者感到旅游生活妙趣横生，并留下经久难忘的印象。

第一节　实地导游讲解常用技法

一、概述法

概述法是导游就旅游城市或景区的地理、历史、社会、经济等情况向旅游者进行概括性的介绍，使其对即将参观游览的城市或景区有一个大致的了解和轮廓性认识的一种导游方法。这种方法多用于导游接到旅游团后坐车驶往下榻饭店的首次沿途导游中，也适用于游览较大的景点之前，在入口处示意图前进行的讲解。它犹如交响乐中的序曲，能起到引导旅游者进入特定的旅游意境、初步领略游览地奥秘的作用。

例如，用“概述法”介绍颐和园：

颐和园位于北京西北郊，距市区十多公里，是我国保存最完整的皇家园林。它始建于1750年，当时的中国正值清朝盛世时期，执掌朝政的是乾隆皇帝，他凭借自己对中国园林的理解和至高无上的权力，耗费大量国库银两，以“兴修水利”和“为母祝寿”之名，连续施工15年，建成了这座规模巨大的皇家御园“清漪园”。1860年它与圆明园一起，被侵入北京的英法联军焚毁;1888年，慈禧皇太后又将其重建，并改名为“颐和园”。

颐和园主要由万寿山和昆明湖组成，占地面积290公顷，其中水面面积约占四分之三。园内有大小建筑3000余间，约7万平方米。园林布局分为三个部分，即朝政办公区、帝后生活区和风景游览区。

我们今天的游览线路是：从东宫门进，首先进入朝政办公区，然后绕过仁寿殿，游览帝后生活区。从乐寿堂西侧进长廊，到达排云门后上山，到佛香阁、智慧海，再从原路返回。不愿上山的，可在排云殿前等候。全团集合好后，再沿长廊西行。乘船游览昆明湖，从南湖岛上岸，过十七孔桥，到新建宫门。(根据《走遍中国——中国优秀导游词精选·文物古迹篇》第55~56页改写)

二、分段讲解法

分段讲解法就是对那些规模较大、内容较丰富的景点，导游将其分为前后衔接的若干部分来逐段进行讲解的导游方法。

一般来说，导游可首先在前往景点的途中或在景点入口处的示意图前介绍景点概况（包括历史沿革、占地面积、主要景观名称、观赏价值等），使旅游者对即将游览的景点有个初步印象，达到“见树先见林”的效果。然后带团到景点按顺序进行游览，进行导游讲解。在讲解这一部分的景物时注意不要过多涉及下一部分的景物，目的是让旅游者对下一部分的景物充满期待，并使导游讲解环环相扣、景景相连。

例如，用“分段讲解法”介绍长江三峡，乘船自西往东游览长江三峡，导游就可将其分为五个部分来讲解。

（1）在游船观景台上介绍长江三峡概况：“长江三峡是瞿塘峡、巫峡和西陵峡三段峡谷的总称，西起重庆奉节的白帝城，东至湖北宜昌的南津关，全长约193公里。峡谷两岸悬崖绝壁，奇峰林立，江流逶迤湍急，风光绮丽，瞿塘峡素以雄伟险峻著称，巫峡一向以幽深秀丽为特色，西陵峡过去则以滩多水急闻名。

这种山环水绕、峡深水急的自然风光系由历次造山运动，特别是‘燕山运动’使地壳上升、河流深切而成，是大自然的鬼斧神工留下的经典之作。它与峡谷沿岸众多的名胜古迹相互融合，使长江三峡成为闻名遐迩的中国十大风景名胜区之一，并被中外旅游者评为‘中国旅游胜地40佳’之首。”

（2）船进瞿塘峡时，导游介绍：“瞿塘峡是长江三峡第一峡，从重庆奉节的白帝城到巫山的大溪镇，全长约8公里，是长江三峡中最短也是最雄奇险峻的峡谷。瞿塘峡中，高达1300多米的赤甲山、白盐山耸峙峡口两岸，形成一陡峻的峡门，称为夔门，素有‘夔门天下雄’之称……”

（3）船过巫峡时，导游再讲解：“巫峡是长江三峡第二峡，从重庆巫山县大宁河口到湖北巴东县官渡口，绵延44公里。巫峡口的长江支流大宁河全长300多公里，著名的‘小三峡’就位于其中。‘放舟下巫峡，心在十二峰’，巫峡中景色最秀丽、神话传说最多的就是十二峰，其中最为挺拔秀丽的是神女峰，峰顶有一突兀石柱，恰似亭亭玉立的少女……”

（4）船到西陵峡时，导游进一步介绍：“西陵峡为长江三峡第三峡，西起湖北秭归县的香溪口，东至湖北宜昌的南津关，全长66公里，历来以滩多水急著称，西陵峡西段自西向东依次为兵书宝剑峡、牛肝马肺峡和崆岭峡三个峡谷；西陵峡东段由灯影峡和黄猫峡组成……”

（5）最后再向旅游者讲解举世闻名的三峡工程。

三、突出重点法

突出重点法就是在导游讲解中不面面俱到，而是突出某一方面的导游方法。一处景点，要讲解的内容很多，导游必须根据不同的时空条件和对象区别对待，有的放矢地做到轻重搭配、重点突出、详略得当、疏密有致。导游讲解时一般要突出以下四个方面。

（一）突出景点的独特之处

旅游者来到目的地旅游，要参观游览的景点很多，其中不乏一些与国内其他地方类似的景点。导游在讲解时必须讲清这些景点的特征及与众不同之处，尤其在同一次旅游活动中参观多处类似景观时，更要突出介绍其特征。譬如，西岳华山虽不是五岳之首，但在五岳中却独具特色。首先，华山是五岳中海拔最高的山峰，其主峰南峰落雁峰海拔2154.9米。其次，华山以险而闻名于天下，其陡峭险峻位居五岳之首。常言道“自古华山一条路”，一路行过，必经千尺幢、百尺峡、老君犁沟、上天梯、苍龙岭、擦耳岩等绝险要道，不少地方真可谓“一夫当关，万夫莫开”。最后，华山也是五岳中唯一为道教所独占的名山。导游在讲解时可突出华山在五岳中的这些独特之处。

（二）突出具有代表性的景观

游览规模大的景点，导游必须事先确定好重点景观。这些景观既要有自己的特征，又能概括全貌，实地参观游览时，导游应主要向旅游者讲解这些具有代表性的景观。

譬如，去云冈石窟游览，主要是参观第五、第六窟及五华洞和昙曜五窟。如果把这些窟的艺术特色讲解透彻了，就可以使旅游者对云冈石窟的整体艺术特色有基本的了解。

（三）突出旅游者感兴趣的内容

旅游者的兴趣爱好各不相同，但从事同一职业的人、文化层次相同的人往往有共同的爱好。导游在研究旅游团的资料时要注意旅游者的职业和文化层次，以便在游览时重点讲解旅游团内大多数成员感兴趣的内容。

譬如，在游览故宫时，如旅游者对中国古代建筑感兴趣，导游应重点介绍故宫的建筑物及其特征、建筑布局和建筑艺术，并将中国古代宫殿建筑与民间建筑乃至西方国家的宫殿建筑进行比较；如果旅游者对中国历史尤其是明、清的历史感兴趣，导游应重点讲解故宫的历史沿革和在故宫发生的重大事件，使旅游者从故宫的介绍中加深对明、清历史的了解。

（四）突出“……之最”

面对某一景点，导游可根据实际情况，介绍这是世界或中国最大（最长、最古老、最高，甚至可以说是最小）的……因为这也是在介绍景点的特征，颇能引起旅游者的兴致。

譬如，三峡工程是世界上施工期最长、建筑规模最大的水利工程；三峡水电站是世界上最大的水电站；三峡工程泄洪闸是世界上泄洪能力最强的泄洪闸；三峡工程对外专用公路是国内工程项目最齐全的公路。

这样的导游讲解突出了三峡工程的价值，使国内旅游者产生自豪感、外国旅游者产生敬佩感，从而给他们留下深刻的印象。不过，在使用“……之最”进行导游讲解时，必须实事求是，言之有据，绝不能杜撰，也不要张冠李戴。

四、问答法

问答法就是在导游讲解时，导游向旅游者提问题或启发他们提问题的导游方法。使用问答的目的是活跃游览气氛，激发旅游者的想象思维，促使旅游者和导游之间产生思想交流，使旅游者获得参与感或自我成就感的愉悦。问答法包括自问自答法、我问客答法、客问我答法和客问客答法四种形式。

（一）自问自答法

导游自己提出问题，并做适当停顿，让旅游者猜想，但并不期待他们回答，只是为了吸引他们的注意力，促使他们思考，激起他们的兴趣，然后做简洁明了的回答或生动形象的介绍，还可以借题发挥，给旅游者留下深刻的印象。

（二）我问客答法

导游要善于提问，所提问题要问得恰当，估计旅游者不会一无所知，也要估计到会有不同答案。同时要诱导旅游者回答，但不要强迫他们回答，以免使旅游者感到尴尬。旅游者的回答不论对错，导游都不应打断，更不能笑话，而要给予鼓励。最后由导游讲解，并引出更多、更广的话题。此外，导游提问的时机也要把握好。导游应该懂得，与旅游者在一起的时候提问不能太随意也不能没有目的，只有懂得把握时机，才能收到较好的效果。一般来说，旅游者在静想和思考问题的时候，导游不宜打扰旅游者；旅游者在欣赏美景和节目的时候，导游不提与此无关的事情和问题。

（三）客问我答法

导游要善于调动旅游者的积极性和他们的想象思维，欢迎他们提问题。旅游者提出问题，说明他们对某一景物产生了兴趣，进入了审美角色。对他们提出的问题，即使是幼稚可笑的，导游也绝不能置若罔闻，千万不要笑话他们，更不能显示出不耐烦，而是要有选择地将回答和讲解有机结合起来。不过，对旅游者的提问，导游不要他们问什么就回答什么，一般只回答一些与景点有关的问题，注意不要让旅游者的提问冲击你的讲解，打乱你的安排。

在导游实践中，导游要学会认真倾听旅游者的提问，善于思考，掌握旅游者提问的一般规律，并总结出一套相应的“客问我答”的导游技巧，以求随时满足旅游者的好奇心。

（四）客问客答法

导游对旅游者提出的问题并不直截了当地回答，而是有意识地请其他旅游者来回答问题，亦称“借花献佛法”。导游在为“专业团”讲解专业性较强的内容时可运用此法，但前提是必须对旅游者的专业情况和声望有较深入的了解，并事先打好招呼，切忌安排不当，引起其他旅游者的不满。如果发现旅游者回答问题时所讲的内容有偏差或不足之处，导游也应见机行事，适当指出，但注意不要使其自尊心受到伤害。需要注意的是，这种导游方法不宜多用，以免旅游者对导游的能力产生怀疑，产生不信任感。

譬如：游无锡蠡园时，导游让旅游者先看春、夏、秋、冬四个亭中的春亭，指着匾说：“春亭挂的匾额是‘溢红’，表达了春天的形象，有特色。那么，夏、秋、冬三个亭子会用什么题匾呢？各位朋友是否能猜中？”一石激起千层浪，旅游者边猜边看：夏季绿树成荫，夏亭挂“滴翠”匾；秋季菊黄蟹肥，秋亭挂“醉黄”匾；冬季瑞雪兆丰年，所以冬亭挂“吟白”匾。亭中的这些匾额，使四季亭平添了诗情画意。旅游者们猜中的笑逐颜开，未猜中的纷纷敬佩题匾者的文笔之妙。

又如：有位导游在杭州九溪十八涧对旅游者说：“这儿的路处处曲，路边的溪水叮咚响，远近的山峦绿葱葱。清代文人俞樾到这里时，诗兴大发，挥笔写道：‘重重叠叠山，曲曲环环路，叮叮咚咚泉……’前面已用了叠词，朋友们猜猜看，第四句写树时，俞樾用的什么叠词？”旅游者们议论纷纷，有的说“郁郁葱葱树”，有的说“大大小小树”，最后在导游的启发下猜出是“高高下下树”。大家都惊叹俞樾用词的精妙。这“高”和“下”贴切传神，写活了沿山而长的树林。

五、虚实结合法

虚实结合法就是在导游讲解中将典故、传说与景物介绍有机结合，即编织故事情节的导游方法。所谓“实”是指景观的实体、实物、史实、艺术价值等，而“虚”则指与景观有关的民间传说、神话故事、趣闻逸事等。

“虚”与“实”必须有机结合，但以“实”为主，以“虚”为辅，“虚”为“实”服务，以“虚”烘托情节，以“虚”加深“实”的存在，努力将无情的景物变成有情的讲解内容。

譬如，提起阿诗玛，人们就不由自主地想起云南石林风景名胜区内那块高约20米，仿佛头戴彩帽、身背篓筐的美丽少女的岩石，同时又会想起阿诗玛的动人故事：相传在很久很久以前，阿着底山上的撒尼人格路日明家有两兄妹，哥哥叫阿黑，妹妹就是聪明、勤劳又美丽的阿诗玛。一天，大财主热布巴拉见阿诗玛长得漂亮，顿生歹念，想把她娶回家……

在实地导游讲解中，导游一定要注意不能“为了讲故事而讲故事”，任何“虚”的内容都必须落到“实”处。

导游在讲解时还应该注意选择“虚”的内容要“精”、要“活”。所谓“精”，就是所选传说故事是精华，与讲解的景观密切相关；所谓“活”，就是使用时要灵活，见景而用，即兴而发。

六、触景生情法

触景生情法就是在导游讲解中见物生情、借题发挥的一种导游方法。在导游讲解时，导游不能就事论事地介绍景物，而是要借题发挥，利用所见景物制造意境，引人入胜，使旅游者产生联想，从而领略其中之妙趣。

譬如，“上海黄浦江畔的新外滩共有五条旅游线路，在您的左手边是被誉为‘万国建筑博览’的建筑群和宽敞的中山路，在您的右手边是波光粼粼的黄浦江以及前程似锦的浦东陆家嘴金融贸易区，眼前是新颖独特的观光游览区。这建筑群、中山路、观光区、黄浦江、陆家嘴，仿佛音乐谱中的五线谱，勤劳勇敢的上海人民则好似串串音符，正组成最新最美的乐章，欢迎着各位来宾的光临……”这段导游词十分精彩地叙述了上海一年一个样、三年大变样的高速发展，生动形象地描绘了新外滩宛如五线谱，使旅游者在这跳动的“音符”中深受感染，身临其“景”，景中怀情。

触景生情法要求导游讲解内容与所见景物和谐统一，使其情景交融，让旅游者感到景中有情、情中有景。

譬如：

这个广场是太和殿广场，面积达 3 万平方米。整个广场无一草一木，空旷宁静，给人以森严肃穆的感觉……举行大典时，全场鸦雀无声。皇帝登上宝座时，鼓乐齐鸣，文武大臣按品级跪伏在广场，仰望着云中楼阁山呼万岁，以显示皇帝的无上权威和尊严。

清朝末代皇帝溥仪 1908 年底登基时，年仅 3 岁，由他父亲摄政王载沣把他抱扶到宝座上。当大典开始时，突然鼓乐齐鸣，吓得小皇帝哭闹不止，嚷着要回家去。载沣急得满头大汗，只好哄着小皇帝说：“别哭，别哭，快完了，快完了，快完了！”大臣们认为此话不吉祥，说来也巧，3 年后清朝果真就灭亡了，从而结束了我国 2000 多年的封建统治。

（《走遍中国—— 中国优秀导游词精选 · 综合篇》，第 6~7 页）

触景生情贵在发挥，要自然、正确、切题地发挥。导游要通过生动形象的讲解、有趣而感人的语言，赋予死的景物以生命，注入情感，引导旅游者进入审美对象的特定意境，从而使他们获得更多的知识和美的感受。

七、制造悬念法

制造悬念法就是导游在导游讲解时提出令人感兴趣的话题，但故意引而不发，激起旅游者急于知道答案的欲望，使其产生悬念的导游方法，俗称“吊胃口”“卖关子”。这种“先藏后露、欲扬先抑、引而不发”的手法，一旦“发（讲）”出来，会给旅游者留下特别深刻的印象。

譬如，参观世界文化遗产——湖北钟祥明显陵，旅游者看到陵前的外明塘往往困惑不解，导游不失时机地介绍：“明塘是显陵的独特设置，不仅有外明塘，里面还有内明塘，那么显陵为什么要在陵前设置明塘呢？请大家边参观边思考，等到了明楼我再告诉大家答案。”这就给旅游者留下了一个悬念。旅游者登上明楼后，导游再告诉旅游者：“一方面，按风水理论：山为龙的骨肉，水为龙的气血，水有截止龙气流逝的作用。于陵前设置明塘，就满足了吉壤中穴对水的基本要求。另一方面，明塘含有龙珠喻义，如果说神道犹如一条旱龙，那么九曲河就好似一条水龙，两龙交汇于明塘，构成了双龙戏珠的奇特景观。”

制造悬念是导游讲解的重要手段，在活跃气氛、制造意境、激发旅游者游兴等方面往往能起到重要作用，所以导游都比较喜欢用这一手法。

又如，苏州网师园的月到风来亭，依水傍池，面东而立，亭后装一大镜，将对面的树石檐墙尽映其中。对这个亭子的介绍有两种方法，效果完全不同。

一位导游介绍说：“如果在晚上，当月亮从东墙上徐徐升起，另一个月亮也在水波中荡漾，这镜子安置得十分巧妙，从里面还可以看到一个月亮。”旅游者们看了看镜子，并未引起多大兴趣。

另一位导游将旅游者带到亭中，这样介绍说：“当月亮升起的时候，在这里可以看到三个月亮。”他微笑着，望着旅游者，并没有立即往下讲。旅游者们好生奇怪，都以为是听错了或是导游讲错了，最多只有两个月亮：天上一个，水池里一个，怎么可能会有第三个呢？大家的脸上都露出了迷惑不解的表情。这时，导游才点出：天上、池中，还有镜里，共有三个月亮。大家才恍然大悟，在响起一阵掌声、叫好声之后，也更领悟到镜子安置之巧妙，印象特别深刻。

同是一地，前者介绍虽很热情，也富有诗意，但因是平铺直叙，听者不以为意；而后者虽用词简朴，却能做到出其不意，异峰突起，引起了旅游者的注意、思考、怀疑和猜测，兴趣顿起。后者的成功之处，在于掌握了旅游者的心理，不是一下子把话讲完，而是留有余地，让大家去体察、回味，然后由自己做出补充，因此效果尤佳。

八、类比法

类比法就是在导游讲解中进行风物对比，以熟喻生，以达到类比旁通的一种导游方法。导游用旅游者熟悉的事物与眼前景物进行比较，既便于旅游者理解，又使他们感到亲切，从而达到事半功倍的导游效果。类比法可分为以下两种。

（一）同类相似类比

同类相似类比是将相似的两个事物进行比较，便于旅游者理解并使其产生亲切感。

譬如，将北京的王府井比作日本东京的银座、美国纽约的第五大街；将上海的城隍庙比作日本东京的浅草；参观苏州时，将其称作“东方威尼斯”；讲到梁山伯和祝英台的故事时，可以将其称为“中国的罗密欧和朱丽叶”等。

（二）同类相异类比

同类相异类比是将两种同类但有明显差异的风物进行比较，比出规模、质量、风格、水平、价值等方面的不同，以加深旅游者的印象。

譬如，在讲解楚文化时，可以与同时期的古希腊文化进行类比：

在世界范围内，从公元前 6 世纪到公元前 3 世纪的 300 年间，东西方文化竞相争辉。我们完全可以把楚文化与同时期的古希腊文化并列为世界文明的代表。楚国的青铜冶炼、铸铁、丝绸、漆器早于古希腊，许多科学技术处于领先地位。在音乐艺术方面，楚人也在古希腊人之上。在哲学方面，两者各有所长。中国传统哲学的重要根基在老子和庄子，而老子和庄子都是楚国人。1993 年，湖北荆门郭店村楚墓出土的竹简本《老子》甲、乙、丙三种，受到国际汉学界的高度关注。在国家政体建设、货币制度方面，楚国则比古希腊更为完善。古希腊人在理论科学、造船航海、体育竞技、写实艺术、建筑技术等方面要比楚人擅长。可以这么说，楚文化和古希腊文化从不同方向登上了世界古文明的光辉殿堂。

要正确、熟练地使用类比法，要求导游掌握丰富的知识，熟悉客源国，对相比较的事物有比较深刻的了解。面对来自不同国家和地区的旅游者，要将他们知道的风物与眼前的景物相比较，切忌做不相宜的比较。

九、妙用数字法

妙用数字法就是在导游讲解中巧妙地运用数字来说明景观内容，以促使旅游者更好地理解的一种导游方法。导游讲解中离不开数字，因为数字是帮助导游精确地说明景物的历史、年代、形状、大小、角度、功能、特性等方面内容的重要手段之一，但是使用数字必须恰当、得法，如果运用得当，就会使平淡的数字发出光彩；否则会令人产生索然无味的感觉。运用数字忌讳平铺直叙，大量的枯燥数字会使旅游者厌烦。因此，使用数字要讲究“妙用”。

譬如，当导游向旅游者介绍北京故宫的建筑年代时，如果介绍它建成于明永乐十八年，对国内旅游者来说，说到明朝，大家心里还明白，至于永乐十八年可能就不那么清楚了。若是外国旅游者，可能连明朝是什么朝代都不知道，更不用说永乐十八年了。这时，导游若把它换算成旅游者所熟悉的数字，旅游者便会心领神会。如对法国旅游者讲解时，将其换算成公历年（1420 年）后，再加上一句“比巴黎凡尔赛宫建成早 269 年”，效果便大不相同。

在实地导游中，导游常用数字换算来帮助旅游者了解景观内容。导游运用数字分析可以更准确地说明景观内容。导游还可以通过数字来暗喻中国传统文化。

譬如：北京天坛祈年殿殿内柱子的数目，据说也是按照天象建立起来的。其中内围的四根“龙井柱”象征一年四季春、夏、秋、冬；中围的十二根“金柱”象征一年十二个月；外围的十二根“檐柱”象征一天十二个时辰。中层和外层相加的二十四根，象征一年二十四个节气。三层总共二十八根，象征天上二十八星宿。再加上柱顶端的八根铜柱，总共三十六根，则象征三十六天罡。

十、画龙点睛法

画龙点睛法就是导游用凝练的词句概括所游览景点的独特之处，给旅游者留下突出印象的导游方法。旅游者听了导游讲解，观赏了景观，既看到了“林”，又欣赏了“树”，一般都会有一番议论。导游可趁机给予适当的总结，以简练的语言，甚至几个字，点出景物精华之所在，帮助旅游者进一步领略其奥妙，获得更多更高的精神享受。

譬如，旅游团游览云南后，导游可用“美丽、富饶、古老、神奇”来赞美云南风光；参观南京后，可用“古、大、重、绿”四个字来描绘南京风光特色；总结青岛风光特色，可用“蓝天、绿树、红瓦、金沙、碧海”五种景观来概括。

又如，游览颐和园后，旅游者可能会对中国的园林大加赞赏。这时导游可指出，中国古代园林的造园艺术可用“抑、透、添、夹、对、借、障、框、漏”九个字概括，并帮助旅游者回忆在颐和园中所见到的相应景观。

导游讲解常用的方法技巧还有很多，如点面结合法、引人入胜法、启示联想法、谜语竞猜法、知识渗透法等，它们都是导游在工作实践中提炼、总结出来的。在具体工作中，各种导游方法和技巧都不是孤立的，而是相互依存、相互联系的。导游在学习众家之长的同时，还应结合自己的特点融会贯通，在实践中形成自己的导游风格和导游方法，并视具体的时空条件和对象，灵活、熟练地运用，这样才能获得良好的导游效果。

第二节　实地导游讲解的要领

导游讲解是导游的重要职责，导游讲解水平的高低也是判断导游综合水平的重要内容之一。要想成为一名优秀的导游，就应该不断提高自己的导游讲解水平，掌握导游讲解的方法与要领。

一、做好讲解前的准备工作

(一)注重日常知识积累

如果没有导游日常的知识积累，前面章节中提到的言之有物、言之有理、言之有据等导游讲解要求，概述法、分段讲解法、突出重点法等导游讲解技法，就很难做到运用自如，导游讲解也很难满足旅游者的求知需求。要提高导游讲解水平，知识积累是重要基础。

在日常工作和生活中，导游可以通过以下渠道积累知识。

1. 通过媒体关注“身边事”，收集城市及景区的点滴变化

譬如，2018 年 7 月 2 日铜仁梵净山景区获准列入世界自然遗产名录，当天众多媒体从各方面报道了相关消息。环球网在《贵州省梵净山获准列入世界自然遗产名录 中国世界遗产增至 53 项》中写道:“正在巴林首都麦纳麦召开的第 42 届世界遗产委员会会议 7 月 2 日审议了中国申报的自然遗产项目梵净山。委员会一致认可梵净山具备世界遗产所需的‘突出普遍价值’，决定将该项目列入《世界遗产名录》。至此，中国共拥有 53 项世界遗产，居世界第二，包括文化遗产 36 项，自然遗产 13 项(居世界第一)，自然与文化双遗产 4 项。梵净山位于贵州省铜仁市境内，是武陵山脉主峰，遗产地面积 402.75 平方公里，缓冲区面积 372.39 平方公里。世界自然保护联盟(IUCN)认为：梵净山满足了世界自然遗产第十条(生物多样性)标准，展现和保存了中亚热带孤岛山岳生态系统和显著的生物多样性。梵净山生态系统保留了大量古老孑遗、珍稀濒危和特有物种，拥有 4394 种植物和 2767 种动物，是东方落叶林生物区域中物种最丰富的热点区域之一；梵净山是黔金丝猴和梵净山冷杉唯一的栖息地和分布地，也是水青冈林在亚洲最重要的保护地，是全球裸子植物最丰富的地区，也是东方落叶林生物区域中苔藓植物最丰富的地区。”

这些内容导游如能“有心”收集，在日后讲解梵净山时将成为有用的素材，丰富导游讲解内容。

2. 通过阅读专业书籍，丰富自己在某一知识领域的积累

譬如，导游要想讲好中原文化，阅读如《中原文化记忆丛书》之类的书籍是非常有必要的，只有通过深入学习，才能让自己的讲解不仅能“讲其然”，还能“讲其所以然”。

3. 通过网络搜索，寻找某一关注问题的相关背景知识

譬如，导游要想通过讲解武汉长江段的水文历史来介绍武汉的抗洪史，可以在网络上收集各种长江的水文数据及抗洪史实，再运用类比法、妙用数字法

等讲解方法灵活运用收集到的素材，以达到良好的讲解效果。

（二）做好接到任务后的准备

虽然平时的积累非常重要，但是“临阵磨枪”也是做好导游讲解工作的要领之一。因为导游只有在接到讲解任务，确切了解旅游者情况以及游览线路和景点后，才能有针对性地做好讲解前的准备。

1. 分析旅游者信息，厘清讲解重点

如果旅游团成员的年龄偏长，可多准备一些民间传说、历史上的人文逸事、革命历史故事及人物等内容；如果旅游团成员多为年轻人，对他们关心的购物及娱乐方面的情况就要用心多收集一些，在讲解内容上要突出城市的新亮点、新变化。

譬如，以讲解清东陵为例，如果接待的是以休闲为目的的老年旅游者，可结合影视剧题材为“因下嫁小叔子多尔衮而无颜葬入皇家陵寝”的孝庄皇后正名，为“砍去丽妃手脚装入瓦罐”的慈禧平反；如果接待的是机关公务人员，则应以讲解正史为主，讲康熙皇帝的廉洁治吏，评雍正王朝的功过是非。当然，以某一方面为重点并非意味着其他的方面就一点都不涉及，技巧在于讲解内容的组合，主次分明，主题突出。

2. 温习“旧内容”，构思“新创意”

导游在讲解前要注意“温故知新”。“温故”指的是对于自己不是特别熟悉或曾经出过错的讲解内容，需要再次温习，以免出错，特别是自己不太熟悉的重要的历史年代、建筑物的长度或高度等数据；“知新”指的是在讲解前有意识地去寻找自己未曾讲解过的知识点和内容，力争使自己的讲解每次都有新信息、新创意。

3. 养精蓄锐，做好身体准备

导游讲解也是一项“体力活”，边走边讲，眼观六路，耳听八方，因此导游在讲解前要养精蓄锐，保护好嗓子。

二、把握讲解过程中的要领

导游在讲解过程中，有可能受到其他因素的影响，如天气变化、行程变更、旅游者兴趣等，因此，即使做了大量的前期准备工作，如果没有当场的随机应变，灵活应对，也可能达不到理想的讲解效果。因此，导游在讲解过程中要学会吸引旅游者的“耳朵”，也就是“讲旅游者最想听的”。

（一）在旅游车上讲解时应掌握的要领

（1）与司机商量确定行车线路时，在合理而可能的原则下尽量不要错过城市的重要景观。

（2）在经过重要的景点或标志性建筑时，要及时向旅游者指示景物的方向，讲解的内容要及时与车外的景物相呼应。

（3）要学会使用“触景生情法”，在讲解城市的交通、气候、地理特点等概况时，可与旅游者看到的景象结合并借题发挥。譬如，在上海，通过提醒旅游者观察计程车的车型，讲到上海的汽车产业；看到玉兰树时，及时介绍上海的市花市树。

（4）在讲解的过程中要注意观察旅游者的反应，如果大部分人的关注点是车外或频繁地互相交流，此时导游要注意调整讲解内容，通过指示旅游者观看车外的某个景物或现象将其注意力吸引回来，并及时运用“问答法”与旅游者进行互动交流。

（5）在快要到达将要游览的景区时，要使用“突出重点法”将景区的最重要的价值及最独特之处向旅游者进行讲解，以激发旅游者对该景区的游览兴趣。同时，要注意强调景区游览时的注意事项及集合时间和地点。

（二）在景区讲解时应掌握的要领

（1）在景区的游览指示图前向旅游者说明游览线路、重要景点、洗手间及吸烟区的位置。

（2）要做好景区的讲解，需要确定讲解主题，以主题为线索将每一个小景点串联起来，引导旅游者去发现景区最独特之处。

譬如：讲解广州陈家祠，可以以建筑艺术技巧为主题和线索，整个陈家祠的建筑主体和部件，每座房子从柱基到瓦脊全都缀满了石雕、砖雕、木雕、泥塑、陶塑、铁铸和彩绘。以建筑中的雕、塑、绘展开讲解，可以让旅游者更好地领略古建筑的艺术美，了解岭南风情与装饰美。

导游如果在讲解中能注意去寻找和发现更多的主题及相应的线索，就可以针对不同的旅游者从不同的主题讲解一个景区，引导旅游者去发现美、欣赏美，满足他们的求知、求美的需求。这样的导游讲解一定会给旅游者留下深刻的印象。

（3）在讲解每个小景点时可以用“突出重点法”来讲解该景点的独特之处，用“触景生情法”延伸讲解与此有关的景区背景及历史，用“妙用数字法”来讲解其历史、建筑特点等，有些还需要用“类比法”将该景点与旅游者家乡或熟知的景点联系起来以加深印象。

（4）导游在讲解自己熟悉或擅长的内容时，不要过于张扬卖弄，避免过多使用“你们知不知道……”“让我来告诉你……”等语言，同时注意控制节奏，给旅游者缓冲、消化知识内容的时间。

三、注意讲解后的导游服务

(一)巧妙回答旅游者的提问

在导游讲解结束后，旅游者有可能提出各种各样的问题，如果问题与游览有关，而且导游也知道如何回答，可以在回答问题的同时进行深入讲解，往往会有好的效果，能增强旅游者对自己的信任；如果问题与游览无关，就要学会巧妙地回避。当遇到自己不清楚的问题时切忌胡乱回答，以免被当面指出，贻笑大方，从而失去旅游者对自己的信任；如果自己知道确切答案，但旅游者有另一种说法时，要注意不要当众争执，不要直接指出对方的错误，要学会回避矛盾、找出共同点，给对方找“台阶”下，及时转换话题。

(二)引导旅游者“换位欣赏”

导游在讲解结束后，要善于引导旅游者用眼睛去发现美、从不同角度去欣赏美、从不同层面去感受美。譬如，在某个角度拍照效果最好、从某个地方远眺风景最美等。

(三)告知旅游者相关注意事项

导游在讲解结束后，要向旅游者说明自由活动的注意事项，针对他们值得去的地方及线路给出建议，再次强调集合的时间和地点，并告诉旅游者如果需要帮助可以在什么地方找到导游等。

每个导游在实地导游讲解中都会自觉或不自觉地运用各种方法技巧，只要善于总结和提炼，往往就能成为导游讲解中重要的要领。

随堂练

案例

视频

第八章 导游应变技能

【学习目标】

了解导游处理突发事件、团队常见问题和旅游者个别要求的原则。熟悉：漏接和误机（车、船）事故产生的原因；影响旅游活动的气象灾害，包括台风、暴雨、雷电、海啸等；影响旅游活动的地质灾害，包括地震、洪水、泥石流与山体滑坡等。掌握：旅游者在餐饮、住宿、交通、游览、购物、文娱活动等方面个别要求的处理；旅游者要求自由活动、探亲访友、亲友随团、中途退团、延长旅游期限的处理；旅游合同变更或解除的处理；漏接、误机（车、船）事故的预防与处理；旅游行程变更的处理；旅游者证件、行李、物品遗失和旅游者走失的预防与处理；旅游者晕车（机、船）、中暑的预防与处理；旅游者在旅游过程中患病、病危或死亡的处理；旅游者不当行为的处理；旅游交通事故、治安事故、火灾事故、溺水、食物中毒、传染病疫情、社会骚乱等事件的预防与处理；旅游接待纠纷的处理。

第一节　旅游者个别要求的处理

在旅游过程中，导游常常会遇到不同种类的事故和旅游者提出的各种要求，无论轻重大小，它们都会影响到旅游者的兴致，如果处理不好，更会直接影响到旅游的质量。很多时候，这些问题和要求并不是导游的责任，但作为旅游第一线的工作人员，导游有着解决这些问题和事故的责任，这就需要导游具备相应的应变能力。

一、旅游者个别要求的处理原则

旅游者的个别要求是指参加团体旅游的旅游者提出的各种计划外的特殊

要求。面对旅游者的种种特殊要求，导游应该怎样处理？怎样才能使要求得到基本满足的旅游者高高兴兴，又使个别要求没有得到满足的旅游者也满意导游的服务，甚至使爱挑剔的旅游者也对导游提不出更多的指责？这是对导游处理问题能力的一个考验，也是保证并提高旅游服务质量的重要条件之一。

面对个别旅游者苛刻的要求和过分的挑剔，导游一定要认真倾听，冷静、仔细地分析，决不能置之不理，更不能断然拒绝；更不应在没有听完对方讲话的情况下就胡乱解释，或表示反感、恶语相加、意气用事。对不合理或不可能实现的要求和意见，导游要耐心解释，实事求是；处理问题要合情合理，尽量使旅游者心悦诚服；导游千万不能一口回绝，不能随便地说出“不行”两个字。当然，旅游团队中也难免有个别无理取闹者，如有偶遇，导游应沉着冷静、不卑不亢，既不伤主人之雅又不损客人之尊，理明则让。经过导游的努力仍有解决不了的困难时，导游应向旅行社领导汇报，请其帮助。总之，对旅游者提出的要求，不管其难易程度如何、合理与否，导游都应给予足够的重视并正确及时、合情合理地予以处理，力争使大家愉快地旅行游览。

一般来看，旅游者的个别要求可以分为四种情况：合理的，经过导游的努力可以满足的要求；合理的，但现实难以满足的要求；不合理的，经过努力可以满足的要求；不合理的，无法满足的要求。导游在处理旅游者的个别要求时，一般遵循以下基本原则。

（一）符合法律法规的原则

《导游管理办法》、《导游人员管理条例》和《旅行社条例》中规定了旅游者、导游、旅行社三者之间的权利和义务，导游在处理旅游者个别要求时，要符合法律对这三者的权利和义务规定。同时，还要考虑旅游者的个别要求是否符合我国法律的其他规定，如果相悖，应断然拒绝。

（二）“合理而可能”的原则

“合理而可能”原则是导游处理问题、满足旅游者要求的依据和准绳。对于旅游者在旅游过程中提出的个别要求，只要是合理的，又是可能办到的，即使有一定困难，导游也应该设法予以满足。

但是，有些旅游者在出游时出于求全的心理，或完全出于个人利益，会提出一些虽然合理但无法办到，或看似合理但实际不可能办到的要求。针对这些要求，导游一要认真倾听，二要微笑对待，三要耐心解释，晓之以理、动之以情，切不可断然拒绝。

对于某些并非出于真正需要而无理取闹的个别旅游者，导游也应待之以礼，做到有礼、有理、有节。若这种旅游者的无理取闹行为影响到整个旅游团的正常活动，导游可请领队或全陪导游协助出面解决，或直接请全体旅游者主持公道。

（三）尊重旅游者的原则

旅游者提出的要求，大多数是合情合理的，但总会有旅游者提出一些苛刻的要求，使导游为难。旅游团中也不可避免地会出现无理取闹之人。对待这种情况，导游一定要记住自己的职责，遵循"尊重旅游者"的原则，对旅游者礼让三分。对待旅游者的挑剔，甚至吵嚷、谩骂，导游要保持冷静，始终有礼、有理、有节，不卑不亢。

公平对待原则是指导游对所有旅游者一视同仁、平等相待。不管旅游者来自哪个国家、属于哪个民族、具有哪种宗教信仰、拥有哪种肤色，不管其社会经济地位高低、年长年幼、男性女性，也不管其身体是否残疾，都是导游服务的对象。导游要尊重他们的人格，热情周到地为他们提供服务，维护他们的合法权益，切忌厚此薄彼、亲疏偏颇。

（四）维护尊严原则

《导游管理办法》中对于导游执业权利有着明确的保障，规定了导游在对待旅游者的个别要求时，要坚决维护国家的尊严和自身的人格尊严。对旅游者有损于国家利益和民族尊严的要求应断然拒绝，并予以严正驳斥；对旅游者提出的侮辱自身人格尊严或违反导游职业道德的不合理要求，也应予以拒绝。

二、旅游者个别要求的处理方法

（一）旅游者在用餐方面个别要求的处理

俗话说得好："民以食为天。"跨国界、跨地区的旅游者对用餐的要求各不相同，因用餐问题引起的旅游者反映意见的事件屡见不鲜。下面就常见的六种情况讲述导游面对此类要求的处理方法。

1. 对特殊饮食要求的处理

由于宗教信仰、生活习惯、身体状况等原因，有些旅游者会提出饮食方面的特殊要求，例如不吃荤腥，不吃油腻、辛辣食品，不吃猪肉或其他肉食，甚至不吃盐、糖、味精等。对旅游者提出的特殊要求，要区别对待。

若旅游者所提要求在旅游协议书中有明文规定，地接社必须早做安排，地陪导游在接团前应检查落实情况，不折不扣地兑现。若旅游团抵达后或到定点餐厅后临时提出要求，则需视情况而定。一般情况下，地陪导游应立即与餐厅联系，在可能的情况下尽量满足其要求；如情况复杂，确实有困难满足不了其特殊要求的，地陪导游则应说明情况，协助旅游者自行解决。例如，建议旅游者到零点餐厅临时点菜或带他去附近餐馆（最好是旅游定点餐馆）用餐，餐费自理。

2. 要求换餐

部分外国旅游者不习惯中餐的口味，在吃过几顿中餐后要求改换成西餐；有的外地旅游者想尝尝当地小吃，要求换成风味餐。诸如此类要求，处理时应考虑如下几个方面。

首先要看是否有充裕的时间换餐。如果旅游团在用餐前 3 小时提出换餐的要求，地陪导游应尽量与餐厅联系，但需事先向旅游者讲清楚，如能换妥，差价由旅游者自付。并且，询问餐厅能否提供相应服务。若计划中的供餐单位不具备供应西餐或风味餐的能力，可考虑更换餐厅。如果是在接近用餐时间或到餐厅后提出换餐要求，应视情况而定：若该餐厅有该项服务，地陪导游应协助解决；如果情况复杂，餐厅又没有此项服务，一般不应接受此类要求，但应向旅游者做好解释工作。若旅游者仍坚持换餐，地陪导游可建议其到零点餐厅自己点菜或单独用餐，费用自理并告知原餐费不退。

3. 要求单独用餐

由于旅游团的内部矛盾或其他原因，个别旅游者要求单独用餐。此时，导游要耐心解释，并告诉领队请其调解；如旅游者坚持，导游可协助与餐厅联系，但餐费自理，并告知原定餐费不退。

由于旅游者外出自由活动、访友、疲劳等原因不随团用餐，导游应同意其要求，但要说明餐费不退。

4. 要求在客房内用餐

若旅游者生病，导游可请饭店将饭菜送进房间以示关怀。若是健康的旅游者希望在客房用餐，应视情况办理；如果餐厅能提供此项服务，可满足旅游者的要求，但必须告知服务费标准。

5. 要求自费品尝风味餐

旅游团要求外出自费品尝风味餐，导游应予以协助，可由旅行社出面，也可由旅游者自行与有关餐厅联系订餐；风味餐订妥后旅游团又想不去，导游应劝他们在约定时间前往餐厅，并说明若不去用餐则须赔偿餐厅的损失。

6. 要求推迟就餐时间

由于旅游者的生活习惯不同，或由于旅游者在某旅游地游兴未尽等原因要求推迟用餐时间，导游可与餐厅联系，视餐厅的具体情况处理。一般情况下，导游要向旅游团说明餐厅有固定的用餐时间，过时用餐需另付服务费。若餐厅不提供过时服务，最好按时就餐。

（二）旅游者在住宿方面个别要求的处理

旅游过程中，饭店是旅游者临时的家。对于住宿方面的要求，旅游者是相当重视的，导游一定要尽力协助解决，满足旅游者的要求。

1. 要求调换饭店

团体旅游者到一地旅游时，享受何种星级饭店的住房在旅游协议书中有明确规定，有的在什么城市下榻于哪家饭店都写得清清楚楚。所以，接待旅行社向旅游团提供的客房低于标准，即使用同星级的饭店替代协议中标明的饭店，旅游者都会提出异议。

如果地接社未按协议安排饭店或协议中的饭店确实存在卫生、安全等问题而致使旅游者提出调换饭店的要求，地陪导游应随时与地接社联系，地接社应负责予以调换。如确有困难，按照地接社提出的具体办法妥善解决，并向旅游者阐述有说服力的理由，提出补偿条件。

2. 要求调换房间

根据旅游者提出的不同理由，有不同的处理方法。

（1）房间不干净。例如有蟑螂、臭虫、老鼠等，旅游者提出换房应立即满足，必要时应调换饭店。

（2）客房设施，尤其是房间卫生达不到清洁标准。应立即打扫、消毒，如旅游者仍不满意，坚持调房，应与饭店有关部门联系予以满足。

（3）房间的朝向、层数不佳。旅游者要求调换另一朝向或另一楼层的同一标准客房时，若不涉及房间价格并且饭店有空房，可与饭店客房部联系，适当予以满足，或请领队在团队内部进行调整。无法满足时，应做耐心解释，并向旅游者致歉。

（4）旅游者要住高于合同约定标准的房间。如有空房可予以满足，但旅游者要交付原定饭店退房损失费和房费差价。

3. 要求住单间

团队旅游一般安排住标准间或三人间。旅游者可能会因生活习惯不同或因与同室旅游者之间闹矛盾，而要求住单间。导游应先请领队调解或进行内部调整，若调解不成，饭店如有空房，可满足其要求。但导游必须事先说明，房费由旅游者自理（一般由提出方付房费）。

4. 要求延长住店时间

由于某种原因（生病、访友、改变旅游日程等）而中途退团的旅游者提出延长在本地的住店时间，可先与饭店联系，若饭店有空房，可满足其要求，但延长期内的房费由旅游者自付。如原住饭店没有空房，导游可协助联系其他饭店，房费由旅游者自付。

5. 要求购买房中物品

如果旅游者看中客房内的某种摆设或物品，要求购买，导游应积极协助，与饭店有关部门联系，满足旅游者的要求。

（三）旅游者在交通方面个别要求的处理

交通是衔接旅游行程的纽带，一般情况下交通行程都是事先预订好的，并且不方便更改，但在实际工作中仍会有旅游者提出个别要求。

1. 要求更换交通工具类型

如火车改为飞机或普通列车改为动车、高铁等。这种要求除非在自然灾害、误车（机、船）等特殊情况下，否则一般都不能答应更换。旅途中票务预订、退换非常烦琐，短时间内很难满足。更换出行时间与上述处理方式相同。

2. 要求提高交通工具等级

如提高舱位、座位等级等。导游遇到这种要求应首先与地接社计调部联系，若有所要求等级的舱位、座位可帮忙更换，但差价及相关费用自理。

（四）旅游者在游览方面个别要求的处理

游览是旅游者出行的主要目的，在行程中随着环境和兴致的变化，旅游者可能会提出一些个别要求，导游应针对不同的要求区别处理。

1. 旅游者要求更换或取消游览项目

凡是计划内的游览项目，导游一般应该不折不扣地按计划进行。若是全团统一提出更换游览项目，则需请示地接社计调部门，请其与组团社联系，同意后方可更换；若是个别旅游者提出更换游览项目，地陪导游应向旅游者耐心解释，不能随意更换。

2. 旅游者要求增加游览项目

在时间允许的情况下，导游应请示地接社并积极协助。与地接社有关部门联系，请其报价，将地接社的对外报价报给旅游者，若旅游者认可，地陪导游则陪同前往，并将旅游者交付的费用上交地接社，将发票交给旅游者。

（五）旅游者在购物方面个别要求的处理

购物是旅游活动的重要组成部分，旅游者往往会有各种各样的特殊要求，导游要不怕麻烦、不图私利，设法予以满足。

1. 要求单独外出购物

旅游者要求在自由活动时间单独外出购物，导游要给予力所能及的帮助，当好购物参谋。如建议去哪家商场、联系出租车、写中文便条等。但是，在离开本地当天要劝阻，以防误机（车、船）。

2. 要求退换商品

当旅游者购物后发现是残次品、计价有误或对物品不满意，要求导游帮其退换，导游应积极协助，必要时陪同前往。

3. 要求再次前往某商店购物

旅游者欲购买某一商品，出于“货比三家”的考虑或对于商品价格、款式、颜色等犹豫不决，当时没有购买，后来经过考虑又决定购买，要求地陪导游帮助。对于这种情况，地陪导游应热情帮助：如有时间可陪同前往，车费由旅游者自理；若因故不能陪同前往，可为旅游者写张中外文便条，写清商店地址及欲购商品的名称，请其乘出租车前往。

4. 要求购买古玩或仿古艺术品

旅游者希望购买古玩或仿古艺术品，导游应带其到古玩商店购买，买妥物品后要提醒他保存发票，不要将物品上的火漆印（如有的话）去掉，以便海关查验；旅游者如在地摊上选购古玩，导游应劝阻，并告知中国的有关规定；若发现个别旅游者有走私文物的可疑行为，导游必须及时报告有关部门。

5. 要求购买中药材

有些旅游者想买些中药材，并携带出境。导游应告知中国海关的有关规定（数量、品种、限量等，有关内容见第九章）。

（六）旅游者在娱乐方面个别要求的处理

文娱活动是晚间活动的重要内容，有协议书规定的，也有旅游者要求自费观赏的文娱演出。近年来，旅游演艺活动发展速度很快，很多地方都推出了一些极具观赏性和体验性的文娱演艺，不仅充实了旅游者的夜间生活，而且会给他们留下深刻的印象，帮助他们进一步了解中国的传统文化。对于文娱活动，旅游者各有爱好，不应该强求一致。旅游者提出种种要求，导游应本着“合理而可能”的原则，视具体情况妥善处理。

1. 要求调换计划内的文娱节目

凡在计划内注明有文娱节目的旅游团，一般情况下，地陪导游应按计划准时带旅游者到指定娱乐场所观看文艺演出。若旅游者提出调换节目，地陪导游应针对不同情况，本着“合理而可行”的原则，做出如下处理：

（1）全团旅游者提出更换

如果全团旅游者提出更换，地陪导游应与地接社计调部门联系，尽可能调换，但不要在未联系妥当之前许诺；如地接社无法调换，地陪导游要向旅游者耐心解释，并说明票已订好，不能退换，请其谅解。

(2)部分旅游者提出更换

如果部分旅游者要求观看别的演出，处理方法同上。若决定分路观看文娱演出，在交通方面导游可做如下处理：如两个演出点在同一线路，导游要与司机商量，尽量为少数旅游者提供方便，送他们到目的地；若不同路，则应为他们安排车辆，但车费自理。

2. 要求自费观看文娱节目

在时间允许的情况下，导游应积极协助。以下两种方法地陪导游可酌情选择：一是与地接社有关部门联系，请其报价。将地接社的对外报价（其中包括节目票费、车费、服务费）报给旅游者，并逐一解释清楚。若旅游者认可，请地接社预订，地陪导游同时要陪同前往，将旅游者交付的费用上交地接社并将收据交给旅游者。二是协助解决，提醒旅游者注意安全。地陪导游可帮助旅游者联系购买节目票，请旅游者自行乘坐出租车前往，一切费用由旅游者自理。但应提醒旅游者注意安全、记好饭店地址。

如果旅游者执意要去大型娱乐场所或情况复杂的场所，导游必须提醒旅游者注意安全，必要时可陪同前往。

3. 要求前往不健康的娱乐场所

旅游者如果要求去不健康的娱乐场所和过不正常的夜生活，导游应断然拒绝并介绍中国的传统观念和道德风貌，严肃指出不健康的娱乐活动和不正常的夜生活在中国是明令禁止的，是违法行为，会受到法律的惩处。

(七)旅游者要求自由活动的处理

旅游线路安排中往往有自由活动时间，在集体活动时间内也有旅游者提出单独活动的要求。导游应根据不同情况，妥善处理。

1. 应劝阻旅游者自由活动的几种情况

(1)如旅游团计划去另一地游览，或旅游团即将离开本地时，导游应劝阻旅游者不要自由活动，特别是需要较长时间的活动，如到热闹的地方购物，以避免误机（车、船）。

(2)如在地方治安不理想、复杂、混乱的地方，导游要劝阻旅游者外出活动，更不要单独活动，但必须实事求是地说明情况。

(3)不宜让旅游者单独骑自行车去人生地不熟、车水马龙的街头游玩。

(4)游河（湖）时，旅游者提出希望划小船或在非游泳区游泳的要求，导游不能答应，不能置旅游团于不顾而陪少数人去划船、游泳。

(5)旅游者要求去不对外开放的地区、机构参观游览，导游不得答应此类要求。

2. 允许旅游者自由活动时导游应做的工作

（1）要求全天或某一景点不随团活动。由于有些旅游者已来旅游城市多次，或已游览过某一景点，不想重复游览，因而不想随团活动。要求不游览某一景点或一天、数天离团自由活动。如果其要求不影响整个旅游团的活动，可以满足并提供必要帮助。导游可按照以下程序处理。

①提前说明如果不随团活动，无论时间长短，所有费用不退，需增加的各项费用由旅游者自理。

②告诉旅游者用餐的时间和地点，以便其归队时用餐。

③提醒其注意安全，保护好自己的财物。

④提醒旅游者带上饭店卡片（卡片上有中英文饭店名称、地址、电话）备用。

⑤用中英文写张便条，注明旅游者要去的地点的名称、地址及简短对话，以备不时之需。

⑥必要时将自己的手机号码告诉旅游者。

（2）到游览点后要求自由活动。到某一游览点后，若有个别旅游者不想按规定的线路游览而希望自由游览或摄影，若环境许可（游人不太多，秩序不混乱），可满足其要求。导游要提醒其集合的时间和地点及旅游车的车号，必要时留一张字条，上写集合时间、地点和车号以及饭店名称和电话号码，以备不时之需。

（3）自由活动时间或晚间要求单独行动。导游应建议不要走得太远，不要携带贵重物品（可寄存在前台），不要去秩序混乱的场所，不要太晚回饭店等。

（4）少数人要求一起活动。少数人自由活动时，导游应与大多数旅游者在一起，不可置大多数人于不顾而陪少数人单独活动，而且要确保旅游计划的全面贯彻实施。

（5）旅游者要求在自由活动期间探亲访友。导游可了解具体情况，包括亲友姓名、地址等，必要时提供协助，并在此期间提醒旅游者注意人身、财产安全。

（八）旅游者要求亲友随团活动的处理

1. 旅游者要求中国籍亲友随团活动

旅游者提出希望旅行社准许其中国亲友参加旅游团在当地的活动，甚至随团一起到其他城市旅游，在条件允许（如车上有空位，不影响其他人）的情况下，可满足旅游者要求，但事先要征得领队和旅游团其他成员的同意，然后到旅行社办理入团手续，并交付各种费用。导游对旅游者随团活动的亲友，应热心服务，一视同仁，并根据情况给予照顾。如果其亲友不办理手续、不交纳费用就直接随团活动，导游应有礼貌地问清他们与旅游者的关系以及姓名和工作单位，向旅游者及其亲友解释旅行社的有关规定，请其谅解，说明他们必须先办理手续，然后再随团活动。

2. 旅游者要求外国籍亲友随团活动

旅游者要求其外国籍亲友随团活动，一般情况下，在征得领队和旅游团其他成员的同意后方可允许。但外国籍亲友须出示有效证件，办理入团手续，交付必要的费用。对使、领馆人员的随团活动要求，导游要了解其姓名、身份、活动的内容。如果是外交官员，还应享受相应的外交礼遇。对他们的接待和活动安排严格按我国政府的有关规定办理。如果旅游者的在华亲友以记者身份参加旅游团的活动，一般不同意，特殊情况须请示有关部门的批准。

（九）旅游者要求中途离团的处理

1. 因特殊原因提前离开旅游团

旅游者因患病，或因家中出事，或因工作上急需，或因其他特殊原因，要求提前离开旅游团、终止旅游活动，经地接社与组团社协商后可予以满足，至于剩余的旅游费用，按旅游协议书中的约定部分退还，或不予退还。

2. 无特殊原因执意离团的

旅游者无特殊原因，只是某个要求得不到满足而提出提前离团，导游要配合领队做说服工作，劝其继续随团旅游。若地接社确有责任，应设法弥补；若旅游者提出的是无理要求，要做耐心解释；若劝说无效，旅游者仍执意要求退团，可满足其要求，但应告知其剩余旅游费用不予退还。

外国旅游者不管因何种原因要求提前离开中国，导游都要在领导指示下协助旅游者重订航班、机座，办理分离签证及其他离团手续，所需费用由旅游者自理。

（十）旅游者要求延长旅游期限的处理

1. 由于某种原因中途退团，但本人继续在当地逗留需延长旅游期限

对无论何种原因中途退团并要求延长在当地旅游期限的旅游者，导游应帮其办理一切相关手续。对那些因伤病住院，不得不退团并需延长在当地居留时间者，除了办理相关手续外，还应前往医院探视，并协助解决患者或其陪伴家属在生活上的困难。

2. 不随团离开或出境

旅游团的游览活动结束后，由于某种原因，旅游者不随团离开或出境，要

求延长逗留期限，地陪导游应酌情处理：若不需办理延长签证的一般可满足其要求；无特殊原因旅游者要求延长签证，原则上应予以婉拒；若确有特殊原因需要留下但需办理签证延期的，地陪导游应请示旅行社领导，向其提供必要的帮助。

（1）办理延长签证手续的具体做法是：先到旅行社开证明，然后陪同旅游者持旅行社的证明、护照及集体签证到出入境管理部门，办理分离签证手续和延长签证手续，费用自理。

（2）如果离团后继续留下的旅游者需要帮助，一般可帮其做以下工作：协助其重新订妥航班、机座或火车票、饭店等，并向其讲明所需费用自理；如其要求继续提供导游或其他服务，则应与地接社另签合同。

（3）离团后产生的一切费用均由旅游者自理。

三、旅游意见和建议的处理

旅游者提出的意见和建议，有的是针对导游，有的是针对旅游经营者或其他单位。无论是哪种情况，当旅游者向导游表达时，导游都应认真对待，及时、妥善地处理。

对旅游者意见和建议的妥善处理，可以将坏事变成好事，导游不仅可以从中取得经验，而且有助于改进旅游接待工作中的一些薄弱环节。对旅游者意见和建议的处理应注意如下要点。

（一）耐心倾听，认真记录

导游在接受旅游者意见时，应尽量采取个别接触的方式，以避免对其他旅游者造成影响；对于集体意见，最好请其派出代表，以免人多嘴杂，影响导游思考。在接受旅游者意见时，导游要保持冷静，耐心倾听，不管旅游者的脾气多大、态度多差，也不管其所提意见是大是小、与事实出入多大，都要让其把话说完，要善于听其弦外之音，并请教旅游者自己的理解是否正确，以体现对旅游者的尊重。同时做好必要的记录，捕捉旅游者意见的要点，既让旅游者感到导游听取意见的态度是真诚的、是愿意帮助他们解决问题的，又为导游确定旅游者意见的性质和严重程度提供依据。必要时可请旅游者签名留据，以为妥善解决问题提供帮助。若旅游者提出意见时，态度蛮横、气氛紧张、无任何缓和余地，导游无法同其交流下去，则可有礼貌地提出建议，另找时间再谈。

当旅游者主动前来提合理化建议时，导游要详细、认真地做好记录，并及时向上级汇报，由上级决定是采纳意见还是制订整改计划，如整改，应公布整改措施，同时给旅游者发送感谢信。

（二）表示同情和理解，不盲目做出承诺

对于旅游者的意见和建议，导游要设身处地地从旅游者的角度着想。因为在旅游者看来，他们提出的意见都不是一般的小问题，而是直接关系到其利益的大事。因此，导游要表现出充分的同情和理解，要采取适当的言语来缓和旅游者的情绪和现场气氛。

如果旅游者提出的意见是针对导游服务的，又基本符合实际，导游应向旅游者表示歉意，在服务中将重点放在其提出的意见上，用行动争取旅游者的谅解。如果旅游者提出的意见是针对相关接待单位，导游也要有代人受过的胸怀，表示"对这种情况的发生，我也感到遗憾"，"对你此时的心情我很理解，我将努力转达你的意见"。如果旅游者要求导游对提出的意见表示看法，为了缓和紧张的气氛，导游可表示"请给我点时间让我好好想想"。

对于旅游者在提出的意见中涉及的要求，特别是有关赔偿的问题，导游不要轻易做出任何承诺，可表示"这个问题让我和有关方面联系一下"，以避免工作中的被动和可能带来的麻烦。

（三）调查了解，迅速答复

旅游者的意见和建议，既不能全盘肯定，也不能全盘否定，导游要对其所提问题进行全面的调查了解，并同有关方面进行核实，在此基础上根据事实进行处理，不要匆忙地做出判断。如涉及赔偿问题，要同有关单位进行协商。

在处理旅游者的意见和建议时，导游必须做到：

（1）办理及时，不要拖延。遵循"谁的问题谁负责"，争取"就地消化，现场解决"。如客房卫生差、饭菜质量低等类问题，在同相关接待单位磋商后应立即解决。

（2）答复迅速。迅速答复，体现了导游对旅游者意见和建议的重视程度。若一时无法答复，应向旅游者明确答复的时间，以让旅游者放心。在答复之前，导游要考虑旅游者能否接受，答复同旅游者要求的差距有多大，并根据差距的大小来考虑答复的方法。如果旅游者的诉求与相关单位答复之间差距较大，导游可建议双方协商解决，做好调解工作。当协商达成一致后，导游事后要做落实检查工作，提醒双方办好必要的手续（尤其是赔偿问题），最好复印一份留存，以防旅游者事后反悔。即使旅游期间有些意见未得到解决，导游也应将有关证据和原始记录转交旅行社，也可为进一步协商解决问题提供有益的依据。

（3）对旅游者反映的意见和建议表示感谢。

（4）一些重要意见和建议要及时报告旅行社。

（5）注意保护提出意见和建议的旅游者的隐私。有些旅游者在旅游活动结束时，向导游或组团社对地接社的服务质量提出意见和建议，导游或组团社不要将其姓名和联系方式反馈给地接社，但可将合理的意见和建议告知地接社，以便于地接社进一步提升接待服务能力。

第二节　问题与事故处理

一、 常见问题和突发事件处理原则

导游在实际带团过程中可能会遇到一些突如其来的问题，如旅游者生病、物品遗失、计划行程变更等；也有可能遇到一些旅游事故。旅游事故指因旅游服务部门运行机制出现故障造成的事故，一般可分为责任事故和自然事故两种，其中责任事故是由于接待方的疏忽、计划不周等原因造成的事故；自然事故也称非责任事故，是指由于天气变化、自然灾害或非接待部门的原因造成的事故。

导游在处理这些常见问题和突发事件时应遵循以下三个原则。

1. 以人为本，救援第一

以保障旅游者生命安全和身体健康为根本目的，尽一切可能为旅游者提供或协助提供救援、救助服务。

2. 及时报告，加强沟通

立即向旅行社报告突发事件或问题发生情况，请求指示，并保持信息畅通，以便及时沟通与联系，情况紧急或发生重大、特别重大旅游突发事件时，依法直接向有关部门报告。

3. 依法依约，合理可能

依照法律法规或合同约定处理常见问题和突发事件，并满足旅游者合理且可能实现的要求。

二、常见问题和事故的预防与处理

（一）旅游合同的变更或解除的处理

旅游合同变更，是指旅游合同签订后直至旅游合同履行完毕前，旅游者或者旅行社经过与对方协商，就旅游合同内容做出改变的行为，即对旅游合同的权利、义务做出调整。根据《中华人民共和国民法典》，当事人协商一致，可以解除合同。

1. 旅游者提出变更合同的处理

旅游过程中，旅游者提出变更合同的要求时，导游应婉拒，特殊情况请示旅行社核定。旅行社同意变更的，导游应按旅行社要求与旅游者签订书面合同。

2. 因不可抗力或不能避免的事件需变更合同的处理

因不可抗力或旅游经营者已尽合理注意义务仍不能避免的事件影响旅游行程而需要变更合同时，导游应向旅游者做好解释工作，及时将旅游者的意见反馈给旅行社，并按旅行社的安排执行。

3. 因其他情况需要变更或解除合同

旅游过程中，旅游者出现下列情形之一的，导游应立即向旅行社报告，并根据具体情况变更或解除合同。

（1）旅游者患有传染病等疾病，可能危害其他旅游者健康和安全的。

（2）旅游者携带危害公共安全的物品且不同意交有关部门处理的。

（3）旅游者从事违法活动或违反公序良俗活动的。

（4）旅游者从事严重影响其他旅游者权益的活动，且不听劝阻、不能制止的。

（5）法律规定的其他情形。

4. 旅行社依法解除合同的处理

旅行社依法解除合同，导游应向旅游者做好解释工作，并协助旅游者返回出发地或旅游者指定的合理地点，同时保留相关证据。

（二）漏接的处理

漏接是指旅游者抵达后，无导游迎接的现象。出现漏接现象，无论是什么原因引起的，都会造成旅游者的不满，这都是正常的。重要的是，导游要做好处理工作，时刻为旅游者着想，尽快消除旅游者的不满情绪。

1. 漏接的原因

（1）主观原因造成的漏接

①由于导游自身工作不够细致，没有认真阅读接待计划，把旅游者抵达的日期、时间、地点搞错。

②导游迟到，没有按预定的时间提前抵达接站地点。

③由于某种原因，班次变更，旅游团提前到达，地接社有关部门在接到上一站通知后，在接待计划中注明，但导游没有认真阅读，仍按原计划接站。

④导游没有核对新的航班时刻表，特别是在新、旧时刻表交替时，想当然地仍按旧时刻表的时间接站，因而造成漏接事故。

⑤导游举牌接站的地方选择不当。

（2）客观原因造成的漏接

①由于种种原因，上一站地接社将旅游团原定的班次或车次进行变更而提前抵达，但漏发变更通知，造成漏接。

②地接社已接到变更通知，但有关人员没有及时通知该团地陪导游，造成漏接。

③司机迟到，未能按时到达接站地点，造成漏接。

④由于交通堵塞或其他预料不到的情况发生，未能及时抵达机场（车站、码头），造成漏接。

⑤由于国际航班提前抵达或旅游者在境外中转站乘其他航班而造成漏接。

2. 漏接的预防

（1）认真阅读计划。导游接到任务后，应了解旅游团抵达的日期、时间、接站地点（具体是哪个机场、车站、码头），并亲自核对清楚。

（2）核实交通工具到达的准确时间。旅游团抵达的当天，导游应与旅行社有关部门联系，弄清班次或车次是否有变更，并及时与机场（车站、码头）联系，核实抵达的确切时间。

（3）提前抵达接站地点。导游应与司机商定好出发时间，保证按规定提前30 分钟到达接站地点。

3. 漏接的处理

（1）实事求是地向旅游者说明情况，诚恳地赔礼道歉，求得旅游者的谅解。如果不是自身的原因要立即与地接社联系，告知现状，立即查明原因，并耐心地向旅游者做解释工作，消除误解。

（2）尽量采取弥补措施，使旅游者的损失降到最低限度。如果有费用问题（如旅游者乘出租车到饭店的车费），应主动将费用赔付给旅游者。

（3）提供更加热情周到的服务，高质量地完成计划内的全部活动内容，以求尽快消除因漏接而给旅游者造成的不愉快情绪。

（4）必要时请地接社领导出面赔礼道歉，或酌情给旅游者一定的物质补偿。

（三）旅游计划和日程变更的处理

计划和日程的变更是根据旅游活动中实际需要而决定的，一般有以下三种情况。

1. 客观原因需要变更计划和日程

旅游过程中，因客观原因、不可预料的因素（如天气突变、自然灾害、交通问题等）需要变更旅游团的旅游计划、线路和活动日程时，一般会出现三种情况，针对不同情况要有灵活的应变措施。

（1）缩短或取消在某地的游览时间

①旅游者的抵达时间延误，造成旅游时间缩短：仔细分析因延误带来的困难和问题，并及时向地接社外联部门或计调部门报告，以便将情况尽快反馈给组团社，找出补救措施；在外联部门或计调部门的协助下，安排落实该团交通、住宿、游览等事宜。提醒有关人员与饭店、车队、餐厅联系，及时办理退房、退车、退餐等一切相关事宜；地陪导游应立即调整活动日程，压缩在每一景点的活动时间，但尽量保证不减少计划内的游览项目。

②旅游者提前离开，造成游览时间缩短：立即与全陪导游、领队商量，采取尽可能的补救措施；立即调整活动时间，抓紧时间将计划内游览项目完成；若有困难，无法完成计划内所有游览项目，地陪导游应选择最有代表性、最具特色的重点旅游景点，让旅游者对游览景点有个基本的了解。做好旅游者的工作，不要急于将旅游团提前离开的消息告诉旅游者，以免引起躁动。待与领队、全陪导游制订新的游览方案后，找准时机先向旅游团中有影响力的旅游者实事求是地说明困难，诚恳地道歉，以求得谅解，并将变更后的安排向他们解释清楚，争取他们的认可和支持，最后分头做其他旅游者的工作。地陪导游应通知地接社计调部门或有关人员办理相关事宜，如退房、退餐、退车等。给予旅游者适当的补偿：必要时经地接社领导同意可采取加菜、送风味餐、赠送小纪念品等物质补偿的办法。如果旅游团的活动受到较大的影响，旅游者损失较大而引起强烈的不满时，可请地接社领导出面表示歉意，并提出补偿办法。若旅游者提前离开，全陪导游应立即报告组团社，并通知下一站地接社。

（2）延长旅游时间

旅游者提前抵达或推迟离开都会造成延长游览时间而需要变更游览日程。出现这种情况，地陪导游应该采取以下措施。

①落实有关事宜，与地接社有关部门或有关人员联系，重新落实旅游团（者）的用房、用餐、用车情况，并及时落实离开的机（车、船）票。

②迅速调整活动日程：适当地延长在主要景点的游览时间。经组团社同意后，酌情增加游览景点，或晚上安排健康的文体活动，努力使活动内容充实。

③提醒有关接待人员通知下一站该团的日程变化。

④在设计变更旅游计划时，地陪导游要征求领队和全陪导游的建议和要求，共同商量，取得他们的支持和帮助。在变更的旅游计划确定之后，应与领队、全陪导游商量好如何向团内旅游者解释说明，取得他们的谅解与支持。

(3)逗留时间不变，但被迫改变部分旅游计划

出现这种情况，肯定是外界客观原因造成的，如大雪封山、维修改造、进入危险地段等。这时导游应采取如下措施：

①实事求是地将情况向旅游者讲清楚，求得谅解。

②提出由另一景点代替的方案，与旅游者协商。

③以精彩的导游讲解、热情的服务激起旅游者的游兴。

④按照有关规定做些相应补偿，如用餐时适当地加菜、将便餐改为风味餐、赠送小礼品等。必要时，由旅行社领导出面，诚恳地向旅游者表示歉意，尽量让旅游者高高兴兴地离开。

2. 旅游者要求变更计划日程

在旅游过程中，由于种种原因，旅游者向导游提出变更旅游线路或旅游日程时，原则上应按旅游合同执行；遇有较特殊的情况或由领队提出，导游也无权擅自做主，要上报组团社或地接社有关人员，必须经有关部门同意，并按照其指示和具体要求做好变更工作。

3. 因旅行社的原因需要调整计划日程

在旅游计划安排过程中，可能出现因旅行社的工作疏忽（如景区当天不开放、旅游者预订节目没安排等）造成旅游活动安排不周，需要临时进行调整。出现这种情况时应首先对计划进行合理安排，尽量不影响日程，然后将安排后的计划与领队及旅游者沟通，获取他们的谅解，再按照新计划安排游览。

(四)误机（车、船）事故的处理

误机（车、船）事故是指因故造成旅游者没有按原定航班（车次、船次）离开本站而导致暂时滞留。

1. 误机（车、船）事故的原因

一般此类事故的发生有两种情况：一种情况是由于导游工作上的差错和不负责任造成的，如安排日程不当或过紧，没能按时抵达机场（车站、码头）；没有认真核实票据，将时间或地点搞错。另一种情况则是因为旅游者走失；或旅游者没有按安排时间准时集合及其他意外事件（如交通事故、天气变化、自然灾害等）所造成的。

2. 误机（车、船）事故的预防

误机（车、船）带来的后果严重，杜绝此类事故的发生关键在于预防，地陪导游应做到以下几点。

(1)认真核实机（车、船）票的班次（车次、船次）、日期、时间及在哪个机场（车站、码头）乘机（车、船）等。

（2）如果票据未落实，接团期间应随时与地接社有关人员保持联系。没有行李车的旅游团在拿到票据核实无误后，地陪导游应立即将其交到全陪导游或旅游者手中。

（3）离开当天不要安排旅游团到地域复杂、偏远的景点参观游览，不要安排自由活动。

（4）留有充足的时间去机场、车站、码头，要考虑到交通堵塞或突发事件等因素。

（5）保证按规定的时间到达机场、车站或码头。乘国内航班，提前 2 小时到达机场；乘国际航班出境，提前 3 小时到达机场；乘火车或轮船，提前 1 小时到达火车站或码头。

3. 误机（车、船）事故的处理

（1）将成事故的应急措施

旅游团正在去往机场（车站、码头），将成误机（车、船）事故时，导游应采取如下应急措施：与机场取得联系，请求等候，讲明旅游团的名称、人数、现在何处、大约何时能够抵达机场。如取得同意，导游要立即组织旅游者尽快赶赴机场，同时向旅行社汇报情况，请求帮助协调。同时还需要向各个有关部门、有关人员（如海关、交通车队、行李员、旅游车司机等）讲清旅游者误机情况和补救办法，并说明请求协助的事项。

（2）已成事故的处理办法

①地陪导游应立即向旅行社领导及有关部门报告并请求协助。

②地陪导游和旅行社要尽快与机场（车站、码头）联系，争取让旅游者乘最近班次的交通工具离开本站，或采取包机（车厢、船）或改乘其他交通工具前往下一站。

③稳定旅游者的情绪，安排好在当地滞留期间的食宿、游览等事宜。

④及时通知下一站，对日程做相应的调整。

⑤向旅游者赔礼道歉。

⑥写出事故报告，查清事故的原因和责任，责任者应承担经济损失并受相应的处分。

（五）遗失问题的处理

遗失事故有些是由于旅游者个人马虎大意造成的，也有些是由于相关部门的工作失误造成的。它们不仅给旅游者带来经济损失，影响旅游者的情绪，还会给旅游者的旅游活动带来诸多不便，严重时甚至耽误旅游者离境。

导游和领队要注意做好在关键时刻的提醒工作，特别是旅游者每次下旅游车（飞机、火车、轮船）前、购物时、离店前。导游需要集中证件办理有关手续时，应通过领队向客人收取，用完后立即归还，不要代为保管。一旦发生旅游者财产安全事故，导游要做到态度积极、头脑冷静、行动迅速、设法补救。如果有线索，应迅速与有关部门联系查找，把损失降到最低限度；如果查找不到，应迅速向组团社或地接社报告，向有关部门报案，并协助旅游者根据有关规定办理必要的手续。

1. 证件、钱物、行李遗失的预防

（1）多做提醒工作。参观游览时，导游要提醒旅游者带好随身物品和提包；在热闹、拥挤的场所和购物时，导游要提醒旅游者保管好自己的钱包、提包和贵重物品；离开饭店时，导游要提醒旅游者带好随身行李物品，检查是否带齐了旅行证件；下车时提醒旅游者不要将贵重物品留在车上。

（2）不代为保管旅游者证件。导游在工作中需要旅游者的证件时，要经由领队收取，用毕立即如数归还，不要代为保管；还要常提醒旅游者保管好自己的证件。

（3）切实做好每次行李的清点、交接工作。

（4）每次旅游者下车后，导游都要提醒司机清车、关窗并锁好车门。

2. 证件丢失

若旅游者证件丢失，首先请失主冷静地回忆，详细了解丢失情况，找出线索，尽量协助寻找。如确已丢失，马上报告地接社领导和组团社，留下旅游者的详细地址、电话，由地接社开具丢失证明，并协助旅游者向公安部门报失，再根据领导或地接社有关人员的安排，协助失主办理补办手续，所需费用由失主自理。

（1）丢失外国护照和签证

①由旅行社出具证明。

②请失主准备照片。

③失主本人持证明去当地公安局（外国人出入境管理处）报失，由公安局出具证明。

④持公安局的证明去所在国驻华使、领馆申请补办新护照及签证。

（2）丢失团体签证

①由地接社开具遗失公函。

②准备原团体签证复印件（副本）。

③重新打印与原团体签证格式、内容相同的该团人员名单。

④收齐该团全体旅游者的护照。

⑤持以上证明材料到公安局出入境管理处报失，并填写有关申请表（可由一名旅游者填写，其他成员附名单）。

（3）丢失中国护照和签证

华侨丢失护照和签证：①地接社开具遗失证明。②失主准备照片。③失主持证明、照片到公安局出入境管理处报失并申请办理新护照。④持新护照到其居住国驻华使、领馆办理入境签证手续。

中国公民出境旅游时丢失护照、签证：①请当地导游陪同协助在地接社开具遗失证明。②持遗失证明到当地警察机构报案，并取得警察机构开具的报案证明。③持当地警察机构的报案证明和有关材料到我国驻该国使、领馆领取中华人民共和国旅行证。④回国后，可凭中华人民共和国旅行证和境外警方的报失证明，申请补发新护照。

（4）丢失港澳居民来往内地通行证（港澳同胞回乡证）

①向公安局派出所报失，并取得报失证明；或由地接社开具遗失证明。

②持报失证明或遗失证明到公安局出入境管理处申请领取赴港澳证件。

③经出入境管理部门核实后，给失主签发一次性中华人民共和国入出境通行证。

④失主持该入出境通行证回港澳地区后，填写港澳居民来往内地通行证件遗失登记表和申请表，凭本人的港澳居民身份证，向通行证受理机关申请补发新的通行证。

（5）丢失台湾同胞旅行证明

根据2015年《中国公民往来台湾地区管理办法》第二十七条规定，失主向遗失地的市、县公安机关报失，经调查属实的，可以允许重新申请领取相应的旅行证件，或者发给一次性有效的出境通行证。

（6）丢失中华人民共和国居民身份证

由地接社核实后开具证明，失主持证明到公安局报失，经核实后再开具身份证明，并按照交通部门的规定办理乘坐交通工具的临时证明。回到居住所在地后，凭公安局报失证明和有关材料到当地派出所办理新身份证。

3. **钱物丢失**

（1）外国旅游者丢失钱物的处理

①稳定失主情绪，详细了解物品丢失的经过，物品的数量、形状、特征、价值。仔细分析物品丢失的原因、时间、地点，并迅速判断丢失的性质：是不慎丢失还是被盗。

②立即向公安局或保安部门以及保险公司报案（特别是贵重物品的丢失）。

③及时向地接社领导汇报，听取领导指示。

④地接社出具遗失证明。

⑤若丢失的是贵重物品，失主持证明、本人护照或有效身份证件到公安局出入境管理处填写失物经过说明，列出遗失物品清单。

⑥若失主遗失的是入境时向海关申报的物品，要出示中国海关行李申报单。

⑦若将中国海关行李申报单遗失，要到公安局出入境管理处申请办理《中国海关行李申报单报失证明》。

⑧若遗失物品已在国外办理财产保险，领取保险时需要证明，可以向公安局出入境管理处申请办理财物报失证明。

⑨若遗失物品是旅行支票、信用卡等票证，在向公安机关报失的同时也要及时向有关银行挂失。

失主持以上由公安局开具的所有证明，可供出海关时查验或向保险公司索赔。

发生证件、财物特别是贵重物品被盗是治安事故，导游应立即向公安机关及有关部门报警，并积极配合有关部门早日破案，挽回不良影响；若不能破案，导游要提供更加周到热情的服务，尽力安慰失主，缓解其低落的情绪并按上述步骤办理。

（2）国内旅游者丢失钱物的处理

①立即向公安局、保安部门或保险公司报案。

②及时向地接社领导汇报。

③若旅游团行程结束时仍未破案，可根据失主丢失钱物的时间、地点、责任方等具体情况做善后处理。

4. 行李遗失

（1）来华途中丢失行李

海外旅游者行李在来华途中丢失，不属于导游的责任，但也应帮助旅游者追回行李。

①带失主到机场失物登记处办理行李丢失和认领手续。失主必须出示机票及行李牌，详细说明始发站、转运站，说清楚行李件数及丢失行李的大小、形状、颜色、标记、特征等，并一一填入失物登记表；让失主将下榻饭店的名称、房间号和电话号码（如果已经知道的话）告诉登记处并记下登记处的电话，记下有关航空公司办事处的地址、电话，以便联系。

②旅游者在当地游览期间，导游要不时打电话询问行李寻找的情况，一时

找不回行李，要协助失主购置必要的生活用品。

③离开本地前行李还没有找到，导游应帮助失主将接待旅行社的名称、全程旅游线路以及各地可能下榻的饭店名称转告有关航空公司，以便行李找到后及时运往相应地点交还失主。

④如行李确系丢失，失主可向有关航空公司索赔或按国际惯例取得赔偿。

（2）在中国境内丢失行李

旅游者在我国境内旅游期间丢失行李，一般是在三个环节上出了差错，即：交通运输部门、饭店行李部门和旅行社的行李员。导游必须认识到，不论是在哪个环节出现的问题，都是我方的责任，应积极设法负责查找。

①仔细分析，找出差错的线索或环节：如果旅游者在机场领取行李时找不到托运行李，则很有可能是上一站行李交接或机场行李托运过程中出现了差错。这时，全陪导游应马上带领失主凭机票和行李牌到机场行李查询处登记办理行李丢失或认领手续，并由失主填写《行李丢失登记表》。地陪导游立即向地接社领导或有关人员汇报，安排有关人员与机场、上一站地接社、有关航空公司等单位联系，积极寻找。如果抵达饭店后，旅游者告知没有拿到行李，问题则可能出现在四个方面：其一，本团旅游者误拿；其二，饭店行李员送错了房间；其三，旅行社行李员与饭店行李员交接时有误；其四，在往返运送行李途中丢失。出现这种情况，地陪导游应立即依次采取以下措施：地陪导游与全陪导游、领队一起先在本团内寻找。如果不是以上原因，应立即与饭店行李部取得联系，请其设法查找。如果仍找不到行李，地陪导游应马上向地接社领导或有关部门汇报，请其派人了解旅行社行李员有关情况，设法查找。

②做好善后工作。主动关心失主，对因丢失行李给失主带来的诸多不便表示歉意，并积极帮助其解决因行李丢失而带来的生活方面的困难。

③随时与有关方面联系，询问查找进展情况。

④若行李找回，及时将找回的行李归还失主。若确定行李已丢失，由责任方负责人出面向失主说明情况，并表示歉意。

⑤帮助失主根据有关规定或惯例向有关部门索赔。

⑥事后写出书面报告（事故的全过程：行李丢失的原因、经过、查找过程、赔偿情况及失主和其他团员的反映）。

（六）旅游者走失的处理

在参观游览或自由活动时，时常有旅游者走失的情况。一般来说，造成旅游者走失的原因有三种：一是导游没有向旅游者讲清车号、停车位置或景点的游览线路；二是旅游者对某种现象和事物产生兴趣，或在某处摄影滞留时间较长而脱离团队自己走失；三是在自由活动、外出购物时旅游者没有记清饭店地址和线路而走失。

无论哪种原因，都会影响旅游者情绪、有损带团质量。导游只要有责任心，肯下功夫，就会降低这种事故的发生率。一旦发生这种事故，导游要立即采取有效措施以挽回不良影响。

1. 旅游者走失的预防

（1）做好提醒工作。提醒旅游者记住地接社的名称，旅游车的车号和标志，下榻饭店的名称、电话号码，带上饭店的店徽等。导游尽可能与旅游者互留手机号码。

团体游览时，地陪导游要提醒旅游者不要走散；自由活动时，提醒旅游者不要走得太远，不要回饭店太晚，不要去热闹、拥挤、秩序混乱的地方。

（2）做好各项活动的安排和预报。在出发前或旅游车离开饭店后，地陪导游要向旅游者预告一天的行程，上午、下午游览点和吃中餐、晚餐餐厅的名称和地址。到游览点后，在景点示意图前，地陪导游要向旅游者介绍游览线路，告知旅游车的停车地点，强调集合时间和地点，再次提醒旅游者记住旅游车的特征和车号。

（3）时刻和旅游者在一起，经常清点人数。

（4）地陪导游、全陪导游和领队应密切配合。全陪导游和领队要主动负责做好旅游团的断后工作。

（5）导游要以高超的导游技巧和丰富的讲解内容吸引旅游者。

2. 旅游者走失的处理

只有当旅游者完全失去联系且在规定时间内没有返回时，才能认定为旅游者走失。其处理办法如下：

（1）旅游者在旅游景点走失

①了解情况，迅速寻找。导游应立即向其他旅游者、景点工作人员了解情况，并由全陪导游迅速安排旅游者随行亲朋或团队代表与其共同寻找旅游者，地陪导游带领其他旅游者继续游览。

②寻求帮助。在经过认真寻找仍然找不到走失者后，应立即向游览地的派出所和管理部门求助，特别是面积大、范围广、地段复杂、进出口多的游览点，因寻找工作难度较大，争取当地有关部门的帮助尤为必要。

③与饭店联系。在寻找过程中，导游可与饭店前台、楼层服务台联系，请他们注意该旅游者是否已经回到饭店。

④向旅行社报告。如采取了以上措施仍找不到走失的旅游者，地陪导游应

向旅行社及时报告，反映旅游者走失的详细情况，取得指导与帮助，并通知走失旅游者家属。

⑤报警处理。旅游者是老年人、未成年人、残疾人等特殊人群的，导游应立即报警。非特殊人群旅游者走失 24 小时仍未找到的，导游应立即向走失地公安机关报案，寻求帮助。

⑥做好善后工作。找到走失的旅游者后，导游要做好善后工作，分析走失的原因。如属于导游的责任，导游应向旅游者赔礼道歉；如果责任在走失者，导游也不应指责或训斥对方，而应对其进行安慰，讲清利害关系，提醒其以后注意。

⑦写出事故报告。若发生严重的走失事故，导游要写出书面报告，详细记述旅游者走失经过、寻找经过、走失原因、善后处理情况及旅游者的反映等。

（2）旅游者在自由活动时走失

①立即报告地接社和公安部门。导游在得知旅游者自己在外出时走失，应先向其他旅游者了解情况，并立即报告旅行社领导，请求指示和帮助；如旅游者走失 24 小时仍未找到的，导游应立即向走失地公安机关报案，并向公安部门提供走失者可辨认的特征，请求帮助寻找。

②做好善后工作。找到走失者，导游应表示高兴；问清情况，安抚因走失而受惊吓的旅游者，必要时提出善意的批评，提醒其引以为戒，避免走失事故再次发生。

③若旅游者走失后出现其他情况，应视具体情况作为治安事故或其他事故处理。

（3）旅游者在境外走失

旅游者走失发生在境外的，领队应及时向当地警方报案，并向中国驻当地使领馆或政府派出机构报告，在其指导下全力做好旅游者走失的应对处置工作。

（七）晕车（机、船）预防与处理

1. 症状与体征

晕车（机、船）这种一系列的生理反应统称为“动晕症”，其症状因人而异，轻者表现为头晕、胸闷、微汗、全身稍有不适；重者头痛心慌、眩晕恶心、呕吐不止，甚至发烧昏迷。虽然“动晕症”无法根治，但是可以做好预防和处理工作。

2. 预防常识

（1）避免在旅途中过度疲劳，因为疲劳是引起“动晕症”的原因之一。

（2）提醒有“动晕症”的旅游者在搭乘交通工具之前避免喝酒，避免过度饱食，尤其不能吃高蛋白和高脂食品，可吃些简单清淡的食物。

（3）照顾“动晕症”的旅游者在前排较平稳的位置就座，座位方向应与行驶方向一致。

（4）提醒有“动晕症”的旅游者，不要在搭乘交通工具时阅读书报杂志，也不要直视某个近物或看窗外快速移动的景物，最好闭目养神。

（5）建议“动晕症”严重的旅游者，可以在搭乘交通工具前 30 分钟服用抗晕药物。

3. 处理常识

（1）如有“动晕症”旅游者开始反应时，导游应立即关心旅游者的身体状况，及时将其调整到合适的位置。

（2）将风油精涂抹于旅游者的太阳穴或风池穴上。

（3）提醒旅游者将腰带束紧，减少腹腔内脏的震荡，缓解不适。

（4）准备好食品袋和纸巾，尽快清除呕吐物。

（5）如“动晕症”旅游者症状严重，及时联系乘务人员。

（八）中暑预防与处理

1. 症状与体征

中暑是在烈日下或高温环境里，人体内热量不能及时散发，引起机体体温调节发生障碍的一种急性疾病。按中暑程度，可分为轻症中暑和重症中暑。轻症中暑的症状有头昏、眼花、耳鸣、面色潮红、胸闷、皮肤灼热、体温升至 38℃以上，甚至可出现面色苍白、恶心、呕吐、汗多、脉搏细弱、呼吸浅快等早期循环衰竭征象。重症中暑除出现以上症状外，往往还会出现昏倒、痉挛或皮肤干热症状，体温超过 40℃。

2. 预防常识

（1）做好防护工作

导游应提醒旅游者做好防护工作，如打遮阳伞、戴遮阳帽、戴太阳镜、涂抹防晒霜，外出时的衣服尽量选用棉、麻、丝类的织物，最好穿白色、浅色或素色衣服，少穿深色的化纤品类服装。

（2）避免在烈日下活动

带团时要注意劳逸结合，尽量避免旅游者长时间地在骄阳下活动，特别是在正午阳光最强烈时。另外，在气温高且无风的地方也不能逗留过久。

（3）多喝淡盐开水

夏季旅游出汗多，体内盐分减少，而多喝些淡盐开水，可以补充体内流失掉的盐分。喝淡盐水时，要少量多次地喝，才能有作用。

（4）准备防暑用品

在夏季出游前应准备好预防和治疗中暑的药物用品，如十滴水、人丹、藿香正气水、清凉油、风油精等。

3. 处理常识

（1）迅速将患者抬到通风、阴凉、干爽的地方，使其仰卧并解开其衣扣，松开或脱去衣服，如衣服被汗水湿透最好能更换干衣服。同时可用扇子轻扇，帮助其散热。

（2）面部发红的患者可将其头部稍微垫高，面部发白者可将其头部略微放低，使其周身血液流通。

（3）最好在患者头部捂上一块冷毛巾，可用浓度 50% 的酒精、冰水、冷水进行全身擦浴，使末梢血管扩张，促进血液循环，然后用扇子或电扇吹风，促进其散热。

（4）若患者已失去知觉，可让其嗅一些有刺激气味的东西或掐其人中，刺激其苏醒，醒后可喂其喝一些清凉饮料或淡盐水。

（5）轻症患者经上述处理后，待体温降到 38℃，体征平稳后可送其回酒店休息；若有重症中暑患者，应该迅速与医院联系。

（九）旅游者患病、病危或死亡问题的处理

旅途劳累、气候变化、水土不服或饮食起居不习惯，旅游者尤其是年老体弱者难免会感到身体不适，导致患病，甚至出现病危情况。常见的旅行疾病或不适包括晕车晕船、失眠、高山反应、中暑、便秘、腹泻、呕吐等。在旅游过程中，旅游者可能会突发急症，如心脏病猝发、昏厥，还会出现摔伤等事故。

这就需要导游从多方面了解旅游者的身体状况，照顾好他们的生活，经常关心、提醒旅游者注意饮食卫生，避免人为的原因致使旅游者生病；导游应该学习预防和治疗旅行常见病的知识，掌握紧急救护的方法，以便在关键时刻为旅游者的救治争取时间，但是不得随意将自备药品提供给患者。

1. 旅游者患病的预防

（1）游览项目选择有针对性

导游在做准备工作时，应根据旅游团的信息材料，了解旅游团成员的年龄及旅游团的其他情况，做到心中有数。选择适合该年龄段旅游者的游览线路。

（2）安排活动日程要留有余地

不要将一天的游览活动安排得太多太满；更不能将体力消耗大、游览项目多的景点集中安排，要有张有弛，使旅游者感到轻松愉快；晚间活动的时间不宜安排过长。

（3）提醒旅游者注意饮食卫生

提醒旅游者注意饮食卫生，不要暴饮暴食，以免水土不服引起腹泻。在北方旅游时，提醒旅游者多喝水，多吃水果，以防上火和感冒。吃海鲜后，一小时内不要食用冷饮、西瓜等冷食，也不要马上去游泳；反之，游泳后也不要立即食用冷饮、海鲜、西瓜等。晕车（船、机）者，在乘坐前不要吃得太饱，也不要吃得太油腻。

（4）及时报告天气变化

导游应提醒旅游者随着天气的变化及时增减衣服、带雨具等；气候干燥的季节，提醒旅游者多喝水、多吃水果；尤其是炎热的夏季，要提醒旅游者注意预防中暑。

2. 旅游者患一般疾病的处理

经常有旅游者会在旅游期间感到身体不适或患一般疾病，如感冒、发烧、水土不服、晕车、失眠、便秘、腹泻等，这时导游应该注意以下几个方面。

（1）劝其及早就医，注意休息，不要强行游览。在游览过程中，导游要观察旅游者的神态、气色，发现旅游者的病态时，应多加关心，照顾其坐在较舒服的座位上，或留在饭店休息，但一定要通知饭店给予关照，切不可劝其强行游览。旅游者患一般疾病时，导游应劝其及早去医院就医。

（2）关心患病的旅游者。对因病没有参加游览活动、留在饭店休息的旅游者，导游要主动前去问候，询问身体状况，以示关心。必要时通知餐厅为其提供送餐服务。

（3）需要时导游可陪同患者前往医院就医。应向患者讲清楚，所需费用要自理，提醒其保存诊断证明和收据。

（4）严禁导游擅自给患者用药。

3. 旅游者突患重病的处理

（1）在前往景点途中突然患病

旅游者在去旅游景点的途中突然患病，导游应做到以下几点。

①在征得患者、患者亲友或领队同意后，立即将患重病的旅游者送往就近医院治疗，或拦截其他车辆将其送往医院。必要时，暂时中止旅行，用旅游车将患者直接送往医院。

②及时将情况通知地接社有关人员。

③一般由全陪导游、领队、病人亲友同往医院。如无全陪导游和领队，地陪导游应立即通知地接社请求帮助。

（2）在参观游览时突然患病

①不要搬动患病旅游者，让其坐下或躺下。

②立即拨打电话叫救护车（医疗急救电话：120）。

③向景点工作人员或管理部门请求帮助。

④及时向地接社领导及有关人员报告。

（3）在饭店突然患病

旅游者在饭店突患重病，先由饭店医务人员抢救，然后送往医院，并将其情况及时向地接社领导汇报。

（4）在向异地转移途中突患重病

在乘飞机、火车、轮船前往下一站的途中旅游者突患重病：

①全陪导游应请求乘务员帮助，在乘客中寻找医务人员。

②通知下一站旅行社做好抢救的各项准备工作。

4. 旅游者病危的处理

（1）旅游者病危，导游应立即拨打急救电话求救，或协同患者亲友送病人去医疗急救机构或医院抢救，或请医生前来抢救，并及时报告旅行社。

（2）如果患者是国际急救组织的投保者，导游应协助旅游者或其亲属、领队及时与该组织的代理机构联系，并报告旅行社。

（3）在抢救过程中，需要领队或患者亲友在场，并详细记录患者患病前后的症状及治疗情况，并请地接社领导到现场或与地接社保持联系，随时汇报患者情况。

（4）如果需要做手术，必须征得患者亲属的同意，如果亲属不在，需由领队同意并签字。

（5）若患者病危，但亲属又不在身边，导游应提醒领队及时通知患者亲属。如果患者亲属系外籍人士，导游要提醒领队通知所在国使、领馆。患者亲属到后，导游要协助其解决生活方面的问题；若找不到亲属，一切按使、领馆的书面意见处理。旅游者病危发生在境外的，领队应及时向中国驻当地使领馆或政府派出机构报告，并在其指导下，全力做好旅游者的抢救工作。

（6）详细记录患者患病前后的症状和治疗情况，尽量保留相关诊断治疗证明副本，患者亲友同团的，要求其在场。

（7）地陪导游应请求地接社领导派人帮助照顾患者、办理医院的相关事宜，同时安排好旅游团继续按计划活动，不得将全团活动中断。

（8）患者转危为安但仍需继续住院治疗，不能随团继续旅游或出境时，接待社领导和导游（主要是地陪导游）要不时去医院探望，帮助患者办理分离签证、延期签证以及出院、回国手续及交通票证等事宜。

（9）患者住院和医疗费用自理。如患者没钱看病，请领队或组团社与境外旅行社、其家人或保险公司联系解决其费用问题。

（10）患者在离团住院期间未享受的综合服务费由中外旅行社之间结算后，按协议规定处理。患者亲属在当地期间的一切费用自理。

5. 旅游者死亡的处理

（1）导游应立即向旅行社报告，由地接社按照国家有关规定做好善后工作，同时应稳定其他旅游者的情绪，并继续做好其他旅游者的接待工作。

（2）旅游者非正常死亡的，导游应注意保护现场，并及时向当地公安机关报案。

（3）旅游者死亡发生在境外的，领队应及时向当地警方报案，同时向中国驻当地使领馆或政府派出机构报告，并按旅行社的安排处理相关事宜。

（4）导游应协助旅游者家属向保险公司办理理赔事宜。

（十）旅游者不当言行的处理

不当行为一般是指违反社会公德或者触犯法律，但尚不足以引起法律责任的行为。外国旅游者在中国境内必须遵守中国的社会公德和法律，若违反社会公德情节严重，甚至违法，将受到中国法律的制裁。

1. 预防措施

导游应积极向旅游者介绍我国的有关法律、宗教、习俗、景点管理的有关规定，多做提醒工作，以免个别旅游者无意中做出不当、犯法行为。发现可疑现象，导游要有针对性地给予必要的提醒和警告，迫使预谋越轨者知难而退；对顽固不化者，一旦发现其越轨行为应立即汇报，协助有关部门调查，分清性质。处理这类问题要严肃认真，实事求是，合情、合理、合法。

2. 处理原则

对旅游者不当言行的处理，事前要认真调查核实，处理时要特别注意“四个分清”：分清不当行为和违法行为的界限；分清有意和无意的界限；分清无故和有因的界限；分清言论和行为的界限。

只有正确地区别上述界限，才能正确处理此类问题，才能团结朋友、增进友谊，维护国家的主权和尊严。

3. 几种典型情况的处理办法

（1）对攻击和诬蔑言论的处理

对于海外旅游者来说，由于其国家的社会制度与我国的不同，政治观点也会有差异，因此，他们中的一些人可能对我国的方针政策及国情有误解或不理解，在一些问题的看法上产生分歧也是正常现象，可以理解。此时，导游要积极友好地介绍我国的国情，认真地回答旅游者的问题，阐明我国对某些问题的立场、观点。总之，多做工作，求同存异。

对于个别旅游者站在敌对的立场进行恶意攻击、蓄意诬蔑挑衅的行为，作为一名中国的导游要严正驳斥，驳斥时要理直气壮、观点鲜明，导游应首先向其阐明自己的观点，指出问题的性质，劝其自制。如其一意孤行，影响面大，或有违法行为，导游应立即向有关部门报告。

（2）对违法行为的处理

对于海外旅游者的违法行为，首先要分清是由于对我国的法律缺乏了解，还是明知故犯。对前者，应讲清道理，指出错误之处，并根据其违法行为的性质、危害程度，确定是否报告有关部门处理。对那些明知故犯者，导游要提出警告，明确指出其行为是中国法律和法规所不允许的，并报告有关部门严肃处理。

中外旅游者中若有窃取国家机密和经济情报、宣传邪教、组织邪教活动、走私、贩毒、偷窃文物、倒卖金银、套购外汇、贩卖黄色书刊及录音/录像制品、嫖娼、卖淫等犯罪活动的，一旦发现应立即汇报，并配合司法部门查明罪责，严肃处理。

（3）对散发宗教宣传品行为的处理

旅游者若在中国散发宗教宣传品，导游一定要予以劝阻，并向其宣传中国的宗教政策，指出不经我国宗教团体邀请和允许，不得在我国布道、主持宗教活动和在非完备活动场合散发宗教宣传品。处理这类事件要注意政策界限和方式方法，但对不听劝告并有明显破坏活动者，应迅速报告，由司法机关或公安有关部门处理。

（4）对违规行为的处理

①一般性违规的预防及处理。在旅游接待中，导游应向旅游者宣传、介绍、说明旅游活动中涉及的具体规定，防止旅游者因不知而误犯。例如，参观游览中哪些地方禁止摄影、禁止进入等，都要事先讲清，并随时提醒。若在导游已讲清并提醒的情况下明知故犯，当事人要按规定受到应有的处罚（由管理部门司法机关处理）。

②对异性越轨行为的处理。对于旅游者中举止不端、行为猥亵的任何表现，都应郑重指出其行为的严重性，令其立即改正。导游遇到此类情况，出于自卫要采取果断措施；情节严重者应及时报告有关部门依法处理。

③对酗酒闹事者的处理。旅游者酗酒，导游应先规劝并严肃指明可能造成的严重后果，尽力阻止其饮酒。不听劝告、扰乱社会秩序、侵犯他人、造成物质损失的肇事者必须承担一切后果，甚至法律责任。

（十一）传染病疫情处理

导游带旅游者游览途中有可能遭遇传染病疫情，传染性是传染病与其他类别疾病的主要区别，传染病意味着病原体能够通过各种途径传染给他人。导游应按以下要求处理。

（1）立即暂停旅游活动，在第一时间向旅行社及其所在地、疫情发生地旅游主管部门报告，并及时向附近的疾病预防控制机构报告详细情况，配合开展旅游者防疫、安抚和宣传解释工作。

（2）有关部门认为应对旅游者进行防疫检查的，立即将旅游者送至当地疾病预防控制机构或有关部门指定的其他场所。

（3）经查旅游者确患传染病的，遵照当地有关疫情防控指引和要求，配合相关部门和单位做好旅游者隔离、密切接触者追踪或采取其他措施，并通知其亲属。

（4）关注目的地疫情防控动态，宜根据疫情发展情况，按旅行社的安排，调整或变更旅游行程。

（5）如患者系外籍人士，由我国公安机关令其提前出境的，协助患者办理相关离境手续。

（6）传染病疫情发生在境外的，领队应及时向中国驻当地使领馆或政府派出机构报告，并在其指导下全力做好传染病疫情应对处置工作。

（十二）社会骚乱的处理

当旅游者遭遇社会骚乱等群体性事件时，导游应按以下要求处理。

（1）立即向旅行社报告，反映旅游者遭遇群体性事件的详细情况，并向旅游者预警，引导旅游者采取相应的安全防范措施，同时配合现场警务人员指挥，组织旅游者有序撤离事发区域，若无警务人员现场指挥，立刻带领旅游者撤离事发区域。

（2）旅游者人身、财物受到威胁的，根据现场条件，引导旅游者开展自救和互救，并及时带领旅游者脱离险境，全力保护旅游者的人身和财物安全。

（3）稳定旅游者情绪，视情况变更或取消旅游行程。取消旅游行程的，协助旅游者返回出发地或旅游者指定的合理地点。

（4）当旅游者遭遇社会骚乱等群体性事件发生在境外的，领队应及时向中国驻当地使领馆或政府派出机构报告，并在其指导下，将旅游者妥善转移至安全区域，全力做好群体性事件的应对处置工作。

（十三）旅游接待纠纷的处理

当导游与旅游者或旅游者与接待者发生接待纠纷时，导游应按以下要求处理。

（1）遵循旅游合同，防止矛盾扩大化，处理问题讲求有理、有礼、有节，稳定旅游者情绪，引导旅游者理性维权。

（2）做好书面记录，保存书证、物证、电子数据等证据。

（3）及时向旅行社报告，反映接待纠纷的详细情况，并按旅行社要求采取必要的措施。

（4）尽量保障后续旅游行程的执行，维护旅游者和旅行社的合法权益。

三、旅游安全事故的预防与处理

《旅游安全管理办法》中规定：凡涉及旅游者人身、财产安全的事故均为旅游安全事故。旅游安全事件可分为以下四级。

特别重大旅游突发事件是指：①造成或者可能造成人员死亡（含失踪）30人以上（含30人）或者重伤100人以上（含100人）；②旅游者500人以上（含500人）滞留超过24小时，并对当地生产生活秩序造成严重影响；③其他在境内外产生特别重大影响，并对旅游者人身、财产安全造成特别重大威胁的事件。

重大旅游突发事件是指：①造成或者可能造成人员死亡（含失踪）10人以上（含10人）、30人以下，或者重伤50人以上（含50人）、100人以下；②旅游者200人以上（含200人）滞留超过24小时，对当地生产生活秩序造成较严重影响；③其他在境内外产生重大影响，并对旅游者人身、财产安全造成重大威胁的事件。

较大旅游突发事件是指：①造成或者可能造成人员死亡（含失踪）3人以上（含3人）、10人以下，或者重伤10人以上（含10人）、50人以下；②旅游者50人以上（含50人）、200人以下滞留超过24小时，并对当地生产生活秩序造成较大影响；③其他在境内外产生较大影响，并对旅游者人身、财产安全造成较大威胁的事件。

一般旅游突发事件是指：①造成或者可能造成人员死亡（含失踪）3人以下或者重伤10人以下；②旅游者50人以下滞留超过24小时，并对当地生产生活秩序造成一定影响；③其他在境内外产生一定影响，并对旅游者人身、财产安全造成一定威胁的事件。

旅行社接待过程中可能发生的旅游安全事故，主要包括交通事故、治安事故、火灾事故、食物中毒、溺水事故等。

（一）交通事故

交通事故在旅游活动中时有发生，有海、陆、空三种，最常见的是汽车事故。为此，在行车期间要保证司机注意力集中，不要和司机聊天；发现司机过度疲劳，要提醒他注意安全。交通事故不是导游所能预料、控制的。遇到交通事故发生，只要导游没负重伤，神志还清楚，应立即采取措施，冷静果断地处理，并做好善后工作。

1. 交通事故的预防

（1）司机开车时，导游不要与司机聊天，以免分散其注意力。

（2）安排游览日程时，在时间上要留有余地，避免造成司机为抢时间、赶日程而违章超速行驶。不催促司机开快车。

（3）如遇天气不好（下雪、下雨、有雾）、交通堵塞、路况不好，尤其是道路狭窄、山区行车时，导游要主动提醒司机注意安全，谨慎驾驶。

（4）如果天气恶劣，地陪导游对日程安排可适当灵活地加以调整；如遇有道路不安全的情况，可以改变行程。必须把安全放在第一位。

（5）阻止非本车司机开车。提醒司机在工作期间不要饮酒。如遇司机酒后开车，决不能迁就，地陪导游要立即阻止，并向领导汇报，请求改派其他车辆或换司机。

（6）提醒司机经常检查车辆，发现事故的隐患，及时提出更换车辆的建议。

2. 交通事故的处理

（1）立即组织抢救

导游应立即组织现场人员迅速抢救受伤的旅游者，特别是抢救重伤员，进行止血、包扎、上夹板等初步处理。立即打电话叫救护车（医疗急救中心电话：120）或拦车将重伤员送往距出事地点最近的医院抢救。

（2）立即报案，保护好现场

事故发生后，不要在忙乱中破坏现场，要设法保护现场，并尽快通知交通、公安部门（交通事故报警台电话：122）。如果有两名以上导游在场，可由一个指挥抢救，另一个留下保护现场。如果只有一名导游，可请司机或其他熟悉情况的人协助处理，并尽快让旅游者离开事故车辆，争取尽快派人来现场调查处理。

（3）迅速向地接社报告

地陪导游应迅速向地接社领导和有关人员报告，讲清交通事故的发生和旅游者伤亡情况，请求派人前来帮助和指挥事故的处理，并要求派车把未受伤和受轻伤的旅游者接走送至饭店或继续旅游活动。

3. 善后处理

（1）做好安抚工作

事故发生后，交通事故的善后工作将由交通运输公司和旅行社的领导出面处理。导游在积极抢救、安置伤员的同时，做好其他旅游者的安抚工作，力争按计划继续进行参观游览活动。待事故原因查清后，请旅行社领导出面向全体旅游者说明事故原因和处理结果。

（2）办理善后事宜

请医院开具诊断和医疗证明书，并请公安局开具交通事故证明书，以便向保险公司索赔。

（3）写出书面报告

交通事故处理结束后，需有关部门出具事故证明、调查结果，导游要立即写出书面报告。内容包括：事故的原因和经过；抢救经过和治疗情况；人员伤亡情况和诊断结果；事故责任及对责任者的处理结果；受伤者及其他旅游者对处理的反映等。书面报告力求详细、准确、清楚、实事求是，最好和领队联合报告。

（二）治安事故

在旅游活动过程中，遇到坏人行凶、诈骗、偷窃、抢劫，导致旅游者人身及财物受到不同程度的损害的事故，统称为治安事故。

导游在带团时要注意观察周围的环境，发现异常情况，立即采取措施，尽快把旅游团转移到安全地带。若遇到坏人抢劫或行凶，导游要敢于、善于应战，挺身而出保护旅游者的生命财产安全，决不能置身事外，更不能临阵脱逃。

1. *治安事故的预防*

导游在接待工作中要时刻提高警惕，采取一切有效的措施防止治安事故的发生。

（1）入住饭店时，导游应建议旅游者将贵重财物存入饭店保险柜，不要随身携带大量现金或将大量现金放在客房内。

（2）提醒旅游者不要将自己的房号随便告诉陌生人；更不要让陌生人或自称饭店维修人员的人随便进入自己的房间；尤其是夜间绝不可贸然开门，以防发生意外；出入房间一定要锁好门。

（3）提醒旅游者不要与私人兑换外币，并讲清我国关于外汇管制的规定。

（4）每当离开旅游车时，导游都要提醒旅游者不要将证件或贵重物品遗留在车内。旅游者下车后，导游要提醒司机关好车窗、锁好车门，尽量不要走远。

（5）在旅游景点活动中，导游要始终和旅游者在一起，随时注意观察周围的环境，发现可疑之人；在人多拥挤的地方，要提醒旅游者看管好自己的财物，如：不要在公共场合拿出钱包，最好不买流动小贩的东西（防止物品被小贩偷去），并随时清点人数。

（6）汽车行驶途中，不得停车让非本车人员上车、搭车；若遇不明身份者拦车，导游提醒司机不要停车。

2. 治安事故的处理

导游在陪同旅游者参观游览的过程中，遇到此类治安事件的发生，必须挺身而出，全力保护旅游者的人身安全，决不能置身事外，更不能临阵脱逃，发现不正常情况，立即采取行动。

（1）全力保护旅游者

遇到歹徒向旅游者行凶、抢劫，导游应做到临危不惧，毫不犹豫地挺身而出，奋力与坏人搏斗，勇敢地保护旅游者。同时，立即将旅游者转移到安全地带，力争在群众和公安人员的帮助下缉拿罪犯，追回钱物，但也要防备犯罪分子携带凶器狗急跳墙。所以，切不可鲁莽行事，要以旅游者的安全为重。

（2）迅速抢救伤员

如果有旅游者受伤，应立即组织抢救，或送伤者去医院。

（3）立即报警求助

治安事故发生后，导游应立即向公安局报警（110），如果罪犯已逃脱，导游要积极协助公安局破案。要把案件发生的时间、地点、经过、作案人的特征，以及受害人的姓名、性别、国籍、伤势及损失物品的名称、数量、型号、特征等向公安部门报告清楚。

3. 善后事宜

（1）及时报告

导游在向公安部门报警的同时要向地接社领导及有关人员报告。如情况严重，请求领导前来指挥处理。

（2）安抚旅游者

治安事件发生后，导游要采取必要措施稳定旅游者情绪，尽力使旅游活动继续进行下去。并在领导的指挥下，准备好必要的证明、资料，处理好受害者的补偿、索赔等各项善后事宜。

（3）写出报告

事后，导游按照有关要求写出详细、准确的书面报告，包括案件整个经过以及案件的性质、采取的应急措施和受害者及其他旅游者的情况等。

（三）火灾事故

饭店、景点、娱乐购物等场所发生火灾，会威胁到旅游者的生命和财产安全。导游平常就应熟悉饭店或旅游者常去场所的防火措施，了解安全出口、安全门、安全楼梯的位置，学习好火灾避难和救护的基本常识，才可能遇事不慌、妥善处理。

1. 火灾事故的预防

（1）做好提醒工作

提醒旅游者不要携带易燃、易爆物品；不乱扔烟头和火种，不要躺在床上吸烟。向旅游者讲清：在托运行李时应按运输部门有关规定去做，不得将不准作为托运行李运输的物品夹带在行李中。只有这样，才能尽可能地减少火灾。

（2）熟悉饭店的安全出口和转移线路

导游带领旅游者住进饭店后，在介绍饭店内的服务设施时，必须介绍饭店楼层的太平门、安全出口、安全楼梯的位置，并提醒旅游者进入房间后，看懂房门上贴的安全转移线路示意图，掌握一旦失火时应走的线路。

（3）牢记火警电话

导游一定要牢记火警电话（119）；掌握领队和全体旅游者的房间号码。一旦火情发生，能及时通知旅游者。

2. 火灾事故的处理

万一发生了火灾，导游应做到：首先，报警；其次，迅速通知领队及全团旅游者；再次，配合工作人员，听从统一指挥，迅速通过安全出口疏散旅游者；最后，判断火情，引导旅游者自救。如果情况危急，不能马上离开火灾现场或被困，导游应采取的正确做法如下。

（1）千万不能让旅游者搭乘电梯或慌乱跳楼，尤其是在三层以上的旅游者，切记不要跳楼。

（2）应迅速戴上防烟面具，或用湿毛巾捂住口鼻，以防中毒、窒息。

（3）必须穿过浓烟时，可用水将全身浇湿或披上用水浸湿的衣被，捂住口鼻，贴近地面蹲行或爬行。

（4）若身上着火了，可就地打滚，将火苗压灭，或用厚重衣物压灭火苗。

（5）大火封门无法逃脱时，可用浸湿的衣物、被褥将门缝塞严，或泼水降温，等待救援。

（6）当见到消防队来灭火时，可以摇动色彩鲜艳的衣物，寻求救援。

3. 协助处理善后事宜

旅游者得救后，导游应立即组织抢救受伤者；若有重伤者应迅速送往医院；若有人死亡，按有关规定处理；采取各种措施安抚旅游者的情绪，解决因火灾造成的生活方面的困难，设法使旅游活动继续进行；协助领导处理好善后事宜；写出翔实的书面报告。

（四）食物中毒事故

旅游者因食用变质或不干净的食物常会发生食物中毒。其特点是：潜伏期短，发病快，且常常集体发病，若抢救不及时会有生命危险。

1. 食物中毒的预防

为防止食物中毒事故的发生，导游应做到以下几点：

（1）应安排旅游者去卫生有保障的旅游餐厅就餐。

（2）提醒旅游者不要在小摊上购买食物。

（3）如用餐时发现食物、饮料不卫生或有变质异味，应立即要求更换，并要求餐厅负责人出面道歉，必要时向旅行社领导汇报。

2. 食物中毒的处理

当旅游者发生食物中毒时，导游应按以下要求处理：

（1）立即与当地医疗机构联系救助事宜，并设法催吐，同时对食品进行留样，取得旅游者呕吐物的样本。

（2）将旅游者送至医疗急救机构或医院进行救治，并保留相关证据。

（3）及时向旅行社及其所在地旅游主管部门、发生地旅游主管部门和疾病预防控制机构报告，反映旅游者食物中毒的详细情况。

（4）旅游者食物中毒发生在境外的，领队应及时向中国驻当地使领馆或政府派出机构报告，并在其指导下全力做好食物中毒应对处置工作。

（五）溺水事故

溺水又称淹溺，是指人淹没于水中，由于水吸入肺内（湿淹溺 90%）或喉挛（干淹溺 10%）所致窒息。

1. 溺水事故的预防

为了防止溺水事故的发生，导游应做到以下几点：

（1）劝阻旅游者，请他们不要独自在河边、海边玩耍。

（2）劝阻旅游者，请他们不要前往非游泳区游泳。

（3）劝阻不会游泳者，使其不要游到深水区，即使带着救生圈也不安全。

（4）提醒旅游者在游泳前要做适当的准备活动，以防抽筋。

2. 溺水时的自救方法

（1）不要慌张，发现周围有人时立即呼救。

（2）放松全身，让身体漂浮在水面上，将头部浮出水面，用脚踢水，防止体力丧失，等待救援。

（3）身体下沉时，可将手掌向下压。

（4）如果在水中突然抽筋，又无法靠岸时，立即求救。如果周围无人，可深吸一口气潜入水中，伸直抽筋的那条腿，用手将脚趾向上扳，以缓解抽筋。

3. *发现有人溺水时的救护方法*

（1）可将救生圈、竹竿、木板等物抛给溺水者，再将其拖至岸边。

（2）若没有救护器材，可入水直接救护。接近溺水者时要转动他的髋部，使其背向自己然后拖运。拖运时通常采用侧泳或仰泳拖运法。

（3）特别强调：未成年人发现有人溺水，不能贸然下水营救，应立即大声呼救，或利用救生器材施救，救人也要在自己能力范围之内。

4. *岸上急救溺水者方法*

（1）迅速清除溺水者口、鼻中的污泥、杂草及分泌物，保持呼吸道通畅，并拉出舌头，以避免堵塞呼吸道。

（2）将溺水者举起，使其俯卧在救护者肩上，腹部紧贴救护者肩部，头脚下垂，以使溺水者呼吸道内积水自然流出。

（3）进行口对口人工呼吸及心脏按压。

（4）尽快联系急救中心或送去医院。

第三节　重大自然灾害的避险方法

一、地震

地震灾害最有可能造成惨重的人员伤亡和巨大的财产损失，引发的次生灾害也比其他灾害严重，甚至危害旅游业的发展。

地震虽然具有不可抗拒性，但是人们依然可以通过一些措施来减少损害。

（一）现场自救

室内避险应就地躲避：躲在桌、床等结实的家具下；尽量躲在窄小的空间内，如卫生间、厨房或内墙角；可能时，在两次震动之间迅速撤至室外。

室外避险切忌乱跑乱挤，不要扎堆，应避开人多的地方；远离高大建筑物、窄小胡同、高压线；注意保护头部，防止砸伤。旅游团在游览时遇到地震，导游应迅速引导旅游者撤离建筑物、假山，集中在空旷开阔地域。

（二）受灾者的自救

地震时被压在废墟下、神志还清醒的幸存者，最重要的是不能在精神上崩溃，而应争取创造条件脱离险境或保存体力等待救援。例如，若能挣脱开手脚，应立即捂住口鼻，以隔挡呛人的灰尘，避免窒息；设法保存体力，不要乱喊，听到外面有人时再呼救；若能找到水和食物，要计划使用，尽可能久地维持生命。

二、泥石流

泥石流多发生于山区，在我国的大多数山区都时有发生，尤其在我国西南山区尤为严重，每年雨季都有泥石流、滑坡等自然灾害发生。泥石流的主要发生原因是暴雨集中、山高、坡陡和植被稀疏等。泥石流发生频率高、破坏性大，对旅游业有较大的影响。

遇到泥石流，导游要镇定地引导旅游者逃生。

（1）泥石流发生时，不能在沟底停留，而应迅速向山坡坚固的高地或连片的石坡撤离，抛掉一切重物，跑得越快越好，爬得越高越好。

（2）切勿与泥石流同向奔跑，而要向与泥石流流向垂直的方向逃生。

（3）到了安全地带，旅游者应集中在一起等待救援。

三、洪水

洪水是形成洪灾的直接原因，洪灾是世界上最严重的自然灾害，一般多发生于夏季。我国的洪水灾害十分频繁，因此导游在带领旅游者到山地、河湖游览时，若遇暴雨或前一天下了暴雨，要特别注意洪灾的发生。

（一）洪水灾害的预防

为避免在游览中受到洪水的侵袭，导游应在出发前收听气象台的天气预报，尤其是汛期的天气预报，当听到气象台发出的红色预警或橙色预警时，应对计划的山区、河湖或低洼地区的游览采取相应的措施，如可同旅游者协商并征求其同意，适当调整旅游项目。

为应对在野外游览时可能突然遭遇的洪水侵袭，导游平时应学习一些应对洪水的自救和救援知识。

（二）遭遇洪水时的应对

1. 洪水来临时的自救措施

（1）不要带领旅游者去危险地带，如电线杆和高压线塔周围，危墙及高墙旁，河床、水库、沟渠与涵洞边，化工厂及储藏危险物品的仓库。

（2）带领旅游者迅速离开低洼地带，选择有利地形，将旅游者转移至地势较高的地方以躲避洪水。

2. 被洪水围困时的自救措施

（1）若躲避转移没有及时完成，导游应带领旅游者选择较安全的位置等待救援，并用自身备有的通信器具，不断地向外界发出求救信号，以求及早得到解救。

（2）设法稳定旅游者的情绪，若离开原地要采取集体行动，不要让旅游者单独离开，以免因情况不明而陷入绝境。

（3）利用手机迅速报警，将旅游者受洪水围困的地点、人数和所处的险情一一报告清楚，请他们迅速组织人员前来救援。

四、山体滑坡

山体滑坡不仅会造成一定范围内的人员伤亡、财产损失，还会对附近道路交通造成严重威胁。当遇到滑坡正在发生时，首先应镇静，不可惊慌失措。为了自救或救助旅游者，导游应该做到如下几点：

（1）保持冷静。当处在滑坡体上时，首先应保持冷静，不能慌乱；慌乱不仅浪费时间，而且极可能会做出错误的决定。

（2）组织自救。导游要迅速环顾四周，组织旅游者迅速离开交通工具，向较为安全的地段撤离。一般除高速滑坡外，只要行动迅速，都有可能逃离危险区段。跑离时，以向两侧跑为最佳方向。在向下滑动的山坡中，向上或向下跑均是很危险的。当遇到无法跑离的高速滑坡时，更不能慌乱，在一定条件下，如滑坡呈整体滑动时，原地不动，或抱住大树等物，不失为一种有效的自救措施。

（3）寻求救助。滑坡时，极易造成人员受伤，当受伤时应呼救“120”。

五、台风

旅游团若遇强大风暴，尤其遇到龙卷风时，要采取自我保护措施。

（1）若在室内，最好躲在地下室、半地下室或坚固房屋的小房间内，避开重物；不能躲在野外小木屋、破旧房屋和帐篷里。

（2）若被困在普通建筑物内，应立即紧闭临风方向的门窗，打开另一侧的门窗。

（3）若被飓风困在野外，不要在狂风中奔跑，而应平躺在沟渠或低洼处，但要避免被水淹。

（4）旅游团在旅游车中时，司机应立即停车，导游要组织旅游者尽快撤离，躲到远离汽车的低洼地或紧贴地面平躺，并注意保护头部。

六、暴雨

我国七月、八月是防汛关键期，一些地方遭遇强降水，而汛期暴雨局地性、突发性强，雨量大、危害重，容易引发洪水、泥石流、山体滑坡、山体崩塌等自然灾害。暴雨天易发生安全事故，旅游团如遭遇暴雨，一定要采取好防护避险措施。

（1）导游应关注天气预报、预警信息，尽量减少外出或不带旅游团外出。

（2）提醒旅游者不在山区沟谷、滩涂河道、泄洪道等区域游览、野营和露宿。

（3）旅游者出行途中遭遇暴雨，导游应带旅游者避开落地广告牌、变压器、电线杆等危险物；远离建筑工地临时围墙以及建在山坡上的围墙；提醒旅游者不要贸然涉水前行，警惕井盖、下水道、排污井等，若发现路面有塌陷，一定要绕行。

（4）假如暴雨天不得不乘车出行，行前导游应请司机先检查发动机盖和车门的封闭情况及雨刮器、制动器的状况，发现故障及时排除。行车时导游应提醒司机要降低车速，保持车距。雨天能见度较低时，可以打开防雾灯；路面积水不超过半个车轮时，车辆一般可以正常通过，但要放慢车速，谨防车速过快致使发动机进水而熄火。若车辆在涉水行驶过程中熄火，导游应在水位还未完全涨上来前带领旅游者快速撤离危险区域。千万不要在车内等待救援，以免水位过高时电动门窗自动锁定，危及人身安全。

七、雷电

进入夏季，天气阴晴不定，大雨常常伴有雷电，威胁旅游者的生命安全。导游应提醒旅游者防范雷电。

（1）导游应提醒旅游者注意避免引雷电上身，做到“五勿”：勿敞开门窗；勿开启电器；勿在树下、杆下躲雨；勿在山顶、楼顶等高处逗留；勿触摸墙上避雷针等金属。

（2）导游应提醒旅游者在雷雨天气用伞时，做到“四忌”：忌用金属把的雨伞；忌在电器设施下撑伞；忌在高处使用雨伞；忌收纳雨伞时紧贴通电设备。

（3）导游应关注天气预报，接到天气预警后，导游应尽量不要带旅游者在水面附近停留，如游泳、钓鱼、水边玩耍等；雷电发生时，应提醒旅游者不可赤脚奔跑，带领旅游者尽量到低洼处躲避，其间尽量不要使用电话、耳机等电子产品；阻止旅游者在户外骑行，也不要将金属工具扛在肩上行走。

八、海啸

海啸是一种灾难性的海浪，通常由震源在海底下 50 公里以内、里氏震级 6.5 以上的海底地震引起。

（一）海啸逃生

（1）如果感觉到较强的震动，不要靠近海边、江河的入海口。如果听到有关附近地震的报告，要做好防范海啸的准备，注意电视和广播新闻。要记住，海啸有时会在地震发生几小时后到达离震源上千公里远的地方。

（2）如果发现潮汐突然反常涨落，海平面明显下降或者有巨浪袭来的现象，导游都应组织旅游者以最快速度撤离岸边。

（3）海啸前海水异常退去时往往会把鱼虾等许多海生动物留在浅滩，场面蔚为壮观。此时千万不要前去捡拾鱼虾或看热闹，应当带领旅游者迅速离开海岸，向内陆高处转移。

（4）发生海啸时，航行在海上的船只不可以回港或靠岸，应该马上驶向深海区，深海区相对于海岸更为安全。

（二）自救与互救

（1）如果在海啸来临时不幸落水，要尽量抓住木板等漂浮物，同时注意避免与其他硬物碰撞。

（2）在水中不要举手，也不要乱挣扎，尽量减少动作，能浮在水面随波漂流即可。这样既可以避免下沉，又能够减少体能的无谓消耗。

（3）如果海水温度偏低，不要脱衣服。

（4）尽量不要游泳，以防体内热量过快散失。

（5）不要喝海水。海水不仅不能解渴，反而会让人出现幻觉，导致精神失常甚至死亡。

（6）尽可能向其他落水者靠拢，这样既便于相互帮助和鼓励，又可因目标扩大更容易被救援人员发现。

（7）溺水者被救上岸后，最好能进入温水里恢复体温，没有条件时也应尽量裹上被、毯、大衣等保温衣物。注意不要采取局部加温或按摩的办法，更不能让落水者饮酒，饮酒只能使热量更快散失。

（8）如果落水者受伤，应采取止血、包扎、固定等急救措施，重伤员则要及时送往医院救治。

（9）要记住及时清除落水者鼻腔、口腔和腹内的吸入物。具体方法是：将落水者的肚子放在施救者的大腿上，从后背按压，让海水等吸入物流出。如心跳、呼吸停止，则应立即交替进行口对口人工呼吸和心脏按压。

随堂练

案例

第九章
导游相关知识

【学习目标】

了解高原旅游、冰雪旅游、温泉旅游、沙漠旅游、漂流及研学旅行的安全常识，时差、温度和度量衡换算，以及中国货币兑换的相关知识。熟悉旅行社、饭店、景区的相关知识，旅游保险的种类及相关知识，航空机票种类、旅客误机、航班延误或取消、行李赔偿的相关知识，中国海关有关入出境物品的规定。掌握航空、铁路、水运购票、退票和携带物品的规定，旅客入出境应持有的证件和需要办理的手续，中国离境退税的相关知识。

第一节　旅行社知识

一、国际旅行社业的发展历程

（一）近代旅游时期的旅行代理业

1840—1860 年，由于发明了铁路，旅行的形势迅速改变，各国出版的旅行指南给人们的旅行带来了很大方便。1839 年，德国出版商卡尔·贝德克尔在德国的科布伦茨堡出版发行了克莱因的手稿《莱茵河之行》。1845 年，托马斯·库克以企业家的眼光看到了产业革命后旅游需求发展的趋势，于是正式开办了商业性的旅行代理业务。同年夏季，托马斯·库克首次组团开展消遣旅游。这次旅游活动由于具有以下特点而被认为是标志了近代旅行社业务的开端：第一，这次活动已经不再是过去的“业余活动”，而是出于纯粹的商业性目的，每人包价 1 基尼。第二，此前托马斯·库克组织的旅游活动都是当日往返的一日游，而这一次则是在外过夜数天的长途旅游。第三，托马斯·库克在此次活动前，沿途做了大量的考察，并先期确定了参观游览的地点和入住的廉价饭店，首创了低价的团体旅行。第四，托马斯·库克为此次旅游专门编印了旅游指南——《利物浦之行手册》。第五，托马斯·库克本人不仅担任了旅行团的陪同和导游，而且在沿途一些地方另外聘请了一些当地导游。1865 年，托马斯·库克正式在伦敦开设了自己的旅游办事处——托马斯·库克父子公司。这标志着世界上第一个以营利为目的、向普通民众提供专门化旅游服务的机构正式成立。在库克旅游公司出现之后的几十年间，在制度创新、示范与转移机制的作用下，欧美和世界其他国家中类似的旅游组织和代理机构开始大量涌现。如美国的运通公司、德国的中欧旅行社，以及当时苏联的国际旅行社等。到了 20 世纪初期，英国的托马斯·库克旅游公司、美国的运通公司和比利时铁路卧车公司成为世界旅行社行业排名前三位的公司。

（二）大众旅游时期的旅行社业

20 世纪 50 年代以后，旅游业所赖以发展的社会经济环境因素发生了极大的变化，如战后世界各国开始致力于经济建设，缓和与发展一直占据主导地位；世界经济迅速发展，人口迅速增加；交通运输工具的进步缩短了旅行的时间；生产自动化程度提高使劳动者的带薪假期得以增加；各国城市化进度普遍加速；世界各国的教育事业不断向新的广度和深度发展；此外，还有信息技术进步的影响，人们的好奇心和求知欲增强等。所有这些因素都在引导着国际旅游进入现代大众旅游时期。

在此情况下，旅行社通过降低成本和价格创造巨大市场需求的策略，往往可以取得较为理想的效果。在大众旅游时代，特定的环境条件决定了旅游市场需求表现为对内涵相似的标准化旅游产品的大规模、无差异需求。在大众营销观念的指导下，旅行社在运作过程中基本上不考虑可能存在的细分市场间的差别，他们更加注重旅游者需求中的相同之处，并凭借标准化的包价旅游产品来追求整个市场。与此同时，随着国际旅游业的迅速发展和市场规模的扩大，西方国家旅行社的行业规模和企业规模与前一时期相比都有了飞速发展，开始大规模地跨越国界设立自己的分支机构，走跨国经营之路，并在此基础上形成许多跨国旅游企业集团，对世界旅游业的发展产生了重要的影响。

（三）当代发达国家的旅行社业

1. 适应旅游需求变化，不断更新营销战略

随着社会经济和技术条件的变革以及旅游业的不断发展，旅游者旅游消费的经历和经验不断丰富，加之教育的发展和人们文化水平的提高，旅游者对于严重束缚其个性发展的标准化旅游产品的需求强度日趋弱化。尤其是进入 20 世纪 90 年代以来，随着以国际互联网为代表的信息技术的飞速发展，旅游者的信息渠道和消费意识发生了深刻的变化，旅游需求的个性化和多样化进程得以加速。

相较于大众旅游时期来讲，当代的旅游市场需求总体呈现出差异化、复杂化和个性化的特征。旅游市场的不断成熟造就出一大批“新型”旅游者，其特点是阅历广、经验多、要求高。为适应旅游需求日趋个性化和差异化的发展趋势，旅行社逐步调整其市场营销战略，通过细分甚至超细分市场，提供多样化的旅游产品，满足日趋复杂多变的旅游需求。

2. 旅行社数量不断增加，行业规模不断扩大

这里的数量既指市场供给主体总量，也指国民人均拥有旅行社和经营网点的数量。在市场机制充分发挥资源调节作用的国家和地区，旅行社数量的多少是由市场需求决定的。现在发达国家一般每万人就拥有一家旅行社或者旅行社营业点。

3. 网络经营的普及使旅行社科技含量在提高

在当代，旅行社不仅广泛地运用计算机网络完成预订机票、火车票、饭店客房等服务，而且将之大量应用于业务经营与管理中。借助计算机网络，旅行社一方面与提供服务的相关企事业单位实现即时业务联系，另一方面在企业内部实现科学管理，高效、快捷地完成交易票据的分发和信息处理，使旅行社的经营效率大大提高。

4. 产业集中度日渐提高，企业规模稳步扩大

发达国家的旅行社业具有两个明显的特点：其一，旅行社业主要由中、小规模的旅行社构成；其二，规模较大的旅行社虽然数量有限，但其营业收入占全行业营业收入总额的比例却很高，并且在全球范围内的商业存在日益提高。欧共体主要国家的旅行社也都表现出明显的垄断化趋势，其中以法国最为明显。法国排名前十的旅行社营业收入接近全国旅行社营业收入总额的40%，体量惊人。德国主要旅行社的影响力落后于法国和英国，但也表现出相同的垄断趋势。

二、中国旅行社业的发展历程

（一）中华人民共和国成立以前的中国旅行社业

1. 中国近代旅行社业的起源与发展

从19世纪80年代开始，在西方外来因素的催化和中国内部经济结构变更的共同作用下，中国的近代旅游悄然起步；19世纪末、20世纪初期，得以迅速发展；到20世纪二三十年代，无论是国际旅游还是国内旅游都到了历史最优

水平。正是在这一近代旅游业发展的大背景下，我国的旅行社开始萌芽、成长。

我国最初的旅行社，是一些国外旅游服务机构为方便其本国居民因政务、商务和观光休闲来中国旅行而设立分支服务机构为开端的，如英国的通济隆旅行社、美国的运通银行旅行社、日本观光局和苏联国营旅行社等。我国第一家，也是当时唯一的一家大型民族旅行社，是 1923 年 8 月 15 日由陈光甫先生创立的上海商业储蓄银行旅行部。1927 年 6 月 1 日，上海商业储蓄银行旅行部与银行分立，改称为中国旅行社，之后又发展为香港中国旅行社，是现在的香港中旅（集团）公司的前身。

2. 中国近代旅行社业的特征

（1）以国内旅游市场需求为起点。上海商业储蓄银行旅行部最早的目标市场，是国内旅游市场。在这一背景下，早期的旅游服务项目主要定位于为客人提供交通、票务代理业务，后来又不断适应客人需求的变化，相继开发了车站码头接送、转运客人，代客转运行李，发行旅行支票和代办出国手续等服务项目。

（2）注重服务、产品与市场创新。以周到细致的服务和良好的信誉赢得客人的满意和信赖，不急功近利，注重企业的长远发展目标，这是中国旅行社始终坚持的经营方针和行为准则。在产品设计与开发方面，中国旅行社密切关注旅游者需求的变化，积极进行产品创新，以满足旅游者的需求。中国旅行社还比较重视企业产品与形象的宣传和市场促销工作。1923 年春天，上海商业储蓄银行旅行部出版了中国最早的旅行刊物《游美手续辑要》，为去美国旅行的人们提供了应知的重要信息。

（3）企业化运作、连锁化发展。中国旅行社是由著名的民族资本金融机构——上海商业储蓄银行独资创办的直属企业之一，从一开始就全方位引进了该银行实行的一整套欧美式的企业化人事制度和管理方式。中国旅行社凭借雄厚的金融资本背景，在国内外设立功能齐全的服务网络，并且开展集团化连锁经营，形成了区域优势和规模经济。在数年的经营中，中国旅行社逐渐形成了一整套行之有效的管理模式，也为未来中国旅行社业管理模式创新与发展提供了宝贵的借鉴。

（二）1949—1978 年：行政事业导向的中国旅行社业

中华人民共和国成立后不久，为接待归国华侨和宣传新中国的建设成就，旅行社业的发展就被提上了议事日程。这个时期的旅行社设立情况如表 9-1 所示。

表 9-1　1949—1978 年设立的旅行社

旅行社名称	设立时间	主要接待对象	备注
厦门华侨服务社	1949年11月	华侨、侨眷	
广东归国华侨接待站	1950年	华侨、侨眷	深圳、拱北、汕头、广州
泉州华侨服务社	1951年12月	华侨、侨眷	
中国国际旅行社	1954年4月	政府代表团、邀请外宾、友好人士、自费旅游者	
福建省华侨服务社	1954年12月	华侨、侨眷	
广东省华侨服务社	1956年下半年	华侨、侨眷	
华侨旅行服务总社	1957年4月	华侨、侨眷、港澳同胞	
中国旅行社	1974年	华侨、外籍华人、港澳同胞、台湾同胞	与华侨旅行服务总社合署办公

这个时期我国旅行社业的特点是：

(1)旅游接待属于政治接待，即作为外事工作和侨务工作的一部分来开展，自费旅游者数量很少。

(2)旅行社接待人数在改革开放前几年增长很快，1973 年接待外国旅游者 2.6784 万人，1978 年则增至 22.9648 万人，年均增长 12.84%。

(3)旅行社虽然都是事业性质，但接待工作已形成了总社与各地分支社的外联接待体系，由总社负责对外联络，各分支社负责接待。

(4)在旅游接待的发展过程中，培养和形成了一批思想好、业务强的翻译导游队伍，为旅行社随后的发展奠定了人才基础。

(三)1978—2001 年：市场化进程中的中国旅行社业

1. **第一阶段(1978—1984 年)：从事业单位到企业组织**

1978 年以后，政府的政治行为重心逐步转移到经济建设上来，这一大变革背景成为中国旅行社角色转变的第一推动力量。1978 年 10 月 9 日，改革开放的总设计师邓小平同志提出，民航、旅游很值得搞。要按经济的办法来管理经济，旅游事业要按企业来办，要抓利润。

1982 年 7 月 17 日，中国旅行游览事业管理局正式宣布与中国国际旅行社总社分开办公，这标志着中国旅行社业进入政企分开时期，旅行社业正式引入企业化运营机制。

2. **第二阶段（1984—1993 年）：从垄断走向竞争**

1984 年，国家旅游局下放对外招徕过程中旅游签证通知权（外联权）。

1985 年 5 月 11 日，国务院发布《旅行社管理暂行条例》，正式把中国旅行社分为三大类别，其中一类旅行社具有独立的外联权。到 1989 年，全国共有旅行社 1617 家，其中一、二、三类社分别为 61 家、834 家和 722 家。这些传统体制外生长发育的旅行社在相当大程度上直接冲击了政府扶持下的原有三大垄断性的旅行社，导致其市场份额从 1984 年起逐渐下降到 50% 以下，垄断地位不断下降。市场领域的扩大和市场供给主体的增加，标志着中国旅行社业的市场态势正在从相对垄断走向相对竞争。

3. **第三阶段（1993—2001 年）：从不完全竞争走向完全竞争**

进入 20 世纪 90 年代以后，中国旅行社业的分散化趋势不仅没有停止的迹象，反而在宏观经济体制改革不断深化、旅行社业进入壁垒降低的大背景下加速发展。1996 年 10 月 15 日颁布的《旅行社管理条例》取消了原一类社、二类社、三类社的划分，调整为国际旅行社和国内旅行社两类，使外联权得到充分下放，各国际旅行社之间可以平等地开展竞争。另外，《旅行社管理条例》还取消了以前成立一类社与二类社必须是全民所有制的限制，使包括私人在内的其他所有制的申办者有可能申办旅游业务。1999 年，携程和艺龙两家公司的成立标志着我国在线旅行服务业的开端，之后，一大批公司、网站陆续参与到在线旅行服务中，如同程、遨游、穷游、去哪儿等，逐渐开启了我国线上和线下旅行服务蓬勃发展的局面。这种旅行社业进入壁垒的降低，大大促进了市场供应主体的增加，直接导致了市场竞争程度趋于完全化。

从全球旅行社业的发展趋势来看，没有集中，就没有规模，也就没有竞争力。换言之，旅行社之间竞争的游戏规则已经从“小企业、单项产品”的竞争，转向“大集团、综合能力”的竞争。

（四）2001—2013 年：对外开放影响下的中国旅行社业

2001 年，为适应中国加入世界贸易组织后旅游业进一步对外开放的新形势，针对外资进入旅行社业的需要，《旅行社管理条例》增加了“外商投资旅行社的特别规定”的章节，对外商投资旅行社的资格、条件和程序进行了规定。2002 年 7 月 1 日开始实行的《中国公民出境旅游管理办法》则标志着中国出境旅游市场已经达到了相应的规模，并走向成熟。

2002 年 4 月，中国国际旅行社与美国运通公司合资在北京成立国旅运通商务旅行社；同年 5 月，中国康辉旅行社与美国罗森布鲁斯旅游公司合资在北京成立罗森康辉商务差旅管理旅行社。意味着外资旅行社的目标从商务旅游转向休闲旅游市场。

2003 年，我国提前兑现了加入世界贸易组织的承诺，允许外商独资旅行社设立。2007 年，我国又提前取消对外商投资旅行社设立分支机构的限制，对外资旅行社的注册资本实行国民待遇。至 2009 年末，已获批准的外资旅行社已达 38 家。

在对外开放程度越来越高的同时，中国旅行社业也在积极对内开放。对内开放的一个标志是民营企业的战略进入。2002 年 9 月，湖北东星集团出资数百万元人民币，占有汉口国旅 97.5% 的股份，率先揭开民营企业买壳经营出境旅游的序幕。康辉国旅在北京首旅集团的支持下，成功完成首例大型旅行社的管理层收购方案。民营的天津方舟旅行社买断黄山屯溪老街的景区开发权等。所有这些都体现了中国旅行社业的开放进程越来越广泛，越来越深化。

（五）2013 年至今：散客旅游时代的中国旅行社业

2013 年，《中华人民共和国旅游法》的实施、铁路客运的提速和私家车的普及等，导致团队数量锐减，自驾车旅游、“私人定制”旅游等散客旅游日渐火爆，散客旅游时代来临。

散客旅游时代的旅游发展趋势是：

1. 规模小型化

由于散客旅游多为旅游者本人外出旅游或与其家人、朋友结伴而行，因此相对团体旅游，其人数要少得多，相对规模较小。

2. 服务个性化

由于旅游者的旅游经验越来越丰富，他们在个性化、多样化等方面的需求也在不断升温。因此，要求旅行社推出个性化的旅游产品，提供更加个性化的服务。

3. 要求多样化

随着自驾游的兴起，旅游者自主意识增强，旅游者的旅游需求更加多样化、深度化。譬如，在散客中有大量的公务和商务旅客，他们在旅游过程中会有应酬以及商务、公务活动，这些活动不仅要求高，而且对服务的要求也较为多样化。

4. 产品定制化

定制化是指旅行社按照旅游者自身的要求为其提供的、适合其需求的，同时也是高水平、差异化的旅游服务。因此，定制化是一种量身打造、有需有供的旅游产品。它所产生的“体验效应”是带给旅游者美好的感觉、永久的记忆以及值得回味的事物与经历。

5. 旅游者出行自由化

随着旅游市场的发展、旅游设施的完善，加之旅游者主体意识的增强、消费能力的提高以及旅游知识的丰富，旅游者的出游方式以及目的地的选择范围也随之扩大，旅游者的出行将更加自由化。

散客旅游时代旅行社业的发展趋势是：

1. 旅行社业逐步向旅行服务业转变

旅行社业呈现出逐步向旅行服务业转变的趋势，具体表现为，旅行社的服务对象由传统的“旅游者”向“旅行者”拓展，即其服务的人群已从“以旅游为目的的旅游者”拓展至“任何动机出游的旅行者”，其业务范围也从纯粹的旅游业务延伸至异地的旅行服务。这是因为以移动互联网、大数据和云计算为代表的信息技术的发展使旅行社的服务外延得以拓展，在线上面向广大消费者，实现从线下到线上、从门店到社群，为出于任何动机出游的旅行者提供服务。

2. 旅行服务业的外延不断扩展

旅行服务业已从以传统旅行社为主的单一形态转变为包括传统旅行社、OTA（在线旅行社）、专业俱乐部、文化教育类机构、网红达人等在内的多业态多主体共存的形态。

3. 竞争白热化

为争取旅游者，扩大市场份额，旅行社之间、旅行服务企业之间以及旅行社与旅行服务企业之间的竞争必将更加激烈。

4. 市场营销网络化

在信息化时代，无论是旅行社还是旅行服务企业，不仅在内部运作上能充分发挥互联网的功能，而且对外必将在市场营销中广泛利用移动互联和大数据等现代通信技术。

5. 经营品牌化

品牌是超越产品功能价值的心理价值，对消费者具有号召力和可信性。旅行社和旅行服务企业只有在产品品质和服务质量上树立起品牌，才能赢得消费者的信赖。

6. 数字化转型

数字化就是以互联网、云计算、大数据等技术为支撑，借助旅行社管理系统，赋能传统旅行社的数字化、信息化、智能化建设。随着数字技术的日益发展和普及，旅行社面对在线旅游平台快速扩张形成的竞争激烈的市场环境以及自身内部运营的困境，正逐步向数字化转型，即对旅游产品研发、旅游消费者运营、供应商渠道管理、订单流程管理、财务数据管理等旅行社业务实行一体化管理，以促进旅行社业务流程的规范化，提升服务管理运行效率，为旅游消费者提供更优质的产品服务。

7. 跨界融合

为提升市场竞争力，旅行社正积极寻求跨界合作，通过“旅游+”，与相关产业实现资源共享、互惠互利。例如，与教育、体育、康养等领域融合发展。这种跨界合作模式不仅丰富了旅游产品的类型和内容，满足了游客多样化、个性化的需求，提升了游客的满意度，而且有利于旅行社更好地开展市场营销活动，降低经营成本，提高整体运营效率。

三、旅行社的性质和主要业务

（一）旅行社的性质

我国《旅行社条例》规定：旅行社是从事招徕、组织、接待旅游者等活动，为旅游者提供相关旅游服务，开展国内旅游业务、入境旅游业务或出境旅游业务的企业法人。该规定明确了旅行社具有下列性质。

1. 旅行社是以营利为目的的企业

旅行社通过向旅游者提供服务获取利润，旅行社是自主经营、自负盈亏的经济组织。在旅游经营中，旅行社多采取有限责任公司或股份有限公司的组织形式。

2. 旅行社是服务型的企业

旅行社的业务除了进行旅游产品设计和产品销售外，还包括组织和接待旅游者，并提供相关旅游服务，如为旅游者安排交通、住宿、餐饮、观光游览、休闲度假，提供导游、领队服务和旅游咨询服务。可见，服务性是旅行社的重要性质。

3. 旅行社是中介服务机构

旅行社为旅游者提供的旅游产品和服务，实际上是各旅游供应部门提供的，旅行社仅仅是组合各种旅游产品和服务，并不是这些产品和服务的原始提供者，虽然有少数实力雄厚的旅行社在产业链上掌控了部分旅游服务的资源，但绝大部分旅游企业仍是在旅游者与服务供应部门间扮演中间人的角色。所以，旅行社在性质上还是中介服务机构。

（二）旅行社业务

旅行社的主要业务是从事旅游活动的经营，主要任务是为旅游者提供所需要的各种服务。下面是按照经营范围和业务流程对旅行社业务进行的分述。

1. 按照经营范围划分

（1）国内旅游业务

国内旅游业务是指旅行社招徕、组织和接待中国内地居民在境内旅游的业务。

（2）入境旅游业务

入境旅游业务是指旅行社招徕、组织、接待外国旅游者来我国旅游，香港特别行政区、澳门特别行政区旅游者来内地旅游，台湾地区居民来大陆旅游，以及招徕、组织、接待在中国内地的外国人，在内地的香港特别行政区、澳门特别行政区居民和在大陆的台湾地区居民在境内旅游的业务。

（3）出境旅游业务

出境旅游业务是指旅行社招徕、组织、接待中国内地居民出国旅游，赴香港特别行政区、澳门特别行政区和台湾地区旅游，以及招徕、组织、接待在中国内地的外国人，在内地的香港特别行政区、澳门特别行政区居民和在大陆的台湾地区居民出境旅游的业务。

2. 按照业务流程划分

（1）产品开发与设计

旅行社产品设计是指在市场调研的基础上，根据旅游市场的需求，结合本旅行社的业务特点、经营实力，将旅游目的地的旅游资源与各种服务组合起来，设计出消费者喜爱的旅游产品。旅行社设计的产品是否合理，产品能否满足旅游者的需求，直接影响旅行社在市场上的竞争能力，最终影响到旅行社的生存与发展。

（2）委托代办业务

委托代办业务是旅行社最基本的业务，委托代办业务是指旅行社替旅游者代订各种票据及其他委托业务。自从旅行社问世以来，替旅游者代订机票及车船票、安排客房和其他委托业务就是其主要的业务活动和主要的收入来源。旅行社的委托代办业务，简化了旅游者分别到不同的旅游服务供应部门购买的烦琐事务，极大地方便了旅游者。

（3）旅游服务采购

旅游服务采购是旅行社为生产旅游产品而向有关旅游服务供给者订购所需要的有关服务，以保证产品的供给。由于旅行社除了能向旅游者提供导游服务和组织安排旅游活动外，旅游者所需要的其他服务如酒店住宿服务、餐饮服务、交通服务与参观游览点服务等均须这些部门和单位提供，因此需要向它们采购，与它们订立供应合同或协议，然后将这些服务组合成产品向旅游者销售。

(4)产品销售与促销

旅行社的销售业务，是旅行社通过各种销售渠道和促销手段将其产品在市场上出售。由于旅游产品无形性的特点，使得消费者在实际消费之前很难对其质量进行评价和鉴定。所以，旅行社的经营者只有加大对旅游产品的宣传力度与推销力度，通过各种传播媒体，将旅游产品的有关信息迅速传递给消费者，才能引起消费者对旅游产品的注意和兴趣，激发消费者的购买欲望，促使消费者下决心购买。旅行社只有把自己设计和生产的旅游产品销售给旅游消费者，才能获得所期望的经营利润，才能使旅行社生存和发展。

(5)旅游接待业务

旅游接待业务是旅行社经营活动中的重要业务。它是指旅行社对已经预购旅游产品的旅游者在其到达后所提供的服务，即为旅游者安排、落实在目的地游览期间的食、住、行、游、购、娱等消费活动以及其他事项。旅行社接待工作的质量是旅行社产品质量的重要组成部分，它将直接影响到旅游者对旅游活动产生满意或不满意的感受，从而可以影响旅游者的流向和流量，影响旅游地的兴衰，影响旅行社的声誉。所以，旅游接待在旅游活动中发挥着重要作用。

四、旅行社产品及其类型

(一)旅行社产品的定义

旅行社产品是旅行社向旅游者销售的以旅游吸引物、旅游设施和策划安排为主要构成的旅游线路或项目，以及附着其上的配套服务。它是旅行社根据市场需求，通过采购景点、交通、住宿、餐饮、购物、娱乐等单项服务进行组合，向旅游者提供的旅游线路和相应服务。

(二)旅行社产品类型

1. 按计价形式分类

(1)团体全包价旅游

团体全包价旅游是由 10 名及以上旅游者组成，采取一次性预付旅费的方式，有组织地按预定行程计划进行的旅游形式。旅行社根据与旅游者签订的协议提供饭店客房、一日三餐、旅游游览车、翻译导游服务、交通集散地接送服务、行李服务以及游览场所门票和文娱活动入场券等。

旅游者参加这样的旅游有以下几个优点：第一，可以享受比较优惠的价格；第二，旅游团内氛围和安全性好；第三，便捷省心。但是，随着信息社会的到来，人们对外部环境的了解有了质的变化，且越来越追求个性化的活动方式，传统一包到底的旅游方式显然已不能满足大多数消费者。

（2）单项服务

单项服务是旅行社根据旅游者的具体要求而提供的各种非综合性的有偿服务。单项服务又称委托代办业务，旅游者可采取当地委托、联程委托和国际委托等不同的方式交旅行社办理。其中常规性的服务项目主要包括导游服务、交通集散地的接送服务、代办交通票据和文娱票据、订房、订餐、代客联系参观游览项目、代办签证和代办旅游保险等。旅行社单项服务的对象主要限于散客。此外，旅行社还有来自企事业单位、社会团体以及其他旅行社的委托业务。

2. 按旅行社服务方式分类

（1）预制旅游产品

它是由旅行社设计提供、事先制定的确定的计划人数、出发日期、线路行程及价格等，并用广告或其他方法招徕旅游者而实施的旅游产品。

（2）定制旅游产品

它是旅行社接受客户或旅游者的委托，根据客户或旅游者的需求，单独设计行程、报价并提供服务的专项产品及服务（包括单项旅游服务、会议旅游服务、奖励旅游服务、特种旅游服务等）。

五、旅行社接待计划的主要内容

旅行社接待计划因旅游团或旅游者的具体情况和要求不同而存在着差异，一般来说，接待计划主要包括以下三个方面的内容。

旅行社等级的划分与评定

1. 旅游团或旅游者的基本情况和要求

（1）旅游团的名称、团号、国内组团旅行社名称。

（2）旅游团中旅游者的人数和服务等级。

（3）旅游路线及经停地点。

（4）下榻饭店的名称（如果是委托接待旅行社代订，需要注明客房单人、双人间数量）。

（5）用餐要求和标准。

（6）要求的导游语种和等级。

（7）费用结算办法。

（8）联系人姓名、电话以及计划出发的时间。

2. 日程安排

接待计划要对旅游团或旅游者每天的活动进行安排，主要包括：

（1）旅游团或旅游者抵达和离开目的地的日期、时间以及所乘航班、车次、船次的时间、地点。

（2）旅游路线中所经停各地的名称、抵离交通工具类型及日期、时间。

（3）在各地应安排的参观单位、游览景点、品尝的风味、文娱活动、专业活动要求等。

3. 旅游团或旅游者名单

名单内容包括旅游者的姓名、性别、年龄、职业以及旅游团领队和全程导游员的姓名、性别。如果是入境旅游团或出境旅游团，还需要注明旅游者的护照号码。

第二节　旅游饭店知识

旅游饭店已经发展为旅游业最重要的一个行业，一个国家或地区旅游饭店的行业规模、管理水平和服务质量是衡量其旅游业发展程度的主要标志。

一、旅游饭店的定义

《旅游饭店星级的划分与评定》（GB/T 14308—2010）中对旅游饭店的定义是：以间（套）夜为单位出租客房，以住宿服务为主，并提供商务、会议、休闲、度假等相应服务的住宿设施，按不同习惯可能也被称为宾馆、酒店、旅馆、旅社、宾舍、度假村、俱乐部、大厦、中心等。

二、旅游饭店的特点

旅游饭店是一种特殊的企业，出售的商品主要是住宿服务，它由“时间”、“空间”和“服务”三要素构成，这就决定了饭店业与其他行业相比较，具有以下特点：

（1）生产力受饭店自身规模大小和时间的限制，定时、定量。

（2）产品不能储存，价值随时间而消失。

（3）产品不能搬运，发展、销售受地理位置的限制。

（4）产品价格的波动性大，季节性、时间性特征明显。

（5）产品的生产波动性大，产品生产受消费者和生产者本身的因素影响较大，产品质量的高低取决于消费者的感受。

（6）产品销售业绩受多种因素制约，促销成本较大，固定成本高，要达到收支平衡，需要维持较高的客房出租率。

三、旅游饭店的类型

1. 根据接待对象分类

（1）商务型饭店

所谓商务型饭店，就是为那些从事企业活动的商务旅游者提供住宿、膳食和商业活动及有关设施的旅游饭店。

一般来讲，为满足住客的商务要求，商务型饭店往往位于城市中心，且回头客较多。因此，饭店的服务项目、服务质量和服务水准较高。要为商务旅游者创造方便条件。饭店的设施力求舒适、方便、安全。

（2）长住型饭店

长住型饭店主要为一般性度假旅客提供公寓生活，主要是接待常住客人，这类饭店要求常住客人先与饭店签订一项协议书或合同，写明居住的时间和服务项目。长住型饭店已被我国有些饭店视为“保底收入的一种有效做法”。

（3）度假型饭店

度假型饭店主要是为度假旅游者提供娱乐和度假场所，有多种娱乐、体育活动项目。一般位于海滨、山城景色区或温泉附近。它要离开嘈杂而繁华的城市中心和大都市，但是交通要方便。

（4）会议型饭店

会议型饭店是专门为各种从事商业、贸易展览会、科学讲座的商客、参会人员提供住宿、膳食和展览厅、会议厅的一种特殊型饭店。

会议型饭店的设施不仅要舒适、方便，有温馨的客房并提供美味的各类餐厅，同时要有大小规格不等的会议室、谈判间、演讲厅、展览厅等；并且在这些会议室、谈判间里都有良好的隔板装置和隔音设备。

2. 根据饭店的规模分类

饭店的规模大小，也反映出饭店的等级及提供服务的项目、等级。

（1）小型饭店

小型饭店的客房数一般在 100 间以下，由于受建筑设施和经济实力的限制，往往只能向客人提供住宿、餐食等基本服务，因而其价格比较低廉，适于中下阶层旅游者居住。这类饭店数量占我国饭店总数的 50% 以上。

（2）中型饭店

中型饭店的客房数一般在 100~500 间，其设施相对来说较为齐全，能提供较为舒适、方便的客房、餐厅、酒吧、康乐设施和健身设施等服务。由于其价格比较合理，因而是一般旅游者理想的休息和娱乐场所。这类饭店的数量在我国占饭店总数的 40% 以上。

（3）大型饭店

大型饭店的客房数一般在 500 间以上，其设施和服务项目十分齐全，通常拥有各种大小规格的会议厅、宴会厅和健身设施、康乐设施、舞厅、音乐酒吧、闭路电视和中央空调系统等。这类饭店的数量在我国约占饭店总数的 1%。

四、旅游饭店的客房类型

旅游饭店的客房分为单间客房和套房两种基本类型。

1. 单间客房

由一间客房构成的客房。根据客房内床位的配置情况，单间客房可细分为下列几种：

（1）单人间（Single Room）。配备一张单人床，适用于单身的客人居住。

（2）大床间（Double Room）。配备一张双人床，较适合夫妇旅行者居住。

（3）双床间（Twin Room）。配备两张单人床，较受团体客人的欢迎。由于这类客房的数量在饭店客房中占较大比例，也称为饭店的"标准间"。也有饭店在房内配置两张双人床（Double=Double Room），以显示较高的客房规格和独特的经营方式。

2. 套房

由两间或两间以上客房所构成的客房。根据其使用功能和室内装饰标准又可细分为下列几种：

（1）商务套间（Business Suite）。此类套房是专为从事商务活动的客人而设计布置的。一间为带盥洗室（一般只配置洗脸台和坐便器）的起居与办公室，另一间为带卫生间的卧室。

（2）双层套间（Duplex Suite）。也称立体套间。起居室在下，卧室在上，用室内楼梯连接。此类套房的私密性较强。

（3）连接套间（Connecting Rooms）。也称组合套间。相连的客房用隔音性能好、安装门锁的房门隔离。根据经营需要，既可以作为独立的客房出售，也可作为套间出租，灵活性较大。

（4）豪华套间（Deluxe Suite）。该套间可以是两套间，也可以是三套间。三套间除起居室、卧室外，还配有一间餐室或会议室。豪华套间的特点在于注重客房装饰布置、房间氛围及用品配备，呈现出一种豪华的气派。

（5）总统套间（Presidential Suite）。又称特套间，一般由五间以上的房间组成，包括男主人房、女主人房、会客室、书房、餐室、起居室和随从房等。总统套间是客房中的最高等级，其装饰布置极为讲究。

五、旅游饭店的星级划分

从 20 世纪五六十年代开始，按照饭店的建筑设备、饭店规模、服务质量、管理水平进行划分，逐渐形成了比较统一的等级标准。这种方式在欧洲十分流行，我国参照国际惯例，出台了旅游饭店星级评定标准。

我国旅游饭店星级评定的总体设计如下：

（1）我国旅游饭店分为五个星级，即一星级、二星级、三星级、四星级、五星级（含白金五星级）。最低为一星级饭店，最高为白金五星级饭店。

星级饭店等级的划分与评定

（2）星级以镀金五角星为符号，用一颗五角星表示一星级，两颗五角星表示二星级，三颗五角星表示三星级，四颗五角星表示四星级，五颗五角星表示五星级，五颗白金五角星表示白金五星级。

（3）一星级、二星级、三星级饭店是有限服务饭店，评定星级时应对饭店住宿产品进行重点评价；四星级饭店和五星级（含白金五星级）饭店是完全服务饭店，评定星级时应对饭店产品进行全面评价。

（4）饭店开业一年后可申请评定星级，经相应星级评定机构评定后，星级标识使用有效期为三年。三年期满后应重新进行评定。

（5）评定星级时不因为某一区域所有权或经营权的分离，或因为建筑物的分隔而区别对待，饭店内所有区域应达到同一星级的质量标准和管理要求。

（6）星级划分条件分为必备条件、设施设备、饭店运营质量三个方面，必备条件均达标后，才能进入设施设备、饭店运营质量评价环节。设施设备环节总分为 600 分，按最终得分进行星级划分，一星级、二星级饭店不做要求，三星级饭店最低 220 分，四星级饭店最低 320 分，五星级饭店最低 420 分。饭店运营质量方面总分也为 600 分，评价内容分为总体要求、前厅、客房、餐饮、其他、公共及后台区域 6 个大项。评分时按“优”“良”“中”“差”打分并计算得分率。一星级、二星级饭店不做要求。三星级、四星级、五星级饭店规定最低得分率：三星级饭店为 70%，四星级饭店为 80%，五星级饭店为 85%。

第三节 旅游景区知识

一、旅游景区的内涵及类型

（一）旅游景区的定义

国家标准《旅游景区质量等级的划分与评定》（GB/T 17775—2003）将旅游景区定义为：具有参观游览、休闲度假、康乐健身等功能，具备相应旅游服务设施并提供相应旅游服务的独立管理区。该管理区应有统一的经营管理机构和明确的地域范围。包括风景区、文博院馆、寺庙观堂、旅游度假区、自然保护区、主题公园、森林公园、地质公园、游乐园、动物园、植物园及工业、农业、经贸、科教、军事、体育、文化艺术等各类旅游景区。

（二）旅游景区的类型

1. 按照资源特色划分

按照资源特色划分，旅游景区可以分为：自然景观型旅游景区、历史古迹型旅游景区、民俗风情型旅游景区、文学艺术型旅游景区、娱乐游憩型旅游景区、科考探险型旅游景区、专项类旅游景区（如红色旅游景区）、综合型旅游景区。

2. 按照功能划分

按照功能划分，可以分为经济开发型旅游景区和资源保护型旅游景区。

经济开发型旅游景区是指完全以营利为目的，基本上采用了现代企业管理模式，正在朝“产权清晰、责权明确、政企分开、管理科学”的现代企业制度发展，主要有主题公园、旅游度假区。

资源保护型旅游景区往往是以公共资源为依托的，景区的目标具有多重性，景区资源的社会文化与环境价值往往超过经济价值，景区资源具有不可再生性。由于这类景区资源的公共性，因此在经营上具有明显的排他性与垄断性，政府对这类景区的干预程度较高。主要有风景名胜区、森林公园、自然保护区、历史文物保护单位、地质公园、水利风景区等。

二、旅游景区质量等级的划分

旅游景区质量等级的划分与评定

《旅游景区质量等级的划分与评定》（GB/T 17775—2003）规定，旅游景区质量等级划分为五级，从高到低依次为AAAAA级、AAAA级、AAA级、AA级、A级旅游景区。

旅游景区质量等级划分的依据是《旅游景区质量等级评定与划分》国家标准评定细则，本细则共分为三部分:《服务质量与环境质量评分细则》、《景观质量评分细则》和《旅游者意见评分细则》。其中,《服务质量与环境质量评分细则》包括旅游交通、游览、旅游安全、卫生、通信、旅游购物、综合管理、旅游资源与环境保护 8 个评价项目。《景观质量评分细则》包括资源要素与景观市场价值两大评价项目。每一评价项目继续分为若干评价子项目。对各子项目赋以分值，各旅游景区按各评价项目及子项目的相应得分确定等级。《旅游者意见评分细则》是旅游景区质量等级评定的重要参考依据，包括总体印象、可进入性、游路设置、旅游安排、景观设置、路标指示、景点介绍牌、宣传资料、讲解服务、安全保障、环境卫生、旅游厕所、邮电服务、购物、餐饮、旅游秩序、景物保护等评价项目。每一评价项目分为很满意、满意、一般、不满意四个档次，并依此计算旅客的意见得分。

除了以上三个评分细则外，还有一项独立指标，即景区年接待旅游者数量及其中的海外旅游者数量。内容详见表 9–2。

表 9–2　景区年接待旅游者数量及其中的海外旅游者数量

	AAAAA级景区	AAAA级景区	AAA级景区	AA级景区	A级景区
年接待旅游者数量	60万人次以上	50万人次以上	30万人次以上	10万人次以上	3万人次以上
其中的海外旅游者数量	5万人次以上	3万人次以上	没有要求	没有要求	没有要求

第四节　入出境知识

一、入出境所持的证件

外国人、华侨、港澳台同胞入境，均须在指定口岸向边防检查站（由公安、海关、卫生检疫三方组成）交验有效证件，填写入境卡，经边防检查站查验核准加盖验讫章后方可入境；中国公民返归时，只要在入境口岸的边检站出示有效证件，不必填写入境卡。

有效证件指各国政府为其公民颁发的出国证件，其种类很多，不同类型的人员使用的有效证件名称也不同，如供国际航班机组人员使用的是“执照”，供国际海员使用的是“海员证”，邻国边民使用的是“边民证”，华侨使用的是“旅行证”，港澳同胞使用的是“港澳居民来往内地通行证”，台湾同胞使用的是“台湾居民来往大陆通行证”，绝大多数外国旅游者和中国公民使用的是护照以及前往国在护照中签注和盖印的签证。下面介绍与旅游有关的几种有效证件。

（一）护照

护照是一国主管机关发给本国公民出国或在国外居留的证件，证明其国籍和身份。护照一般分为外交护照、公务护照和普通护照三种（图 9–1），有的国家为团体出国人员（旅游团、体育队、文艺团体）发放团体护照。

图 9–1　中华人民共和国护照样式

1. 外交护照

外交护照发给政府高级官员、国会议员、外交和领事官员、负有特殊外交使命的人员、政府代表团成员等。持有外交护照者在外国享受外交礼遇（如豁免权）。

2. 公务护照

公务护照发给政府一般官员，驻外使、领馆工作人员以及因公派往国外执行文化、经济等任务的人员，签发机构为外事部门。

3. 普通护照

普通护照发给出国的一般公民、国外侨民等。

在中国，外交护照由外交部签发；公务护照由外交部、中华人民共和国驻外使馆、领馆或者外交部委托的其他驻外机构以及外交部委托的省、自治区、直辖市和设区的市人民政府外事部门签发。普通护照由公安部出入境管理机构或者公安部委托的县级以上地方人民政府公安机关出入境管理机构以及中华人民共和国驻外使馆、领馆和外交部委托的其他驻外机构签发。

自 2012 年 5 月 15 日起，公安机关统一签发电子普通护照，在传统本式普通护照中嵌入电子芯片，芯片中存储执照人的个人基本资料、面相、指纹等特征。电子护照的有效期与普通护照相同。

2007 年 1 月 1 日起施行的《中华人民共和国护照法》规定，普通护照的有效期为：护照持有人未满 16 周岁的为 5 年，16 周岁以上的为 10 年。出国旅游的团队护照有效期为 1 年。

自 2020 年 2 月 1 日起，中国驻外使领馆对海外中国公民提供护照换发和补发的便利，换发时本人需提供原护照、国籍状况声明书、照片和申请表，补发时还需提供遗失或损毁情况说明；对中国公民在国外发生护照遗失、被盗或损毁申请补发的，只要时间允许，能等待新护照的制作和邮寄，可以为其补发。

（二）签证

1. 签证的种类与办理

签证是一国主管机关在外国公民所持的护照或其他有效出入证件上签注、盖印，表示准其出入本国国境或者过境的手续。

我国签证分为外交签证、礼遇签证、公务签证、普通签证四种，还可分为入境签证、入出境签证、出入境签证和过境签证。此外，还有移民签证、非移民签证、另纸签证、口岸签证和 ADS（Approved Destination Status）签证。其中，另纸签证是签注在护照以外的一张纸上，它同签在护照内的签注具有相同作用，但必须和护照同时使用；口岸签证是指在前往国的入境口岸办理的签证；ADS 签证是指仅限于在被批准的旅游目的地国家一地旅游的签证，它在旅游目的地国家境内既不可转签，也不可延期，持此种签证的人必须团进团出。

旅游签证属于普通签证，在中国为 L 字签证（发给来中国旅游、探亲或因其他私人事务入境的人员以及因人才引进等非外交公务事由入境的外国人）。签证上规定了持证者在中国停留的起止日期。10 人及以上的旅游团可发放团体签证。团体签证一式三份，签发机关留一份，来华旅游团两份：一份用于入境，另一份供出境使用。签证的有效期限不等，获签证者必须在有效期内进入中国境内，超过期限签证即不再有效。持 L 字签证的外国人须从中国指定的口岸入境，向边防检查机关缴验有效护照和中国的签证，填写入境卡，经边防检查机关查验核准加盖入境验讫章，入境后，不得在中国从事就业、宗教宣传、非法采访活动。希望进入中国境内的外国人必须持有效护照（必要时提供有关证明）向中国的外交代表机关、领事机关或者外交部授权的其他驻外机关申请办理签证（图 9–3）。

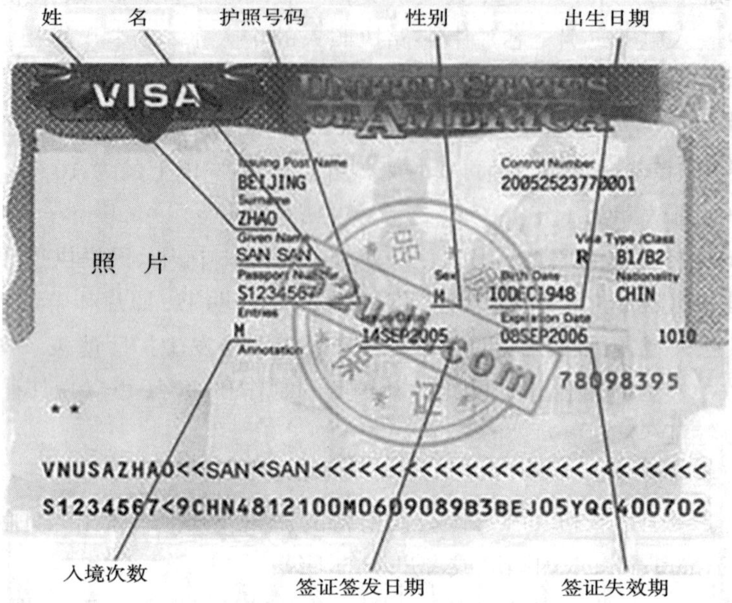

（S：单次，M：多次）

图 9–2　美国旅游签证样本

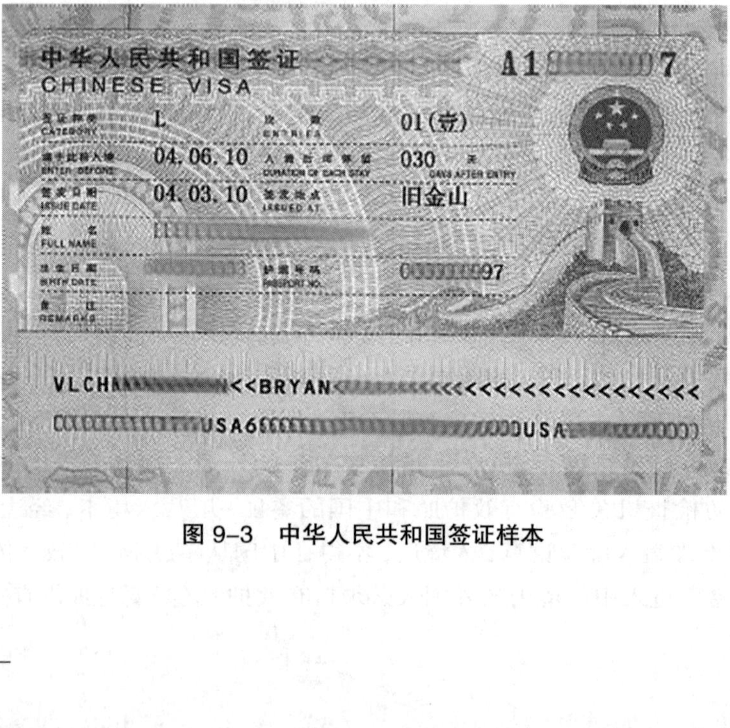

图 9–3　中华人民共和国签证样本

在特定情况下，确实来不及到上述机关办理签证手续者，可向公安部授权的口岸签证机关申请办理签证。中国公安部授权的口岸签证机关最早设立的口岸是：北京、上海、天津、大连、福州、厦门、西安、桂林、杭州、昆明、广州（白云机场）、深圳（罗湖、蛇口）、珠海（拱北）、重庆、海口、三亚、济南、青岛、烟台、威海、成都和南京。

目前，世界上不少国家开通了电子签，这样办理签证可以足不出户，直接在智能手机上操作即可，而且签证进度、何时出签也可在手机端实时显示。目前可申请电子签证的国家有澳大利亚、日本、新西兰、柬埔寨、韩国（针对旅游团旅游者）、新加坡、阿联酋、斯里兰卡、印度、马来西亚、土耳其、缅甸、肯尼亚、瓦努阿图、科特迪瓦、卡塔尔、索马里、塞内加尔、摩尔多瓦、格鲁吉亚、阿塞拜疆、赞比亚、巴林、卢旺达、吉布提、马达加斯加等。随着技术的进步，开放电子签证的国家会越来越多。

2. *免办签证的几种情况*

（1）国家间签订了互免签证协议。截至 2024 年 6 月，有 93 个国家和地区对持普通护照的中国公民实行免签或落地签证政策，其中与中国互免签证的国家和地区有 26 个，单方面对中国公民免签的国家和地区有 23 个，可办理落地签证的国家和地区有 44 个（表 9–3）。

表 9–3　对我国持普通护照公民实行免签或落地签的国家和地区（2024 年 6 月）

政策类型	国家（地区）
互免普通护照签证（26个）	阿尔巴尼亚、安提瓜和巴布达、圣马力诺、塞舌尔、毛里求斯、巴哈马、斐济、格林纳达、汤加、厄瓜多尔、阿联酋、巴巴多斯、塞尔维亚、白俄罗斯、波黑、卡塔尔、亚美尼亚、苏里南、马尔代夫、多米尼克、哈萨克斯坦、印度尼西亚（规定的口岸入境）、泰国、新加坡、格鲁吉亚、俄罗斯（团体旅游）
对持普通护照的中国公民单方面免签（23个）	印度尼西亚、乌兹别克斯坦、韩国（济州岛等地）、阿曼、摩洛哥、法属留尼汪、突尼斯、海地、南乔治亚和南桑威奇群岛（英国海外领地）、圣基茨和尼维斯、特克斯和凯科斯群岛（英国海外领地）、牙买加、美属北马里亚纳群岛（塞班岛等）、萨摩亚、法属波利尼西亚、古巴、库克群岛、伊朗、基里巴斯、阿鲁巴、贝宁、斯瓦尔巴（无限制居留）、英属维尔京群岛

续表

政策类型	国家（地区）
单方面允许符合条件的持普通护照的中国公民抵达入境口岸时办理落地签证（44个）	亚洲（15个）：阿塞拜疆、巴林、东帝汶、老挝、黎巴嫩、缅甸、尼泊尔、斯里兰卡、土库曼斯坦、文莱、马来西亚、约旦、越南、柬埔寨、孟加拉国 非洲（20个）：埃及、多哥、佛得角、加蓬、科摩罗、科特迪瓦、卢旺达、马达加斯加、马拉维、毛里塔尼亚、圣多美和普林西比、坦桑尼亚、乌干达、贝宁、津巴布韦、圣赫勒拿（英国海外领地）、肯尼亚、赞比亚、埃塞俄比亚、莱索托 美洲（2个）：圭亚那、玻利维亚 大洋洲（7个）：帕劳、图瓦卢、瓦努阿图、巴布亚新几内亚、密克罗尼西亚、萨摩亚、所罗门群岛

注：阿塞拜疆、俄罗斯、摩尔多瓦、土库曼斯坦对团体旅游实行互免签证。部分国家对持有普通护照的中国公民进行旅游观光、商务访问等实行免签。免签入境并不等于可无限期在协定国停留或居住，根据协定要求，持有关护照免签入境后，一般有停留期限，具体可咨询目的地国家驻华使馆。落地签并非直接持护照到达目的地即可获得签证。值得注意的是，无论是哪个国家，都要求旅游者持有往返机票或是前往第三国的机票和正确的旅行证件才能办理落地签。

（2）过境免签。过去我国对持有联程客票，搭乘国际航行的航空器、船舶、列车，从中国过境前往第三国或者地区的旅游者，准许在部分城市的机场停留不超过 24 小时，但不得离开该口岸。从 2013 年开始，为了吸引更多外籍人士来华旅游和消费，国务院陆续批准北京、上海、广州、成都、重庆、沈阳、大连、西安等十余个城市口岸，对美国、英国、法国、德国、意大利、韩国、新加坡等 51 个国家公民实行 72 小时过境免签政策，即上述国家的旅游者若持有第三国签证和 72 小时内确定日期、座位前往第三国（地区）的联程机票，可以在不持有中国签证的情况下，从这些城市口岸入境和出境，并在该城市行政区划内停留 72 小时。从 2018 年起，北京、天津、石家庄、秦皇岛、上海、杭州、南京、沈阳、大连、青岛、成都、厦门、昆明、武汉、广州、深圳、揭阳、重庆、西安、宁波 20 个城市 27 个口岸对 54 个国家的人员实行了 72 / 144 小时过境免签。不过需要注意的是，过境免签政策只针对在口岸城市直接入境的外国人，已经在中国其他城市入境的外国旅游者是不能享受此政策的。

（3）持与中国建交国家的普通护照已在香港、澳门地区的外国人，经在香港、澳门地区合法注册的旅行社组团进入广东珠江三角洲地区（指广州、深圳、珠海、佛山、东莞、中山、江门、肇庆、惠州市所辖行政区）旅游，且停留不超过 6 天。

（4）经国务院批准，海南省自 2018 年 5 月 1 日起，对 59 国人员的入境旅游实施免签政策，其停留时间不超过 30 天。

（5）东盟 10 国的旅游团可免办签证在桂林市行政区停留不超过 6 日。

（6）2023 年 12 月 1 日至 2025 年 12 月 31 日，我国对法国、德国、荷兰、意大利、西班牙和马来西亚六国持普通护照来华经商、旅游观光、探亲访友和过境不超过 15 天的人员实行免签。2024 年 3 月 14 日起，对瑞士、爱尔兰、匈牙利、奥地利、比利时、卢森堡等国家持普通护照人员实行免签。

2024 年 5 月 15 日起，乘坐邮轮来华并经由境内旅行社组织接待的外国旅游团（2 人及以上），可以从我国沿海所有邮轮口岸免办签证入境停留 15 天。免签入境口岸包括国家设于天津、辽宁大连、上海、江苏连云港、浙江温州和舟山、福建厦门、山东青岛、广东广州和深圳、广西北海、海南海口和三亚的 13 个邮轮口岸。其中，大连、连云港、温州、舟山、广州、深圳、北海的邮轮口岸新增为“54 国人员过境免签政策适用口岸”。

2024 年 6 月，我国对澳大利亚和新西兰以及波兰实行免签。

（三）港澳居民来往内地通行证

港澳居民来往内地通行证是港、澳同胞来往于中国香港、中国澳门与内地之间的证件，由广东省公安厅签发，于 1999 年 1 月 15 日启用。它的前身是港澳同胞回乡证。新版港澳居民来往内地通行证于 2013 年 1 月 2 日启用，签发机关为“公安部出入境管理局”，仍由公安部委托广东省公安厅审批，委托香港中旅集团、澳门中国旅行社分别受理香港、澳门居民的申请。年满 18 周岁的为 10 年有效，未满 18 周岁的为 5 年有效（图 9–4）。

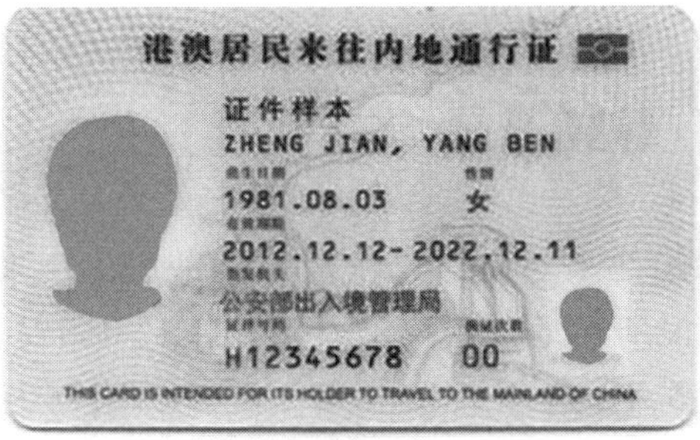

正面式样

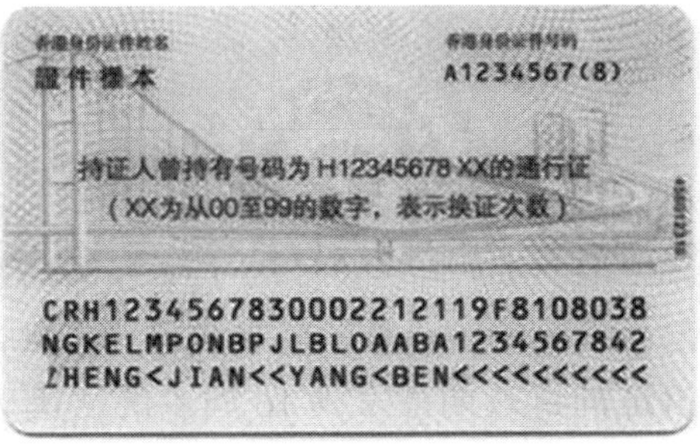

背面式样

图 9–4 港澳居民来往内地通行证样式

（四）台湾居民来往大陆通行证

台湾居民来往大陆通行证简称“台胞证”，是中国政府发给台湾人民来往大陆地区观光、商务、探视的身份证明书。目前，台湾居民前往大陆时，仍需持“中华民国”护照出关，到大陆边检时，再以台胞证入境。台湾居民来往大陆通行证分为 5 年有效和 3 个月一次有效两种。台湾居民在台湾地区、港澳地区和大陆均可申领台胞证。2015 年 9 月 21 日起，在大陆的台湾居民可向县级以上公安机关出入境管理部门申请补发、换发 5 年有效电子台胞证，包括持一次有效台胞证入境的台湾居民。台湾居民来往大陆不需要办理签注。仍然有效的本式台胞证可以继续使用，持证人凭有效台胞证也可申请换发电子台胞证（图 9–5）。

本式台胞证

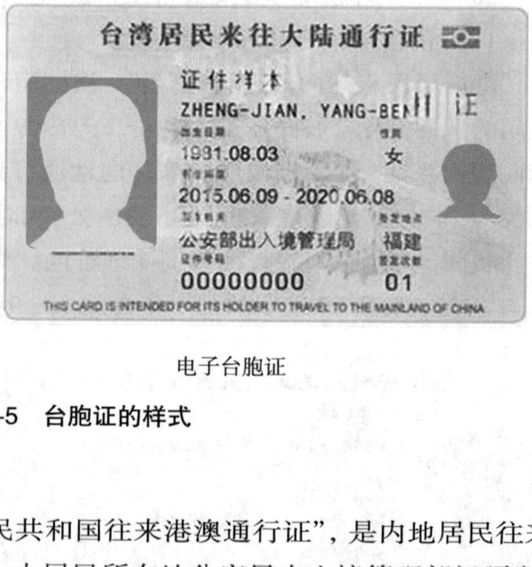

电子台胞证

图 9–5　台胞证的样式

（五）往来港澳通行证

港澳通行证全称为“中华人民共和国往来港澳通行证”，是内地居民往来港澳地区的唯一合法的旅游证件，由居民所在地公安局出入境管理部门颁发。该证的有效期是未满 16 周岁的居民为 5 年，成年人为 10 年。自 2009 年 4 月 1 日开始，深圳居民可办理一年内多次往返港澳的通行证件；自 2018 年 9 月 1 日开始，内地居民可在全国范围内任一公安机关出入境管理机构申请办理“往来港澳通行证”。

(六)往来台湾地区通行证

往来台湾地区通行证全称为“大陆居民往来台湾地区通行证”，是大陆居民往来台湾地区唯一合法的旅行证件，由中华人民共和国政府授权中国公安机关颁发。此外，赴台旅游还须在户口所在地公安局出入境管理处办理“入台观光证”。赴台旅游时一定要手持双证，否则会遭到遣返。

二、入出境手续的办理程序

办理入出境手续是比较复杂的一项工作，这是对导游工作能力的检验。导游领队要带领旅游团队经过海关检查、卫生检疫检查、边防出入境检查、登机安全检查等关口，此外还要办理登机手续、行李托运、提取行李、转机等手续。导游要对各项手续十分熟悉，以便能够带领旅游团队顺利完成出境的所有复杂工作。

(一)海关检查

根据《中华人民共和国海关法》和《中华人民共和国海关对进出境旅客行李物品监管办法》的规定，入出境旅客行李物品必须通过设有海关的地点入出境，并接受海关监管。

海关检查一般询问是否有需要申报的物品，或让旅客出示携带物品入出境申报单，必要时海关有权开箱检查所携带物品。

旅客行李申报单须在出境前填写，一式两份，详细列明带出旅途自用的手表、照相机等物品的数量、牌名、规格、新旧程度。海关在入境旅游者申报单上加上△记号的必须复带出境。

各国对入出境物品的管理有各自不同的具体规定。一般烟、酒等物品按限额放行。文物、武器、毒品、动植物等为违禁品，非经特许不得入出国境。对于海关加封的行李物品，不要擅自拆开或者损毁海关施加的封志。

海关通道分为“红色通道”和“绿色通道”两种。不明海关规定或不知如何选择通道的旅客，应选择红色通道通关。

1. 红色通道

红色通道也称“应税通道”。旅游团到达出境地点，首先办理海关手续，如有物品申报，要认真填写《中华人民共和国海关进 / 出境旅客行李物品申报单》(图 9-6)，走红色通道，办理海关手续，经海关查验后放行。申报单应妥善保管，不得涂改，不得遗失。

2. 绿色通道

绿色通道亦称“免税通道”或“无申报通道”。携带无须向海关申报物品的旅游者和持有外交签证或礼遇签证的人员，以及海关给予免验礼遇的人员，可选择“绿色通道”通关，但需向海关出示本人证件和按规定填写申报单据。

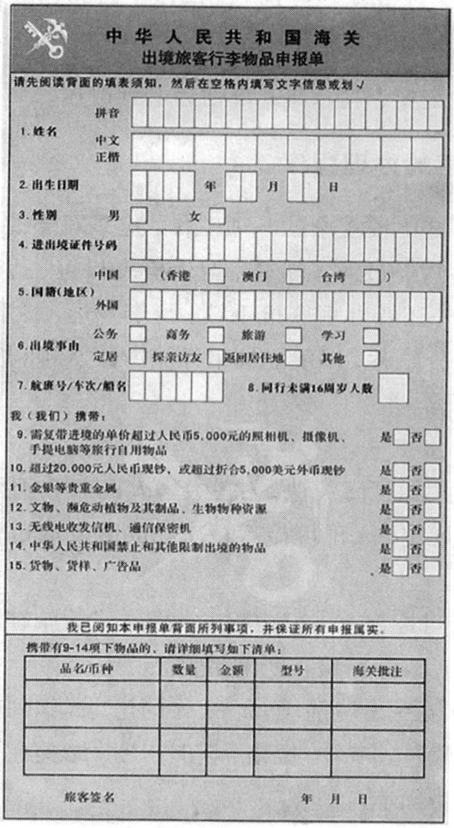

中华人民共和国海关
出境旅客行李物品申报单

请先阅读背面的填表须知，然后在空格内填写文字信息或划√

1. 姓名 拼音 □ 中文正楷 □

2. 出生日期 □年□月□日

3. 性别 男□ 女□

4. 进出境证件号码 □

5. 国籍(地区) 中国□（香港□ 澳门□ 台湾□） 外国□

6. 出境事由 公务□ 商务□ 旅游□ 学习□ 定居□ 探亲访友□ 返回居住地□ 其他□

7. 航班号/车次/船名 □ 8. 同行未满16周岁人数 □

我（我们）携带：

9. 需复带进境的单价超过人民币5,000元的照相机、摄像机、手提电脑等旅行自用物品 是□ 否□

10. 超过20,000元人民币现钞，或超过折合5,000美元外币现钞 是□ 否□

11. 金银等贵重金属 是□ 否□

12. 文物、濒危动植物及其制品、生物物种资源 是□ 否□

13. 无线电收发信机、通信保密机 是□ 否□

14. 中华人民共和国禁止和其他限制出境的物品 是□ 否□

15. 货物、货样、广告品 是□ 否□

我已阅知本申报单背面所列事项，并保证所有申报属实。

携带有9-14项下物品的，请详细填写如下清单：

品名/币种	数量	金额	型号	海关批注

旅客签名　　　　年　月　日

图 9-6　中华人民共和国海关出境旅客行李物品申报单样表

（二）卫生检疫

为了防止传染病由国外传入或由国内传出，保护人身健康，根据国际惯例及习惯法，各国都制定了《国境卫生检疫法》。要求入境者如实填写健康申明卡，来自疫区的人员还必须出示有效的有关疾病预防接种证明（俗称“黄皮”书），无证者卫生检疫机关可对其施以 6 日的强制留验。如遇传染病患者隐瞒不报，按逃避检疫论处，可禁止入境或责令其提前离境。

我国依照《国境卫生检疫法》设立了国境卫生检疫机关，在入出境口岸依法对包括旅游者在内的有关人员及其携带的动植物和交通运输工具等进行传染病检疫、检测和卫生监督，只有经过检疫，由国境卫生检疫机关许可，才能入出境。

（三）边防检查

我国入出境检查由公安部负责。边防检查是指对出入国境人员的护照、证件、签证、入出境登记卡、入出境人员携带的行李物品和财物、交通运输工具及其运载的货物等的检查和监护，以及对入出国境上下交通运输工具人员的管理和违反规章行为的处理等。边防检查是为了保卫国家的主权和安全，而对出入国境的人员等进行的检查。边防检查的内容包括：护照检查、证件检查、签证检查、入出境登记卡检查、行李物品检查、交通运输工具检查等。因私出国人员到达出境口岸时，首先要填写一张《出境登记卡》，并将自己的护照、签证等一并交给边防检查人员，由边防检查人员进行逐项检查；边防检查人员对持照人的证件进行核查（包括护照是否真实有效，签证是否真实有效等）后在护照上加盖验讫章（该章内包括出境口岸的名称、编号、"出境边防检查"字样和年月日等），并将出境登记卡留存于边防检查站；上述手续完毕后，将护照当面交给持照人。

（四）安全检查

安全检查是入出境人员必须履行的检查手续，是保障旅客人身安全的重要预防措施。安全检查事关旅客人身安全，所以旅客都必须无一例外地经过检查后，才能允许登机，也就是说，安全检查不存在任何特殊的免检对象。所有外交人员、政府官员和普通旅客，不分男女、国籍和等级，都必须经过安全检查。安全检查的内容主要是检查旅客及其行李物品中是否携带枪支、弹药、易爆、腐蚀、有毒放射性等危险物品，以确保航空器及乘客的安全。安全检查必须在旅客登机前进行，拒绝检查者不准登机，损失自负。中国海关和边防站，为保证旅游者生命和财产安全，禁止携带武器、凶器、爆炸物品。采用通过安全门使用磁性探测检查、红外线透视、搜身、开箱检查等，对旅游者进行安全检查。安全检查的环节主要有：托运行李物品检查、旅客证件检查、手提行李物品检查和旅客身体检查。

根据 2017 年 1 月 1 日实施的《民用航空安全检查规则》，携带贵重物品、植入心脏起搏器或身患残疾等情况的旅客可要求在非公开场所进行安检。该规则还规定，旅客若有"对民航安检工作现场及民航安检工作进行拍照、摄像，经民航安检机构警示拒不改正的""故意散播虚假非法干扰信息的""在行李物品中隐匿携带民航禁止运输、限制运输物品的"等行为，将会被移交公安机关处理。旅客若逃避安全检查，有殴打辱骂民航安检员或者其他妨碍民航安检工作正常开展，扰乱民航安检工作现场秩序的行为，也将移交公安机关处理。

三、海关对入出境旅游者所携物品的规定

（一）部分限制进出境物品

1. *烟酒*

来往我国港、澳地区的旅游者（包括港、澳旅游者和内地因私前往港、澳地区探亲和旅游等旅游者），免税烟草制品限量：香烟 200 支或雪茄 50 支或烟丝 250 克；免税 12 度以上酒精饮料限量：酒 1 瓶（不超过 0.75 升）。

当天往返或短期内多次来往港、澳地区的旅游者，免税烟草制品限量：香烟 40 支或雪茄 5 支或烟丝 40 克；不准免税带进酒。

其他入境旅游者，免税烟草制品限量：香烟 400 支或雪茄 100 支或烟丝 500 克；免税 12 度以上酒精饮料限量：酒 2 瓶（不超过 1.5 升）。

对不满 16 周岁者，烟酒禁止携带。

2. *旅行自用物品*

非居民旅游者及持有前往国家或地区再入境签证的居民旅游者携带旅行自用物品照相机、便携式收录音机、小型摄像机、手提式摄像机、手提式文字处理机每种一件。超出范围的或单价超过 5000 元人民币的物品，须向海关如实申报，并办理有关手续。经海关放行的旅行自用物品，旅游者应在回程时复带出境。旅游者在海外购买的音像制品（如录音带、录像带、唱片、电影片、VCD 光盘等）和印刷品（如书报、刊物、图画等）也必须申报和交验。若藏匿不报，海关将按规定处理。

3. *金银*

根据《中华人民共和国金银管理条例》（2011 年修订），入境旅客携带金银入境，数量不受限制，但必须向入境地海关申报，由海关登记。携带或者复带金银出境，海关凭中国人民银行出具的证明或者原入境时申报单登记的数量查验放行，不能提供证明的或者超过原入境时申报登记数量的，不许出境。

携带在中华人民共和国境内购买的金银饰品（包括镶嵌饰品、工艺品、器皿等）出境，海关凭国内经营金银制品的单位开具的特种发货票（由中国人民银行统一印制，各地分行分发）查验放行。无凭据的，不许出境。

居住在中华人民共和国境内的中国人、外国侨民和无国籍人出境定居，每人携带金银的限额为：黄金饰品 1 市两（31.25 克），白银饰品 10 市两（312.50 克），银质器皿 20 市两（625 克）。经海关查验符合规定限额的放行。

4. *外汇*

旅游者携带外币、旅行支票、信用证等进境，数量不受限制。旅游者携带超

过 5000 美元或等值其他外币入境，必须向海关如实申报；复带出境时，海关凭本次入境申报的数额核发。出境人员携出金额在等值 5000 美元以内（含 5000 美元）的，海关予以放行。携出金额在等值 5000 美元以上至 10 000 美元（含 10 000 美元）的，应当向银行申领《携带证》，出境时，海关凭加盖银行印章的《携带证》查验放行。携出金额在等值 10 000 美元以上的，应当向存款或购汇银行所在地国家外汇管理局各分支局申领《携带证》，海关凭加盖外汇局印章的《携带证》查验放行。

5. **人民币**

旅游者携带人民币现钞进出境，限额 2 万元。超出限额的禁止出境。

6. **文物、字画**

文物指遗存在社会上或埋藏在地下的历史文化遗物。字画也称书画，系书法和绘画的合称。中国政府禁止出境珍贵文物及其他禁止出境的文物。珍贵文物是指国家馆藏一、二、三级文物。其他禁止出境的文物，包括：有损国家、民族利益，或者有可能引起不良社会影响的文物，不论年限，一律禁止出境。1949 年以前（含 1949 年）生产、制作的具有一定历史、艺术、科学价值的文物，原则上禁止出境；其中，1911 年以前（含 1911 年）生产、制作的文物一律禁止出境。1966 年以前（含 1966 年）生产、制作的有代表性的少数民族文物禁止出境。一般文物是指具有一定历史、艺术、科学价值的普通文物，即可以在文物商店出售的文物。

旅游者携带文物入境，如需复带出境，请向海关详细报明。旅游者携带出境的文物（含已故现代著名书画家的作品），须经中国文化和旅游行政管理部门鉴定。携运文物出境时，必须向海关详细申报。对在境内文物商店购买的文物，海关凭中国文化和旅游行政管理部门指定的文化行政管理部门钤盖的鉴定标志及文物外销发货票，或开具的许可出口证明查验放行。对在境内通过其他途径得到的文物，海关凭中国文化行政管理部门加盖的鉴定标志及开具的出口许可证明查验放行；未经鉴定的文物，不允许携带出境。携带文物出境不据实向海关申报，属走私行为，海关将按规定处理。

7. **中药材、中成药**

旅游者携带中药材、中成药出境，前往国外的，总值限人民币 300 元；前往港澳地区的，总值限人民币 150 元；寄往国外的中药材、中成药，总值限人民币 200 元；寄往港澳地区的，总值限人民币 100 元。进境旅游者出境时携带用外汇购买的、数量合理的自用中药材、中成药，海关凭盖有国家外汇管理局统一制发的“外汇购买专用章”的发货票放行。麝香、犀牛角、蟾酥、虎骨、牛黄等以及超出上述规定限值的中药材、中成药不准出境。

旅客携运进出境的行李物品有下列情形之一的，海关暂不予放行：旅客不能当场缴纳进境物品税款的；进出境的物品属于许可证件管理的范围，但旅客不能当场提交的；进出境物品超出自用合理数量，按规定应当办理货物报关手续或其他海关手续，其尚未办理的；对进出境物品的属性、内容存疑，需要由有关主管部门进行认定、鉴定、验核的；按规定暂不予以放行的其他行李物品。

(二)禁止入出境物品

1. 禁止入境物品

禁止入境物品包括：

(1)各种武器、仿真武器、弹药及爆炸物品；

(2)伪造的货币及伪造的有价证券；

(3)对中国政治、经济、文化、道德有害的印刷品、胶卷、照片、唱片、影片、录音带、录像带、激光视盘、计算机存储介质及其他物品；

(4)各种烈性毒药；

(5)鸦片、吗啡、海洛因、大麻以及其他能使人成瘾的麻醉品、精神药物；

(6)带有危险性病菌、害虫及其他有害生物的动物、植物及其产品；

(7)有碍人畜健康的、来自疫区的以及其他能传播疾病的食品、药物或其他物品。

2. 禁止出境物品

禁止出境物品包括：

(1)列入禁止入境范围的所有物品；

(2)内容涉及国家秘密的手稿、印刷品、胶卷、照片、唱片、影片、录音带、录像带、激光视盘、计算机存储介质及其他物品；

(3)珍贵文物及其他禁止出境的文物；

(4)濒危的和珍贵的动物、植物(均含标本)及其种子和繁殖材料。

第五节　交通知识

一、航空客运知识

(一)航班

1. 飞行形式

民航运输主要有三种飞行形式：班期飞行、加班飞行和包机飞行。

班期飞行是按照班期时刻表和规定的航线，定机型、定日期、定时刻的飞行。

加班飞行是根据临时需要在班期飞行以外增加的飞行。

包机飞行是按照包机单位的要求，在现有航线上或以外进行的专用飞行。

航班分为定期航班和不定期航班。定期航班是指飞机定期自始发站起飞，按规定航线经经停站至终点站或直达终点站的飞行。在国际航线上飞行的航班称为国际航班，在国内航线上飞行的航班则称为国内航班。航班还可以分为去程航班和回程航班。

2. 航班号

航班编号是由航空公司的二字英文代码和阿拉伯数字组成，例如，中国国际航空公司、中国东方航空公司、中国南方航空公司的英文代码分别是 CA、MU 和 CZ。

国内航班编号是由航空公司的英文代码和四位阿拉伯数字组成。第一个数字是执行该航班任务的航空公司起飞基地所在区域的数字代码；第二个数字表示该航班终点站所属的管理局或航空公司所在地的数字代码；第三、四位数字是该航班的具体编号，第四位数字若为单数表示是去程航班，双数则为回程航班。例如，MU5401 为东方航空公司自上海飞往重庆的航班，而 MU5402 则为返程航班。

我国国际航班的航班号由执行该航班任务的航空公司的英文字母代码和三位阿拉伯数字组成。其中，第一位数字是航空公司的数字代码。例如，中国国际航空公司的数字代码为 9，中国南方航空公司的数字代码为 3，东方航空公司的数字代码为 5 等。后两位是航班序号，单数为去程，双数为回程。CA919 是指中国国际航空公司自北京飞往东京的航班，CA977 为中国国际航空公司自北京飞往新加坡的航班。

3. 代码共享

代码共享（Code-Share）是指一家航空公司的航班号（代码）可以用在另一家航空公司的航班上。这对航空公司而言，不仅可以在不投入成本的情况下完善航线网络、扩大市场份额，而且越过了某些相对封闭的航空市场的壁垒。旅客则可以享受到更加便捷、丰富的服务，比如众多的航班和时刻选择、一体化的转机服务、优惠的环球票价、共享的休息厅以及旅客计划等。正因为代码共享优化了航空公司的资源，并使旅客受益匪浅，所以 20 世纪 70 年代代码共享在美国国内市场诞生后，如今已成为全球航空运输业内最流行的合作方式。目前，开通中国航线的外国航空公司有 50 余家。这些外航与我国几大主要航空公司都分别签署有相互的代码共享协议。代码共享方式使中国的航空公司得以直接吸取国外先进航空公司在经营和管理上的经验，从而尽快融入日益全球化、自由化的航空运输业。

4. 机舱等级

飞机安排座位时是分舱位的，而不同的舱位对应的机票折扣不同、价格不同，所得到的服务也不一样。国内客票的舱位等级主要分为头等舱（舱位代码为 F）、公务舱（舱位代码为 C）、经济舱（舱位代码为 Y），经济舱又分不同的座位等级（舱位代码为 B、K、H、L、M、Q、X、E 不等，这种代码每个航空公司的标识都不相同，价格也不一样），折扣舱依次往下排列，低舱位享受的服务和高舱位的不同，最明显的就是能否提前预订机上座位、餐食服务以及是否允许退票等。国际客票的舱位等级主要分为头等舱（舱位代码为 FA）、公务舱（舱位代码为 CDJ）、经济舱（舱位代码为 Y），经济舱下属的座位等级和国内的差不多，也会有不退票的规定。

5. 国际航空联盟

随着世界经济全球化，航空公司战略联盟在国际民航界已成为重要的竞争手段，目前在世界上形成了三大国际航空客运联盟。一是星空联盟（Star Alliance），成立于 1997 年，总部位于德国法兰克福，它是目前全球最大的航空公司联盟，也是首个国际性航空联盟，我国的中国国航、深圳航空是其成员；二是天合联盟（SkyTeam），2000 年成立，总部设在荷兰阿姆斯特丹，我国的东方航空、厦门航空是其成员；三是寰宇一家（Oneworld），1999 年成立，总部设在美国纽约，中国香港地区的国泰航空是其创始成员之一。

（二）机票

1. 电子机票

2006 年 10 月 16 日，国际上开始实行电子机票，我国从 2008 年 6 月 1 日起停止发售纸质机票。电子机票可在民航售票处或联网计算机上完成订座、出票、作废、退换、改转签等操作。旅游者购买机票必须凭本人有效身份证件，客票只限票上所列姓名的旅游者本人使用，不得转让。在线购买成功后，会得到一个电子票号或者出票记录传真，在机场旅游者凭有效证件到值机柜台换取乘机凭证。正常票价的客票有效期为一年。特价机票的有效期以承运人的规定为准。

2. 机票分类

（1）机票可分为普通机票和特别机票。

普通一年期机票，主要分为头等票（First Class）、商务票（Business Class）及经济票（Economy Class or Coach）三种，有效期为一年，可换乘其他航空公司的航班，票价较高，但灵活方便，没有太多时间上的限制，适合途中可能改变线路、时间的旅客。

特别机票又可分为旅游机票、团体机票、包机机票、学生机票、优惠机票等，价格较为优惠，但限制较多。

①旅游机票。旅游机票的票价相比普通一年期机票较为低廉，但限制相对较多，只能购买来回票，不能购买单程票，可分为中途停站及不停站两种，中途容许停站的票价较贵，持票人一定要在目的地停留一段时间后，在机票规定的有效期内回程，否则机票就会失效，因此，购买此种机票时，应该详细了解有效期，以免机票因过期失效，回程要另行买票，招致损失。

②团体机票。团体机票是指统一组织的 10 人以上，航程、乘机日期、航班和舱位等级相同并按团体票价支付票款的旅客机票。它只限在航空公司售票处及经批准的销售优惠机票的销售代理点购买，机票票面加注“团”字标识。民航局还规定，团体旅客办理乘机手续时，需凭“团体旅客订座记录单”（由售票处或销售代理点开票时一并出具）、机票和身份证统一办理。团体机票一般不允许某个人单独改期。至于退票，如果退票后不成团也是不允许的。

③包机机票。包机机票是包机公司或旅行社向航空公司包下整架或部分飞机座位，以供旅客搭乘。这类机票的票价及营运限制，均由包机公司或旅行社自行订购。

（2）机票可根据购买对象分为成人票、儿童票、婴儿票等。成人票是指年满 12 周岁的人士应购买的机票。儿童票是指年龄满 2 周岁但不满 12 周岁的儿童所购买的机票，票面价值是成人适用的正常票价的 50% 左右，提供座位。婴儿票是指不满 2 周岁的婴儿应购买的机票，票面价值是成人适用的正常票价的 10% 左右，不提供座位（如需要单独占用座位时，应购买儿童票），一个成人旅客若携带婴儿超过一名时，超出的人数应购买儿童票。购买儿童票和婴儿票时，应出示有效的出生证明。

（3）机票可按是否订妥座位分为定期机票（OK 票）和不定期机票（OPEN 票）。前者是指已订妥座位的机票，后者是指未订妥座位的机票，须订妥座位后方可使用。机票有效期为一年。定期机票自旅客开始旅行之次日零时起算；不定期机票自填开客票之次日零时起算。

（4）机票按航线分为联程机票和来回程机票。联程机票是指一条航线（如从甲地飞往乙地）上分为几个航段，而每个航段的航班甚至执行航班的航空公司都可能不同，因而中间需要“中转”的机票。一般来说，购买联程机票的飞行虽然比直飞航班所需时间较长，但价格比直飞航班便宜。因此，对旅行者来说，如果时间允许，购买联程机票是比较经济实惠的。来回程机票是指同一条航线上往返飞行的机票。

购买了联程机票或来回程机票的旅客订妥座位后，如在该联程或回程地点停留 72 小时以上，须在该联程或回程航班飞机离站前两天中午 12 时以前，办理座位再证实手续。否则，原定座位不予保留。如旅客到达联程或回程地点的时间离航班飞机离站时间不超过 72 小时，则无须办理座位再证实手续。

3. 退票

按照民航局 2018 年发布的《关于改进民航票务服务工作的通知》(简称《通知》)，明确规定航空公司应明确合理确定客票退改签收费标准，退票费不得高于客票的实际销售价格，不能简单规定特价机票一律不得退改签。根据《通知》精神，占航空公司总数 70% 的 23 家航空公司先后制定了机票退改签阶梯费率。航空公司的退票手续费与机票折扣和办理退票时间密切相关，机票折扣越低，手续费越高，办理退票时间越早于航班起飞时间，退票手续费相对越低。

（三）乘机

1. 国内航班乘机流程

旅游者可通过机场柜台或机场“电子客票自助值机”服务，办理登机手续。国内航班乘机流程：抵达机场确认航站楼—确认航空公司办票柜台—在规定的时限内凭本人有效身份证件在值机柜台领取登机牌、托运行李—凭相关身份证件、登机牌、携带随身物品通过安检—根据登机牌标示的登机口到相应候机区休息候机—登机。无托运行李旅游者只需至自助值机机柜—通过读卡机读取证件信息—进入自助值机系统—根据系统提示完成换发登机牌手续—取得登机牌—前往安检。航空公司值机柜台停止办理乘机手续的时间：国内航班一般为航班离站时间前 30 分钟，国际航班为 40 分钟。

目前国内所有机场已开通“民航临时乘机证明”，乘客若忘记携带身份证，可打开国家政务服务平台小程序，在首页点击“民航临时乘机证明”，60 秒内即可获得电子防伪二维码，凭二维码办理值机手续和接受安全检查。

2. 行李

（1）随身携带物品

每位旅游者以 5 千克为限。持头等舱客票的旅游者，每人可随身携带两件物品；持公务舱或经济舱客票的旅游者，每人只能随身携带一件物品。每件随身携带物品的体积均不得超过 20 厘米 ×40 厘米 ×55 厘米。超过上述重量、件数或体积限制的随身携带物品，应作为托运行李托运。

（2）托运行李

旅客的托运行李须持有效客票才能交运，每件重量不能超过 50 千克，体积不能超过 40 厘米 ×60 厘米 ×100 厘米。超过规定的行李，须事先征得承运人的同意才能托运。旅客的托运行李，每千克价值超过 50 元时，可办理行李声明价值。声明价值不能超过行李本身的实际价值。每一位旅客的行李声明价值最高限额为人民币 8000 元。

（3）免费行李额

每位旅游者的免费行李额：持成人票或儿童票的头等舱旅游者为 40 千克，公务舱旅游者为 30 千克，经济舱旅游者为 20 千克。持婴儿票的旅游者，无免费行李额。同行旅游者的免费行李额可合并计算。构成国际运输的国内航段，每位旅游者的免费行李额按适用的国际航线免费行李额计算。

（4）超重行李

旅游者的超重行李在其所乘飞机载量允许的情况下，应与旅客同机运送。旅游者应对超重行李付超重行李费，超重行李费率以每千克按经济舱票价的 1.5% 计算，金额以元为单位。

（5）不准作为行李运输的物品

旅游者不得在交运行李或随身携带物品内夹带易燃、易爆、腐蚀、有毒、放射性物品、可聚合物质、磁性物质及其他危险物品，不得携带武器、利器和凶器。

（6）不准在交运行李内夹带的物品

旅游者不得在交运的行李内夹带重要文件和资料、外交信贷、证券、货币、汇票、贵重物品、易碎易腐物品，手机、手提电脑、数码相机、充电宝以及含锂电池的其他物品。

（7）不准随身携带但可作为行李托运的物品

可用于危害航空安全的菜刀、大剪刀、大水果刀、剃刀等生活用刀；手术刀、屠宰刀、雕刻刀等专用刀具；文艺单位表演用的刀、矛、剑、戟等；斧、凿、锤、锥、加重或有尖头的手杖、铁头登山杖和其他可用来危害航空安全的锐器、钝器。

（8）行李赔偿

根据《中国民用航空旅客、行李国内运输规则》规定，托运行李被损坏或丢失，赔偿金额应低于 100 元人民币 / 千克（2.2 磅）（或等值外币）。如行李价值不足 100 元人民币 / 千克（2.2 磅）（或等值外币），则根据行李的实际价值赔偿。重要文件和资料、货币、贵重物品、易碎易腐物品等不能夹入行李托运，如果托运行李内夹带上述物品发生遗失或损坏，航空公司按一般托运行李承担责任，即每千克托运行李赔偿金额不超过 100 元。国际航线根据《蒙特利尔公约》，托运行李的赔偿是 1131 特别提款权，人身伤亡赔偿是 113000 特别提款权。

旅客对于行李的损坏、遗失或延误必须在下列期限内向中国民航书面提出索赔要求，否则就不能向中国民航提出诉讼：

①行李损坏，应当在发现损坏时，立即向中国民航提出索赔要求，最迟不得超过从收到行李之日起 7 天以内提出。

②行李遗失，最迟不得超过从行李应当交付收件人之日起 21 天以内提出。

③行李延误，最迟不得超过从行李交付收件人之日起 21 天以内提出。

3. 误机与延误

（1）旅客误机

旅客误机后最迟应在该航班离站后的次日中午 12 时（含）以前，到乘机机场的承运人乘机登记处、承运人售票处或承运人地面服务代理人售票处办理误机确认。误机确认后，旅客如要求改乘后续航班，可在上述地点或原购票地点办理变更手续，承运人应在航班有可利用座位的条件下予以办理，免收误机费。但是，如所购误机的机票是折价票，旅客需向承运人补交票差。

旅客若未办理误机确认，如果要求继续旅行，应交付客票价 20% 的误机费。旅客误机变更后，如果要求再次改变航班、日期，应交付客票价 50% 的变更手续费。旅客误机或误机变更后，如果要求改变承运人，按自愿退票的规定办理，应交付客票价 50% 的误机费。旅客误机或误机变更后，如果要求退票，也按自愿退票规定办理，应交付客票价 50% 的误机费。

（2）航班延误或取消

由于机务维护、航班调配、商务、机组等承运人自身原因，造成航班在始发地出港延误或者取消；国内航班在经停地延误或者取消；国内航班发生备降三种情况造成航班出港延误，无论何种原因，承运人或者地面服务代理人应当向旅客提供餐食或住宿服务。由于天气、突发事件、空中交通管制、安检以及旅客等非承运人原因，造成航班在始发地延误或取消，承运人可协助旅客安排餐食和住宿，费用由旅客自理。

4. 旅客保险与伤害赔偿

（1）旅客保险

旅客可以自行决定向保险公司投保国内航空运输旅客人身意外伤害保险。此项保险金额的给付，不免除或减少承运人应当承担的赔偿限额。

（2）旅客身体伤害赔偿

在国内航空运输中，承运人对每名旅客身体伤害的最高赔偿限额，根据《国内航空运输承运人赔偿责任限额规定》，应在下列责任限额内按照实际损害情况承担赔偿责任：①对每名旅客的责任赔偿限额为人民币 40 万元；②对每名旅客随身携带物品的赔偿限额为人民币 3000 元；③对旅客托运的行李和对运输的货物的赔偿责任限额为每千克人民币 100 元。

5. 注意事项

为维护旅游者生命安全，2008 年 3 月，中国民航局规定，旅游者乘坐国内航班禁止携带液体物品。液体物品包括液体、凝胶、气溶胶等，常用的眼药水、口红、牙膏、发胶等物品均在受限范围内。而乘坐从中国境内机场始发的国际、地区航班的旅游者，其携带的液体物品仍执行中国民航局 2007 年 3 月 17 日发布的有关规定，即每件容器不超过 100 毫升，盛放液体的容器应置于最大容积不超过 1 升的、可重新封口的透明塑料袋中。2008 年 4 月，该局还规定，禁止旅游者携带打火机、火柴乘坐民航飞机。5 月，该局又进一步规定，无论是手提行李还是托运行李都禁止夹带打火机和火柴。此外，旅游者也不能携带未关闭的手机、电脑等物品及强磁物品乘坐飞机。2014 年 8 月，中国民航局对旅客携带的充电宝的规定是：额定能量不超过 100Wh（瓦特小时）的充电宝无须航空公司批准就可带上飞机；超过 100Wh 但不超过 160Wh 的，需经航空公司批准后方可携带；未标明相关技术参数的一律禁止携带。

2021 年修订的《中华人民共和国民用航空法》规定，以暴力、胁迫或者其他方法劫持航空器的；对飞行中的民用航空器上的人员使用暴力，危及飞行安全，尚未造成严重后果的；隐匿携带炸药、雷管或者其他危险品乘坐民用航空器，或者以非危险品品名托运危险品，尚未造成严重后果的；隐匿携带枪支子弹、管制刀具乘坐民用航空器的；故意在使用中的民用航空器上放置危险品或者唆使他人放置危险品，足以毁坏该民用航空器，危及飞行安全，尚未造成严重后果的；故意传递虚假情报，扰乱正常飞行秩序，使公私财产遭受重大损失的；盗劫或者故意损毁、移动使用中的航行设施，危及飞行安全，足以使民用航空器发生坠落、毁坏危险，尚未造成严重后果的；聚众扰乱民用机场秩序的，分别依照刑法相关条款的规定追究刑事责任。

不足 14 天的婴儿、孕期超过 9 个月的孕妇、醉酒旅客不得乘坐民航客机。中国民航局颁布的《民用航空飞行标准管理条例》中，对公众乘坐飞机不应该出现的行为进行了规定。按照规定，如果旅客在航空器起飞、着陆、滑行以及飞机颠簸过程中擅自离开座位或开启行李架，可能面临 500 元以上、1 万元以下的罚款。处以同样罚款的不正当行为还包括：在航空器内吸烟；强行将不符合尺寸及重量要求的行李带入航空器客舱内，或者不听从机组的劝告强行在航空器客舱内放置行李可能导致影响紧急情况下人员撤离；在紧急情况下，不听从机组人员的指挥，造成秩序混乱或影响航空器的载重平衡等。此外，一旦旅客行为过激，构成违反治安管理行为的，由公安机关依法给予行政处罚；构成犯罪的，依法追究刑事责任。

二、铁路客运知识

(一)列车种类

我国列车分为国内旅客列车和国际旅客列车（如北京至莫斯科的国际列车）。特别是我国高速铁路飞速发展，通车里程已居世界第一，已建成“四纵四横”为重点的高速铁路网。“四纵”即北京—上海、北京—香港、北京—哈尔滨和杭州—深圳，“四横”即青岛—太原、徐州—兰州、南京—成都和杭州—昆明。火车已成为舒适、便捷、安全的旅游交通工具。

按车次前冠有的字母分为：

车次前冠有字母“G”的列车为高铁列车。

车次前冠有字母“C”的列车为城际动车组列车；车次前冠有字母“D”的列车为动车组。

车次前冠有字母“Z”的列车为直达特快列车；车次前冠有字母“T”的列车为特快旅客列车；车次前冠有字母“K”的列车为快速旅客列车；车次前无字母的为普通旅客列车。

此外，下列列车一般在节假日、春秋旅游季节开行：

车次前冠以字母“L”的列车为临客普快列车。

车次前冠以字母“Y”的列车为郊游临客快速列车；车次前冠以字母“JY”的列车为郊游旅客列车。

按照铁道部门的有关规定，乘坐列车均采用实名制购票（儿童除外）和实名查验。

(二)车票

1. 车票种类

火车票中包括客票和附加票两部分。客票分为软座、硬座。附加票分为加快票、卧铺票、空调票。附加票是客票的补充部分，除儿童外，不能单独使用。为了优待儿童、学生和伤残军人，还发售半价票。

2. 儿童票

按照2022年发布的《铁路旅客运输规程》，儿童票的销售标准实行“双轨制”：①实行车票实名制的列车，年满6周岁且未满14周岁的儿童应当购买儿童优惠票；年满14周岁的儿童，应当购买全价票。每一名持票成年人可以免费携带一名未满6周岁且不单独占用席位的儿童乘车；超过一名时，超过人数应当购买儿童优惠票。②未实行车票实名制的列车，身高1.2米且不足1.5米的儿童应当购买儿童优惠票；身高达到 1.5 米的儿童，应当购买全价票。每一名持票成年人旅客可以免费携带一名身高未达到 1.2 米且不单独占用席位的儿童乘车；超过一名时，超过人数应当购买儿童优惠票。

3. 购票

自 2012 年 1 月 1 日（乘车日期）起，全国所有旅客列车实行车票实名制，旅客需凭本人有效身份证件购买车票。同一乘车日期、同一车次，一张有效身份证件只能购买一张实名制车票。自 2021 年 12 月 1 日起，无论是在线上还是线下购买，购票前均须完成乘车人本人的手机预留及信息采集核验。旅客可在车站售票处及各售票网点购票，也可以通过中国铁路客户服务中心网站（http://www.12306.cn）进行网络订票或通过电话订票。此外，还可以在手机端登录“铁路 12306” APP 或“铁路 12306”小程序进行订票，订票时需要输入身份证号并按操作进行核验。当前除了二代身份证外，台湾居民居住证、港澳居民居住证、外国人永久居留身份证等证件也可以通过上述方法购票。同时，旅客还可以在各地购买带有席位号的异地票、联程票和往返票。购票前或购票后无法出示有效身份证件原件的，可到车站办理“乘坐旅客列车临时身份证明”，但需提供自己的姓名和身份证号码。

根据《铁路旅客车票实名制管理办法》，自 2023 年 1 月 1 日起，旅客购买车票，办理补票、取票、改签、退票时均应提供乘车人真实有效的身份证件或者身份证件信息。对殴打、冲闯、堵塞实名查验通道、相关场地，破坏、损毁、占用相关设施设备、系统等扰乱车票实名制管理工作秩序、妨碍车票实名制管理人员正常工作的行为，铁路运输企业要予以制止，对涉嫌违反治安管理或者犯罪的行为，要及时报告公安机关。

4. 退票

旅客开始旅行后一般不能退票。在 12306 网站（或 APP、小程序）购票后，若没有换成纸质车票，且不晚于开车前 30 分钟的，可在 12306 网站（或 APP、小程序）办理退票。若已换取纸质车票或者在开车前 30 分钟之内的，需携带购票时所使用的乘车人有效身份证件原件到车站售票窗口办理。根据梯次退票政策，在车票预售期为 15 天时，开车前 8 天（含 8 天）以上退票的，不收退票费；开车前 48 小时以上的按票价 5% 计；开车前 24 小时以上、不足 48 小时的按票价 10% 计；不足 24 小时的按票价 20% 计。开车前 48 小时～8 天期间内，改签或变更到站至距开车 8 天以上的其他列车，又在距开车 8 天前退票的，仍核收 5% 的退票费。旅客办理退票、申请退款后，铁路运输企业应当在 7 个工作日内办理完成退款手续（不含金融机构处理时间和旅客自身原因导致的时间延误）。

5. 改签

按照铁路部门发布的火车票退改签规定，无论是网上订票还是窗口订票，1 张票只能改签 1 次。开车前 48 小时（不含）以上，可改签预售期内的其他列车。开车前 48 小时以内，可改签开车前的其他列车，也可以改签开车后至票面乘车日期当日 24:00 之间的其他列车，但不办理票面日期次日及以后的改签。开车后如果未能上车，可以改签开车后至票面乘车当日 24:00 之间的其他列车，但不办理票面日期次日及以后的改签。上述改签，均可以通过 12306 网站（或 APP、小程序）或任一车站售票窗口办理。改签变更项目包括乘车日期、车次、席（铺）位，但不包括发站和到站（同城车站除外）。另外，如果已使用现金购票，或已换取纸质车票（报销凭证），则需到铁路售票窗口办理，如纸质车票（报销凭证）遗失，则无法办理车票改签。

按团体旅客（20 人以上乘车日期、车次、到站、座别相同的有组织旅客可作为团体旅客）办理的车票，改签、退票时，应不晚于开车前 48 小时。

（三）乘车

1. 持有效身份证件乘车

从 2020 年 6 月 20 日起，全国的火车票正式启动“电子化”，实现电子客票乘车，告别纸质车票。无论旅客是在 12306 网站、“铁路 12306” APP 上，还是在售票窗口，或者自动售票机上买票，车站窗口都不再出具纸质车票。乘车时，只需在闸机入口刷二代身份证即可进出站。如果需要报销凭证，可以在乘车之日起 31 天内，凭购票所用的身份证原件，在车站自动售（取）票机、售票窗口换取纸质行程单。

2. 免费携带行李的重量及尺寸

每名旅客免费携带品的重量和体积是：儿童（含免费儿童）10 千克，外交人员 35 千克，其他旅客 20 千克。每件物品外部尺寸长、宽、高之和不超过 160 厘米，杆状物品不超过 200 厘米，但乘坐动车组列车不超过 130 厘米，重量不超过 20 千克，超过 20 千克应办理托运。残疾人代步所用的折叠式轮椅不计入上述范围。

3. 限量携带的物品

限量携带的物品包括：①包装密封完好、标志清晰且酒精体积百分含量大于或者等于 24%、小于或者等于 70% 的酒类饮品累计不超过 3000 毫升；②香水、花露水、喷雾、凝胶等含易燃成分的非自喷压力容器日用品，单体容器容积不超过 100 毫升，每种限带 1 件；③指甲油、去光剂累计不超过 50 毫升；

④冷烫精、染发剂、摩丝、发胶、杀虫剂、空气清新剂等自喷压力容器，单体容器容积不超过 150 毫升，每种限带 1 件，累计不超过 600 毫升；⑤安全火柴不超过 2 小盒，普通打火机不超过 2 个；⑥标志清晰的充电宝、锂电池，单块额定能量不超过 100Wh，含有锂电池的电动轮椅除外；⑦法律、行政法规、规章规定的其他限制携带、运输的物品。

4. 禁止托运和随身携带的物品

禁止托运和随身携带的物品包括：①枪支、子弹类（含主要零部件）；②爆炸物品类；③管制器具；④易燃易爆物品；⑤毒害品；⑥腐蚀性物品；⑦放射性物品；⑧感染性物质；⑨其他危害列车运行安全的物品；⑩法律、行政法规、规章规定的其他禁止携带、运输的物品。

5. 禁止随身携带但可以托运的物品

（1）锐器：菜刀、水果刀、剪刀、美工刀、雕刻刀、裁纸刀等日用刀具（刀刃长度超过 60 毫米）；手术刀、刨刀、铣刀等专业刀具；刀、矛、戟等器械。

（2）钝器：棍棒、球棒、桌球杆、曲棍球杆等。

（3）工具农具：钻机、凿、锥、锯、斧头、焊枪、射钉枪、锤、冰镐、耙、铁锹、镢头、锄头、农用叉、镰刀、铡刀等。

（4）其他：反曲弓、复合弓等非机械弓箭类器材，消防灭火枪，飞镖、弹弓，不超过 50 毫升的防身喷剂等。

（5）持有检疫证明、装于专门容器内的小型活动物，铁路运输企业应当向旅客说明运输过程中通风、温度条件。但持工作证明的导盲犬和作为食品且经封闭箱体包装的鱼、虾、蟹、贝、软体类水产动物可以随身携带。

6. 注意事项

（1）2022 年发布的《铁路旅客运输规程》规定，若发现变造、伪造车票或者证件乘车，霸座或者其他扰乱秩序的行为，铁路运输企业应当及时报告公安机关。

（2）该规程还规定，有下列情形之一的，铁路运输企业可以拒绝运输：①拒不支付补票款、加收票款的；②不接受安全检查的；③购买实名制车票但不接受身份信息核验，或者车票所记载信息与所持身份证件或者真实身份不符的；④按照《中华人民共和国传染病防治法》等传染病防治的法律、行政法规和国家有关规定，应当实施隔离管理的；⑤扰乱车站、列车秩序，严重精神障碍和醉酒等有可能危及列车安全或者其他旅客以及铁路运输企业工作人员人身安全的；⑥国家规定的其他情况。

7. 乘火车赴香港的要求

乘火车赴香港须提前办好赴香港特别行政区的证件，并持该证件与有效车票提前 90 分钟到出入境联检大厅办理验关手续。

8. 乘火车赴西藏的要求

乘火车赴西藏须先行阅读火车站公布的“高原旅行提示”，然后认真填写“旅客健康登记卡”。上车时，须同时出示车票和填写完整的“旅客健康登记卡”。

外国人、台湾同胞购买赴藏火车票，须出示经旅行社办理的入藏函或西藏自治区外事办公室或文化和旅游部门、商务厅的批准函（电），或者出示中国大陆司局级接待单位出具的、已征得自治区上述部门同意的证明信函。

三、水路客运知识

（一）水路旅行常识

水运交通服务是指旅游企业为了满足旅游者在各种水域中旅行游览的需求，向内河航运、沿海航运和国际航海等水上客运部门或企业购买的交通服务。水运交通服务所提供的交通工具包括普通客轮、豪华客轮、客货混装轮船和气垫船等。每种轮船分别设有各种不同舱位，供不同类型的乘客选用。水运交通服务主要分为四种，即远程定期班轮服务、海上短程轮渡服务、游船服务和内河客轮服务。

（二）船票

船票分为全价票和半价票。儿童身高超过 1.2 米但不超过 1.5 米者，购买半价票；超过 1.5 米者，购买全价票。每一成人旅客可免费携带身高不超过 1.2 米的儿童一人，超过一人，应为超过的人数购买半价票。革命伤残军人凭革命伤残军人证可购买半价票。乘同一船名、航次、起讫港 10 人以上的团体可凭介绍信购买或预订团体票。《水路旅客运输实名制管理规定》中规定，自 2018 年 1 月 10 日，水路旅客运输实行实名制管理。乘船人遗失船票的，经核实其身份信息后，水路旅客运输经营者或者其委托的船票销售单位应当免费为其补办船票。

（三）退票

旅客在乘船港可办理退票。其中，内河航线应在客船开船以前办理，沿海航线应在客船规定开船时间 2 小时前办理，团体票应在客船规定开船时间 24 小时以前办理。退票时应支付退票费。

（四）行李

1. 随身携带行李

每位旅客可免费携带总重量 20 千克（免费儿童减半），总体积 0.3 立方米的行李。每件自带行李，重量不得超过 20 千克，体积不得超过 0. 2 立方米，长度不得超过 1.5 米（杆形物品不超过 2 米）。残疾旅客乘船，另可免费携带随身自用的非机动残疾人专用车一辆。旅客可携带下列物品乘船：气体打火机5个，安全火柴 20 小盒，不超过 20 毫升的指甲油，100 毫升以内的香水，300 毫升以内的空气清新剂。

2. 禁止携带和托运的物品

除另有规定外，下列物品不准旅客携带上船：违禁品或易燃、易爆、有毒、有腐蚀性、有放射性以及有可能危及船上人员安全的物品；各种有臭味、恶腥味的物品；灵柩、尸体、尸骨。

第六节　其他相关知识

一、货币知识

（一）外汇

1. 外汇的概念

外汇是指以外币表示的可用于国际清偿的支付手段和资产，包括外币现钞（纸币、铸币）、外币有价证券（债券、股票等）、外币支付凭证或支付工具（票据、银行存款凭证、银行卡等）、特别提款权以及其他外币资金。

2. 货币兑换

海外旅游者来华时携入的外汇和票据金额没有限制，但数额大时必须在入境时据实申报；在中国境内，海外旅游者可持外汇到中国银行各兑换点（机场、饭店或商店）兑换成人民币。在中国境内能兑换的外币主要有：美元 USD、欧元 EUR、英镑 GBP、日元 JPY、澳大利亚元 AUD、加拿大元 CAD、瑞士法郎 CHF、丹麦克朗 DKK、挪威克朗 NOK、瑞典克朗 SEK、新加坡元 SGD、新西兰元 NZD、菲律宾比索 PHP、泰国铢 THB、韩元 KRW、俄罗斯卢布 RUB 以及港币 HKD、澳门元 MOP、新台币 TWD 等。兑换外币后，旅游者应妥善保管银行出具的外汇兑换证明（俗称“水单”），该证明有效期为 6 个月，旅游者若在半年内离开中国，而兑换的人民币没有花完，可持护照和水单将其兑换成外币，但不得超过水单上注明的金额。

3. 人民币进入 SDR

2015 年 12 月 1 日，国际货币基金组织（IMF）宣布把人民币纳入 SDR，权重定为 10.92%。2022 年 5 月，该组织将人民币的权重提高至 12.28%。SDR 是特别提款权（Special Drawing Right）的英文首字母，SDR 是国际货币基金组织创造的国际储备资产，目前由美元、欧元、人民币、日元和英镑组成。中国加入 SDR 意味着人民币真正跻身于全球主要货币之列，人民币作为结算货币将得到更广泛的使用，也将推动人民币成为可兑换、可自由使用的货币。

（二）信用卡

信用卡是银行和其他专门机构为提供消费信用而发给客户在指定地点按照给予的消费信用额度支取现金、购买货物或支付劳务费用的信用凭证，实际上是一种分期付款的消费者信贷。信用卡是一种电子智能卡，卡上印有发卡行名称、持卡者姓名、卡号、有效日期和防伪标记等内容。

信用卡的种类有很多，通常可以按照以下标准划分：按发卡机构，可分为银行卡和非银行卡；按持卡人的资信程度，可分为普通卡、金卡、白金卡和无限卡；按清偿方式，可分为贷记卡和借记卡；按流通范围，可分为国际卡和地区卡。中国银行的外汇长城万事达卡是国际卡，而人民币万事达信用卡和中国工商银行的牡丹卡都是地区卡。

我国目前主要受理的外币信用卡有：维萨卡（Visa Card），总部设在美国旧金山；万事达卡（MasterCard），总部设在美国纽约；运通卡（American Express），由美国运通公司及其世界各地的分公司发行；大莱卡（Dinners Club Card），该卡是世界上发行最早的信用卡，由大莱卡国际有限公司统一管理；JCB 卡（JCB Card），1981 年由日本最大的 JCB 信用卡公司发行；百万卡（Million Card），由日本东海银行发行；发达卡（Federal Card），由中国香港南洋商业银行发行。

维萨卡、万事达卡、银联卡（China Union Pay）在全球范围构建了一个刷卡消费的联盟，国内银行与它们合作以后，国内银行发行的信用卡就能在它们的联盟范围内刷卡消费，在部分国家地区甚至可以持银联卡直接消费。消费者可以在申请信用卡的时候选择申请维萨信用卡或万事达信用卡。

（三）离境退税

2011 年 1 月 1 日，海南省作为试点正式实施境外旅客购物离境退税政策。

2014 年 8 月，国务院公布的《关于促进旅游业改革发展的若干意见》提出，扩大旅游购物消费，研究完善境外旅客购物离境退税政策，并将实施范围扩大至全国符合条件的地区。2015 年国家税务总局发布了《境外旅客购物离境退税管理办法（试行）》。该办法规定：

1. 退税对象

在我国连续居住不超过 183 天的外国人和港澳台同胞。

2. 退税物品

服装、鞋帽、化妆品、钟表、首饰、电器、医疗保健及美容器材、厨卫用具、家具、空调、电冰箱、洗衣设备、电视机、摄影(像)设备、计算机、自行车、文具、体育用品等，共 21 个大类 324 种。但不包括中华人民共和国禁止、限制进出境物品表所列的禁止、限制出境的物品，如食品、饮料、水果、烟、酒、汽车、摩托车等。

3. 退税条件

(1)同一境外旅客同一日在同一退税商店购买的退税物品金额达到 500 元人民币，并且按规定取得退税申请单(凭购买退税物品的增值税普通发票向退税商店索取)等退税凭证。

(2)在离境口岸办理离境手续，离境前退税物品尚未启用或消费。

(3)离境日距退税物品购买日不超过 90 天。

(4)所购退税物品由境外旅客本人随身携带或托运出境。

(5)所购退税物品经海关验核并在退税申请单上签章。

(6)在指定的退税代理机构办理退税。

4. 退税率

退税率为 11%，但退税机构要收取 2% 的手续费，旅客应得退税金额为商品价格的 9%。如旅客购买了 500 元退税物品，可获得退税金额为：500 元 ×(11%–2%)=45 元。

5. 退税币种

退税币种为人民币。退税金额超过 10 000 元人民币的，退税代理机构将以银行转账方式退税。退税金额未超过 10 000 元人民币的，退税代理机构可采用现金退税或银行转账方式退税，由境外旅客自行选择。

6. 退税流程

(1)托运行李包括退税物品

离境退税商店购买商品—索取离境退税申请单—航空公司乘机手续办理—海关退税物品验核并托运行李—联检手续—退税机构退税。

(2)随身携带退税物品

离境退税商店购买商品—索取离境退税申请单—航空公司乘机手续办理—联检手续—海关退税物品验核—退税机构退税。

7. 享有退税政策的省市

截至 2019 年，被批准实施境外旅客购物离境退税政策的省区市增加至 26 个，包括甘肃、湖南、海南、北京、上海、天津、辽宁、安徽、福建、四川、江苏、陕西、云南、黑龙江、山东、广东、新疆、河南、宁夏、重庆、河北、广西、江西、厦门、青岛、深圳。

（四）离岛免税

自2011年4月起，海南实行“离岛免税”购物政策，规定凡年满16周岁，乘飞机、火车、轮船离岛（不包括离境）旅客实行限值、限量、限品种免进口税购物。离岛免税的税种包括关税、进口环节增值税和消费税。

离岛免税商品目前为45种，包括化妆品、箱包、手表、天然蜂蜜、茶、平板电脑、手机、电子游戏机、酒类和穿戴设备等消费品。

离岛免税额度目前为每人每年10万元人民币。

2020年7月6日海关总署发布新修订的《中华人民共和国海关对海南离岛旅客免税购物监管办法》，文件规定，离岛旅客有下列情形之一的，由海关依照相关法律法规处理，且自海关做出处理决定之日起，3年内不得享受离岛免税购物政策，并可依照有关规定纳入相关信用记录：以牟利为目的为他人购买免税品或将所购免税品在国内市场再次销售的；购买或者提取免税品时提供虚假身份证件或旅行证件、使用不符合规定的身份证件或旅行证件，或者提供虚假离岛信息的；其他违反海关规定的。

2023年3月，海关总署、财政部、国家税务总局联合发布公告，明确自4月1日起，离岛旅客凭有效身份证件或旅行证件和离岛信息在海南离岛免税商店（不含网上销售窗口）购买免税品时，除在机场、火车站、码头指定区域提货以及可选择邮寄送达或岛内居民返岛提取方式外，可对单价超过5万元（含）的免税品选择“担保即提”提货方式，可对单价不超过2万元（不含）且在公告附件清单内的免税品，包括化妆品、香水、太阳眼镜、服装服饰等15个商品品种，按照每人每类免税品限购数量的要求，选择“即购即提”方式提货。上述两种方式购买的离岛免税品应一次性携带离岛，不得再次销售。离岛时间不得超过30天（含）；若超过30天又无法说明正当理由的，三年内不得购买离岛免税品。对于构成走私行为或违反海关监管规定行为的，由海关依照有关规定予以处理，构成犯罪的，依法追究刑事责任。

二、保险知识

（一）旅游保险的概念与特点

1. 旅游保险的概念

旅游保险是保险业的一项业务。它是指根据合同的约定，投保人向保险人支付保险费，保险人对于合同约定的在旅游活动中可能发生的事故所造成的人身财产损失承担赔偿保险金的责任。目前，旅游者报名时所涉及的保险通常有三种，分别是旅行社责任保险、旅游意外保险和交通意外伤害保险。

2. 旅游保险的特点

与其他保险合同相比较，旅游保险具有短期性、强制保险与自愿保险相结合、财产保险与人身保险相结合等特点。

（二）旅游保险的种类

1. 旅行社责任保险

旅行社责任保险是指旅行社根据保险合同的约定，向保险公司支付保险费，保险公司对旅行社在从事旅游业务经营活动中，致使旅游者人身、财产遭受损害应由旅行社承担的责任，转由承保的保险公司负责赔偿保险金的行为。旅行社责任保险属于强制保险。

保险期限：旅行社责任保险的保险期限为一年。

旅行社不承担赔偿责任的情形：

（1）旅游者参加旅游活动，应当保证自身身体条件能够完成旅游活动。因此在旅游过程中，旅游者由于自身疾病引起的各种损失或损害，旅行社不承担任何赔偿责任。但是在签约时旅游者已经声明且为旅行社接受的需要旅行社照顾的情形，旅行社及其工作人员没有尽到应尽的照顾义务的，仍然应当承担赔偿责任。

（2）旅游者参加旅行社组织的旅游活动，应当服从导游或领队的安排，在旅行过程中注意保护自身和随行的未成年人的安全，妥善保管随身携带的行李、物品。由于旅游者个人过错导致的人身伤亡和财物损失，以及由此产生的各种费用支出，旅行社不承担赔偿责任。

（3）旅游者自行终止旅行社安排的旅游行程后，或者没有参加约定的旅游活动而自行活动时，发生的人身、财物损害，旅行社不承担赔偿责任。

2. 旅游意外伤害保险

旅游意外伤害保险，是为防止旅游过程中一旦发生意外事故造成损失而向保险公司购买的保险。旅行社在组织旅游者旅游时，可以提示旅游者购买旅游意外伤害保险，经旅游者同意，旅行社可代为购买，但保险费用由旅游者承担，所以旅游意外伤害保险属于自愿保险，其投保人和受益人均为旅游者。旅游意外伤害保险由组团社负责一次性办理，接待旅行社不再重复投保。

保险期限：

（1）旅行社组织的入境旅游，旅游意外保险期限从旅游者入境后参加旅行社安排的旅游行程时开始，直至该旅游行程结束办理完出境手续时止。

（2）旅行社组织的国内旅游、出境旅游，旅游意外保险期限从旅游者在约定的时间登上由旅行社安排的交通工具开始，直至该次旅行结束离开旅行社安排的交通工具为止。

不承担赔偿责任的情况：

（1）旅游者自行终止旅行社安排的旅游行程，其保险期限至其终止旅游行程的时间为止。

（2）旅游者在中止双方约定的旅游行程后自行旅行的，不在旅游意外保险之列。

旅游意外保险的保障范围：人身意外保障、个人财物保障、医疗费用保障及个人法律责任保障。

按照中华人民共和国保险法规定，人寿保险以外的其他保险的被保险人或者受益人，向保险人请求赔偿或者给付保险金的诉讼时效期限为两年，自其知道或者应当知道保险事故发生之日起计算。

3.交通意外伤害保险

交通意外伤害保险也称为交通工具意外伤害保险。它是以被保险人的身体为保险标的，以被保险人作为乘客在乘坐客运大众交通工具期间因遭受意外伤害事故，导致身故、残疾、医疗费用支出等为给付保险金条件的保险，主要包括火车、飞机、轮船、汽车等交通工具。

（1）航空旅客意外伤害保险

航空旅客意外伤害保险简称为航意险，属于自愿投保的个人意外伤害保险。此种保险旅游者可自愿购买一份或多份。其保险期限自旅游者持保险合同约定航班的有效机票到达机场通过安全检查时起，至旅游者抵达目的港走出所乘航班的舱门时止（不包括舷梯与廊桥）。在此期间，若飞机中途停留或绕道飞行中，只要被保险人一直跟机行动，其遭受的意外伤害均在保险责任范围内。当被保险人进入舱门后，由于民航原因，飞机延误起飞又让旅客离开飞机，在此期间被保险人遭受的伤害，保险公司也负责。

（2）铁路意外伤害保险

2013 年，国务院废止了《铁路旅客意外伤害强制保险条例》，铁路意外伤害保险由原来强制性捆绑式销售改变为乘客自愿购买。2015 年 11 月 1 日起，铁路部门为境内乘车旅客提供最新的铁路旅客人身意外伤害保险，简称乘意险。铁路乘意险将保险责任扩展到旅客自持有效乘车凭证实名制验证或检票进站时起，至旅客到达所持乘车凭证载明的到站检票出站时止，即由“车上”扩展到“车上和站内”。成年旅客购买乘意险为 3 元，最高保障 30 万元意外身故、伤残保险金和 3 万元意外医疗费用；未成年人购买乘意险为 1 元，最高保障 10 万元意外身故、伤残保险金和 1 万元意外医疗费用。

（三）旅游保险报案与索赔

1. 及时报案

旅游者发生意外事故后，应及时向投保的保险公司报案。

2. 收集证据，并妥善保存

导游应提醒当事人收集医院诊断证明、化验单据、意外事故证明等证据。

3. 转院需取得保险公司同意

旅游者因意外住院后，如需要转回本地医院继续治疗，应事先征得保险公司同意，并要求救治医院出具书面转院报告。

三、卫生常识

（一）骨折

1. 症状与体征

骨折，指骨头或骨头的结构完全或部分断裂。一般骨折，伤者的软组织（皮下组织、肌肉、韧带等）损伤疼痛剧烈，受伤部位肿胀瘀血明显。四肢骨折，可见受伤部位变形，活动明显受阻。若是开放性骨折，折断的骨骼会暴露在伤口处，而闭合性骨折，则皮肤表面无伤口。

2. 处理常识

（1）判断骨折

首先要考虑伤者受伤的原因，如果是车祸伤、高处坠落伤等原因，一般骨折的可能性很大；其次要看一下伤者的情况，如伤肢出现反常的活动，肿痛明显，则骨折的可能性很大，如骨折端已外露，肯定已骨折；最后，在判断不清是否有骨折的情况下，应按骨折来处理。

（2）止血

如出血量较大，应以手将出血处的上端压在邻近的骨突或骨干上或用清洁的纱布、布片压迫止血，再以宽的布带缠绕固定，要适当用力但又不能过紧。不要用电线、铁丝等直径细的物品止血。如有止血带，可用止血带止血，如无止血带可用布带。上肢出血时，止血带应放在上臂的中上段，不可放在下 1/3 或肘窝处，以防损伤神经。下肢止血时，止血带宜放在大腿中段，不可放在大腿下 1/3、膝部或腿上段。上止血带时，要放置衬垫。上止血带的时间上肢不超过 1 小时，下肢不超过 1.5 小时。

(3)包扎

对骨折伴有伤口的患者，应立即封闭伤口。最好用清洁、干净的布片、衣物覆盖伤口，再用布带包扎；包扎时，不宜过紧也不宜过松，过紧会导致伤肢缺血坏死，过松则起不到包扎作用，同时也起不到压迫止血的作用。如有骨折端外露，注意不要将骨折端放回原处，应继续保持外露，以免引起深度感染。

(4)上夹板

尽可能保持伤肢固定位置，不要任意牵拉或搬运患者。固定的器材最好用夹板，如无夹板可就地取材用树枝、书本等固定。在没有合适器材的情况下，可利用自身固定，如上肢可固定在躯体上，下肢可利用对侧固定，手指可与邻指固定。

(5)搬运伤员

单纯的颜面骨折、上肢骨折，在做好临时固定后可搀扶伤员离开现场。膝关节以下的下肢骨折，可背运伤员离开现场。颈椎骨折，可一人双手托住枕部、下颌部，维持颈部伤后位置，另两人分别托起腰背部、臀部及下肢移动。胸腰椎骨折，则需要一人托住头颈部，另两人分别于同侧托住胸腰段及臀部，另一人托住双下肢，维持脊柱伤后位置移动。髋部及大腿骨折，需要一人双手托住腰及臀部，伤员用双臂抱住救护者的肩背部，另一人双手托住伤员的双下肢移动。伤员在车上宜平卧，如遇昏迷患者，应将其头偏向一侧，以免呕吐物吸入气管，发生窒息。

(二)蛇咬伤和毒虫蜇伤

1.被毒蛇咬伤的处理常识

在旅游途中，如果不幸有旅游者被毒蛇咬伤，导游应该马上进行紧急处理，处理得越快越早，效果就越好。

(1)导游要让伤者冷静下来，千万不要走动。被毒蛇咬伤后，如果跑动或有其他剧烈动作，则血液循环加快，蛇毒扩散吸收也同时加快。

(2)给伤者包扎伤口。导游应该马上用绳、布带或其他植物纤维在伤口上方超过一个关节处结扎。动作必须快捷，不能结扎得过紧，阻断静脉回流即可，而且每隔15分钟要放松一次，以免组织坏死。然后用手挤压伤口周围，将毒液挤出，等伤口经过清洗、排毒，再经过内服外用有效药物半小时后，方可去除包扎。

(3)帮助伤者冲洗伤口。用清水冲洗伤口的毒液，以减少吸附。有条件的话用高锰酸钾溶液冲洗伤口，这样效果更好。

(4)扩大伤口排毒。用小刀按毒牙痕的方向切纵横各1厘米的十字形口，切开至皮下即可，再设法把毒素吸出或挤出。一直到流血或吸出的血为鲜红色为止，或者局部皮肤由青紫变成正常为止。在不切开伤口的前提下，可努力破坏蛇毒，使其失去毒性。

（5）用凉水浸祛毒素。帮助伤者将伤口置于流动的水或井水中，同时清洗伤口。

（6）进行初步处理后，应及时送伤者去医院治疗。

2. 被毒虫蜇伤的处理常识

（1）蝎子蜇伤

蝎子伤人会引起伤者局部或者全身的中毒反应，还会出现剧痛、恶心、呕吐、烦躁、腹痛、发烧、气喘，重者可能出现胃出血，甚至昏迷，儿童可能因此而中毒死亡。蝎子伤人的急救方法与毒蛇咬伤的处理方法大致相同。不同之处是由于蝎子毒是酸性毒液，冲洗伤口时应该用碱性肥皂水反复冲洗，这样可以中和毒液，然后把红汞涂在伤口上。如果旅游者中毒严重，导游应该立即送其去医院抢救。

（2）蜈蚣刺伤

旅游者在野外、山地旅游或露天扎营过夜时，有可能被蜈蚣刺伤，刺伤后一般有红肿热痛现象，可发生淋巴管炎和淋巴结炎。严重中毒时会出现发烧、恶心、呕吐、眩晕、昏迷。一般来说，出现这种情况对成人无生命危险，但儿童可能会中毒死亡。蜈蚣毒性同蝎毒一样是酸性毒液，可用肥皂水或石灰水冲洗中和，然后口服蛇药片，对较轻的蜈蚣刺伤，可用牛鼻上的汗水涂擦伤口，或剪下一撮受伤者的头发烧着后烟熏伤口，均有不错的疗效。

（3）毒蜘蛛咬伤

毒蜘蛛的毒性很大，可能导致肿痛、头昏、呕吐、虚脱，甚至死亡。毒蜘蛛咬伤的急救方法与毒蛇咬伤的急救方法相同。

（4）蜂蜇伤

被蜂蜇受伤以后，有的几天后自愈，有的则出现生命危险。被黄蜂蜇伤后，导游应该帮助伤者轻轻挑出蜂刺，注意千万不能挤压伤口，以免毒液扩散。因为黄蜂、马蜂、胡蜂的毒为碱性毒液，可以用醋清洗伤口。被其他蜂，如蜜蜂等蜇伤后，导游要帮助旅游者先将伤口内的刺挤出来，再用肥皂水清洗。

四、安全常识

（一）高原旅游安全知识

高原一般是指地势在海拔 2700 米左右高度的地区。由于到达这一高度时，气压低、空气干燥、含氧量少，人体会产生高原反应。

1. 症状与体征

高原反应即急性高原病，是人到达一定海拔后，身体为适应因海拔而造成的气压低、含氧量少、空气干燥等的变化，而产生的自然生理反应，海拔一般达到 2700 米左右时，就会有高原反应。在进入高原后，如果出现了下列症状，应考虑已经发生高原反应：

（1）头部剧烈疼痛、心慌、气短、胸闷、食欲不振、恶心、呕吐、口唇指甲发绀。

（2）意识恍惚，认知能力骤降。主要表现为计算困难，可在未进入高原之前做一道简单的加法题，记录所用时间，在出现症状时，重复做同样的计算题，如果所用时间比原先延长，说明已经发生高原反应。

（3）出现幻觉，感到温暖，常常无目标地跟随在他人后面行走。

2. 处理常识

（1）在高原上动作要缓，尤其是刚刚到达的时候要特别注意，不可疾速行走，更不能跑步或奔跑，也不能做体力劳动。

（2）不可暴饮暴食，以免加重消化器官负担，不要饮酒和吸烟，多食蔬菜和水果等富含维生素的食品，适量饮水，注意保暖，少洗或不洗澡以避免受凉感冒和消耗体力。

（3）进入高原后要不断少量喝水，以预防血栓。一般每天需补充 4000 毫升液体。因湿度较低，嘴唇容易干裂，除了喝水，还可以外用润唇膏改善症状。

（4）学会腹式呼吸，即在行走或攀登时将双手置于臀部，使手臂、锁骨、肩胛骨及腰部以上躯干的肌肉做辅助呼吸，以增加呼吸系统的活动能力。

（5）尽量避免将皮肤裸露在外，可以戴上防紫外线的遮阳镜和撑遮阳伞，在可能暴露的皮肤上涂上防晒霜。

（6）高原反应容易导致失眠，可以适当服用安定保证睡眠，以及时消除疲劳，保证旅游顺利进行。

（7）提前服用抗高原反应药，如红景天、高原康、高原安等，反应强烈时，可以通过吸氧来缓解。

（二）沙漠旅游安全知识

（1）行前导游应了解当地的有关情况，如气候、植被、河流、村庄、道路等，规划好旅游线路，在确保安全的情况下制订出可行的旅游方案。

（2）告知旅游者在出发前穿上防风沙衣服和戴上纱巾，脸上搽上防晒霜，戴太阳镜和遮阳帽，穿上轻便透气的高帮运动鞋，以防风沙。

（3）告知旅游者在沙漠旅游中不要走散，一旦走散后迷失了方向，不要慌张，也不要乱走，应在原地等待救援。

（4）若在沙漠旅游中遇到沙暴，要带领旅游者避开风的正面，千万不要到沙丘背风坡躲避，否则有被沙暴掩埋的危险。

（三）冰雪旅游安全知识

（1）在滑雪前，导游应告知旅游者佩戴好头盔、护臂、护腕和护膝，穿戴好滑雪服，滑雪服最好选用套头式，上衣要宽松，以利于滑行动作；衣物颜色最好与雪面白色有较大反差，以便他人辨认和避免相撞；佩戴好合适的全封闭保护眼镜，避免阳光反射及滑行中冷风对眼睛的刺激；佩戴好头盔、护臂、护腕和护膝。

（2）在滑雪前，导游还应告知旅游者做好必要的防护措施，如检查滑雪板和滑雪杖有无折裂的地方，固定器连接是否牢固，选用油性和具有防紫外线作用的防护用品，对易受冻伤的手脚、耳朵做好保护措施等。

（3）进入滑雪场后，导游应叮嘱旅游者严格遵守滑雪场的有关安全管理规定，向滑雪场工作人员了解雪道的高度、坡度、长度和宽度及周边情况，告知旅游者根据自己的滑雪水平选择相应的滑道，注意循序渐进，量力而行，要按教练和雪场工作人员的安排和指挥去做，不要擅自到技术要求高的雪区去滑雪；注意索道开放时有无人看守，若没有人看守，切勿乘坐。

（4）告知旅游者在滑雪过程中，要注意与他人保持一定的距离，不要打闹，以免发生碰撞；滑雪人数较多时，应调节好速度，切勿过快过猛。

（5）若需在雪道上行走或停留时，应避免停留在雪道中间或视线易受阻的地方，应选择停留在雪道的两侧边缘。

（四）漂流安全知识

（1）在上船之前，导游应告知旅游者不要携带现金和贵重物品，仔细阅读漂流须知，听从工作人员安排，穿好救生衣，根据需要戴好安全帽。

（2）告知旅游者在水上漂流中不要做危险动作，不要打闹，不要主动去抓水上的漂浮物和岸边的草木石头，不要自作主张随便下船。

（3）告知旅游者漂流中一旦落水，千万不要惊慌失措，因为救生衣的浮力足以将人托浮在水面上，静心等待工作人员和其他旅游者前来救援。

（五）温泉旅游安全知识

1. 不适宜泡温泉的情形

（1）癌症、白血病患者，不宜泡温泉，以防刺激新陈代谢，加速身体衰弱。

（2）皮肤有伤口、溃烂或真菌感染如香港脚、湿疹的患者，都不适合泡温泉，以免引起伤口恶化。过敏性皮肤疾病患者也不适合浸泡在高温的泉水中，以免由于加速皮肤水分蒸发、破坏皮肤保护层而引发荨麻疹。

（3）女性生理期来时或前后，怀孕的初期和末期，最好不要泡温泉。

（4）睡眠不足、熬夜之后、营养不良、大病初愈等身体疲惫状态下，不适合泡温泉，以免因为突然接触过高温度引起脑部缺血或休克。

2. 泡温泉的注意事项

（1）高血压和心脑血管疾病患者，在规则服药或经医生允许的前提下，可以泡温泉，但以每次不超过 20 分钟为宜。并注意：入水前，先用温泉水缓慢地擦拭身体，待适应后再进入，以免影响血管正常收缩；出水时，缓慢起身，以防因血管扩张、血压下降导致头昏眼花而跌倒，诱发脑中风或心肌梗死。

（2）糖尿病患者在血糖控制较好、体征比较稳定的情况下，可以泡温泉。如果血糖不稳定，会因为在温泉中容易出汗，造成脱水，引起血糖变化。此外，大多数糖尿病患者，都伴有周围神经病变，手掌、脚掌感觉异常，温度敏感度较差，容易因为长久浸泡造成烫伤而不知。

（3）空腹或太饱时不宜入浴，以免出现头晕、呕吐、消化不良、疲倦等症状。

（4）入水时，应从低温到高温，逐次浸泡，每次 15~20 分钟即可。

（5）泡温泉的时间，应根据泉水温度来定，温度较高时，不可长久浸泡，以免出现胸闷、口渴、头晕等症状。

（6）泡温泉时，应多喝水，随时补充流失的水分。

（7）泡温泉时，由于脸上的毛孔会释放大量自由基而损伤皮肤，最好敷上面膜或用冷毛巾敷面，同时闭上双眼，以冥想的心情，配合缓慢的深呼吸，真正舒缓身心压力。

（8）泡温泉时，如果感觉身体不适，应马上离开，不可勉强继续。

3. 泡后注意事项

（1）泡完温泉后，一般不必再用清水冲洗，但如果是浸泡较强酸性或硫化氢含量高的温泉，则最好冲洗，以免刺激皮肤，造成过敏。

（2）泡温泉后要注意保暖，迅速擦干全身，特别是腋下、胯部、肚脐周围和四肢皮肤的皱褶处，及时涂抹滋润乳液，锁住皮肤水分。

（3）泡温泉后，人体水分大量蒸发，应多喝水补充。

（六）研学旅行安全知识

研学旅行是由教育行政部门规划、学校有计划地组织安排，通过集体旅行、集中食宿方式开展的研究性学习和旅行体验相结合的校外教育活动。研学旅行的对象是中小学生，研学旅行是以提升其素质为教学目的，依托旅游吸引物等社会资源，进行体验式教育和探究性学习的一种教育旅游活动，有助于促进参与对象自理能力、创新能力和实践能力的提升。

研学旅行产品按照资源类型分为知识科普型、自然观赏型、体验考察型、励志拓展型、文化康乐型。

知识科普型：主要包括各种类型的博物馆、科技馆、主题展览、动物园、植物园、历史文化遗产、工业项目、科研场所等资源。

自然观赏型：主要包括山川、江、湖、海、草原、沙漠等资源。

体验考察型：主要包括农庄、实践基地、夏令营营地或团队拓展基地等资源。

励志拓展型：主要包括红色教育基地、大学校园、国防教育基地、军营等资源。

文化康乐型：主要包括各类主题公园、演艺影视城等资源。

研学旅行活动参与者的特殊性和活动范围的广阔性决定了研学旅行安全的特殊性，研学旅行安全问题是影响研学旅行质量的首要问题。研学旅行的安全防范常识，贯穿于研学旅行的前期准备、过程组织以及后期跟踪的整个周期的安全管理中。

1. **研学活动开展前的安全协助**

（1）为确保研学活动安全，导游应配合活动学校成立安全工作组，工作组包括但不限于交通安全组、住宿安全组、饮食安全组、活动安全组、医疗后勤组等，并明确各小组的具体分工、责任人和职责。

（2）导游应结合研学活动学校的实际情况，协助活动学校制订研学旅行安全应急预案，明确应急事故的处理程序和方式。

（3）导游应在研学活动开展前到活动学校召开研学旅行活动行前说明会，提供安全防控教育知识读本，对学生进行行前安全教育。

（4）导游应提前熟悉研学活动地点，进行实地勘查，制定安全合理的活动路线和方案，以确保活动安全。

（5）导游应以安全、卫生和舒适为基本要求，提前对住宿营地进行实地考察，并提前将住宿营地相关信息告知学生和家长，以便他们做好相关准备工作。

2. **研学活动进行中的防范**

（1）导游要加强交通服务环节的安全防范，向学生宣讲交通安全知识和紧急疏散要求，组织学生有序乘坐交通工具，在交通运送过程中随机开展安全巡查工作，提醒学生系好安全带，并在学生上、下交通工具时清点人数，防范出现滞留或走失情况。

（2）入住研学营地或饭店时，导游应详细告知学生注意事项，宣讲住宿安全知识，带领学生熟悉安全通道，并根据制订的住宿安全管理制度，开展巡查、夜查工作。

（3）导游应同活动学校一起提前制订学生就餐座次表，组织学生有序就餐，在学生用餐时做好巡查工作，并督促餐饮服务提供方按照有关规定，做好食物留样工作。

（4）导游要认真组织、有序地开展研学活动。活动中导游应将安全知识作为导游讲解服务的重要内容，并通过各种形式加强对学生的安全教育，以提高学生的安全防范意识，让学生掌握自护、自救、互救等安全防范的知识和技能。

（5）活动结束后，导游要组织学生在规定的地点按时集合，认真清点人数并上报，组织学生有序上车，导游应与跟班老师一同跟车回校，待学生家长接到学生后方能离开。

五、时差、温度与度量衡换算

（一）时差

1. 国际标准时间

英国格林尼治天文台每天播报的时间被称为国际标准时间，即“格林尼治时间”。

2. 地方时

人们在日常生活中所用的时间是以太阳通过天体子午线的时刻——“中午”作为标准来划分的。每个地点根据太阳和子午线相对位置确定的本地时间即为“地方时”。地球每 24 小时自转一周（360°），每小时自转 15°。自 1884 年起，国际上将全球划分为 24 个时区，每个时区的范围为 15 个经度，即经度相隔 15°，时间相差 1 小时。以经过格林尼治天文台的零度经线为标准线，从西经 7 度半到东经 7 度半为中区（称为 0 时区）。然后从中区的边界线分别向东、西每隔 15° 划 1 个时区，东西各有 12 个时区，而东、西 12 区都是半时区，合起来称为 12 区。各时区都以该区的中央经线的“地方时”为该区共同的标准时间。

3. 北京时间

北京位于东经 116°24′，划在东 8 区，该区的中央经线为东经 120°，因此，“北京时间”是以东经 120° 的地方时作为标准时间。中国幅员辽阔，东西横跨经度 64 °，跨 5 个时区（从东五区到东九区），为了统一，以“北京时间”作为全国标准时间。

4. 时差换算

时差换算公式：甲乙两地的时区差 = 两地时区数相加减（甲乙两地同在东时区或同在西时区用“–”，甲乙两地一个在东时区另一个在西时区时用“+”）。

如北京在东 8 区，伦敦在 0 时区，则 8–0=8，即相隔 8 个时区，时差为 8 小时。北京 12 时，伦敦为 12–8=4 时。

如北京在东 8 区，开罗在东 2 区，则 8–2=6，即相隔 6 个时区，时差为 6 小时。北京 12 时，开罗为 12–6=6 时。

如北京在东 8 区，悉尼在东 10 区，则 10–8=2 时，即相隔 2 个时区，时差为 2 小时。北京 12 时，悉尼为 12+2=14 时。

如北京在东 8 区，纽约在西 5 区，则 8+5=13 时，即相隔 13 个时区，时差为 13 小时。北京 12 时，纽约为 12–13=–1 时（前日 23 时）。

如北京在东 8 区，洛杉矶在西 8 区，则 8+8=16 时，时差为 16 小时。北京 12 时，洛杉矶为 12–16=–4 时（前日 20 时）。

时刻换算公式：甲地时刻 = 乙地时刻 ± 甲乙两地的时区差（甲在乙东则“+”，甲在乙西则“–”）。

表 9–4 和表 9–5 分别表示的是北京 12 时时世界主要城市的当地时间与时差情况。

表 9–4 北京时间 12 时与世界主要城市当地时间对照表

城市	当地时间	城市	当地时间
加拉加斯	23：00	雅典	6：00
纽约	23：00	法兰克福	5：00
多伦多	23：00	柏林	5：00
芝加哥	22：00	巴黎	5：00
墨西哥城	22：00	布鲁塞尔	5：00
丹佛	21：00	阿姆斯特丹	5：00
洛杉矶	20：00	马德里	5：00
安克雷奇	19：00	罗马	5：00
夏威夷	18：00	雅加达	11：30
	（以上时间为前一天的）	新加坡	11：30
惠灵顿	16：00	曼谷	11：00

续表

城市	当地时间	城市	当地时间
悉尼	14：00	河内	11：00
东京	13：00	金边	11：00
首尔	13：00	乌兰巴托	11：00
中国香港	12：00	仰光	10：30
马尼拉	12：00	新德里	9：00
布加勒斯特	6：00	孟买	9：00
安卡拉	6：00	卡拉奇	9：00
赫尔辛基	6：00	迪拜	8：00
开普敦	6：00	德黑兰	7：00
内罗毕	7：00	莫斯科	7：00
巴格达	7：00	利雅得	7：00
达累斯萨拉姆	7：00	斯德哥尔摩	5：00
开罗	6：00	布达佩斯	5：00
维也纳	5：00	伦敦	4：00
日内瓦	5：00	阿尔及尔	4：00
苏黎世	5：00	达喀尔	4：00
华沙	5：00	里约热内卢	1：00
		布宜诺斯艾利斯	1：00

资料来源：徐堃耿．导游概论［M］．北京：旅游教育出版社，1999.

表 9-5　北京与世界主要城市时差表

北京 0 时与世界主要城市相比。“+”表示比北京时间早，“−”表示比北京时间晚。各地时间均为标准时间。

城市名称	时差数	城市名称	时差数
中国香港、马尼拉、中国澳门、吉隆坡	0	开罗、开普敦、索菲亚	−6

续表

城市名称	时差数	城市名称	时差数
首尔、东京、平壤	+1	斯德哥尔摩、柏林、巴黎、日内瓦、华沙、布达佩斯、维也纳、罗马	−7
悉尼、堪培拉、布里斯班、墨尔本	+2		
惠灵顿	+4	伦敦、阿尔及尔、达喀尔	−8
新加坡、雅加达	−0.5	布宜诺斯艾利斯、里约热内卢	−11
河内、金边、曼谷、乌兰巴托	−1	纽约、华盛顿、渥太华、多伦多	−13
仰光	−1.5	芝加哥、墨西哥城	−14
新德里、孟买	−2.5	洛杉矶、温哥华	−16
迪拜	−4	夏威夷（檀香山）	−18
莫斯科、巴格达、科威特	−5		

资料来源：徐堃耿．导游概论［M］．北京：旅游教育出版社，1999.

（二）温度换算

温度的测算标准有两种：摄氏度℃和华氏度 °F。在我国，习惯以摄氏度测算温度。二者间的换算公式也有两种。

第一种：

（1）摄氏度℃ = 5 ÷ 9 ×（°F − 32）

例如，将 90 华氏度换算成摄氏度数：

5 ÷ 9 ×（90 − 32）= 5 ÷ 9 × 58 = 32.2

即：90 华氏度等于 32.2 摄氏度

（2）华氏 °F = ℃ × 9 ÷ 5 + 32

例如，将 30 摄氏度换算成华氏度数：

30 × 9 ÷ 5 + 32 = 54 + 32 = 86

即：30 摄氏度等于 86 华氏度

第二种：

（1）计算摄氏度数 =（华氏度数 − 32）÷ 1.8

如上例，摄氏度数 =（90 − 32）÷ 1.8 = 32.2

（2）计算华氏度数 =（摄氏度数 × 1.8）+ 32

如上例，华氏度数 =(30 × 1.8)+ 32 = 86

（三）度量衡换算

世界上的度量衡有公制和英美制，中国还有市制，虽然它们之间的换算比较复杂，但是导游在工作中会经常遇到此类的换算问题，所以应该了解常用的度量衡换算。

表 9-6 长度换算（一）

公制	中国市制	英美制	英制
公里（千米）	市里	英里	海里
1	2	0.6214	0.539 96
0.5	1	0.3107	0.269 98
1.609 34	3.2187	1	0.868 42
1.853	3.706	1.1515	1

注：英制 1 海里 =6080 英尺（实用通常为 6000 英尺 = 纬度的 1/60）

美制 1 海里 =（国际海里）=6076 英尺（1954 年 7 月 1 日起美国改用国际海制）

表 9-7 长度换算（二）

公制		中国市制	英美制		
米	厘米	尺	码	英尺	英寸
1	100	3	1.0936	3.2808	39.37
0.01	1	0.03	0.010 94	0.032 81	0.3937
0.3333	33.33	1	0.3645	1.094	13.123
0.9144	91.44	2.743	1	3	36
0.3048	30.48	0.9144	0.3333	1	12
0.0254	2.54	0.0762	0.0278	0.0833	1

表 9-8 容（体）积换算（一）

公制	中国市制	英制	美制
升	升	（英）加仑	（美）加仑
1	1	0.22	0.264
4.546	4.546	1	1.201
3.785	3.785	0.833	1

表 9-9 容（体）积换算（二）

公制		英美制			中国市制
立方米	立方厘米	立方码	立方英尺	立方英寸	立方尺
1	1 000 000	1.308	35.3147	61 023.7	27
0.000 001	1	0.000 001 3	0.000 04	0.061 02	0.000 027
0.764 56	764 555	1	27	46 656	20.643
0.028 32	28 317.016	0.037	1	1728	0.764 55
0.000 016	16.3871	0.000 02	0.000 58	1	0.000 44
0.037	37 037	0.0484	1.308	2260.137	1

表 9-10 重量换算

公制		英美制常衡		英美制金衡或药衡		中国市制
千克	克	磅	盎司	磅	盎 司	两
1	1000	2.204 62	35.2736	2.679 227	32.150 72	20
0.001	1	0.0022	0.035 274	0.002 679 2	0.032 15	0.02
0.453 59	453.592	1	16	1.215 277 7	14.583 332 4	9.072
0.028 35	28.3495	0.0625	1	0.075 954 86	0.911 458 33	0.567
0.373 24	373.2418	0.822 857 14	13.1657	1	12	7.465
0.031 103	31.1035	0.068 571 43	1.097 142 8	0.083 33	1	0.622
0.05	50	0.110 23	1.763 68	0.133 96	1.607 52	1

注：宝石 1 克拉 =0.2 克；1 金衡盎司 =155.5 克拉

表 9-11　面（地）积换算

公制	中国市制	英美制	公制		中国市制	英美制
平方千米（公里）	平方里	平方英里	公顷	公亩	亩	英亩
1	4	0.3861	100	10 000	1500	247.106
0.25	1	0.0965	25	2500	375	61.78
2.59	10.36	1	259	25 900	3885	640
0.01	0.04	0.003 861	1	100	15	2.471
0.0001	0.0004	0.000 039	0.01	1	0.15	0.0247
0.000 67	0.002 667	0.000 257	0.0667	6.667	1	0.165
0.004 05	0.016 187	0.001 56	0.4047	40.468	6.07	1

注：1 公顷 =10 000 平方米；1 亩 =666.67 平方米

随堂练　　　文本

参考文献

[1]熊剑平，袁俊 . 导游业务［M］. 武汉：武汉大学出版社，2004.

[2]熊剑平，董继武 . 导游业务［M］. 武汉：华中师范大学出版社，2006.

[3]熊剑平，李志飞，张贞冰 . 导游学：理论 · 方法 · 实践［M］. 北京：科学出版社，2007.

[4]熊剑平，刘承良，章晴 . 成功导游素质与修炼［M］. 北京：科学出版社，2008.

[5]熊剑平，章晴 . 导游理论与实务［M］. 上海：上海交通大学出版社，2011.

[6]熊剑平 . 导游实务与案例［M］. 武汉：湖北教育出版社，2014.

[7]湖北省旅游局人事教育处 . 导游业务［M］. 武汉：华中师范大学出版社，2006.

[8]国家旅游局人事劳动教育司 . 导游业务［M］. 北京：旅游教育出版社，2005.

[9]陈乾康 . 导游实务［M］. 北京：中国人民大学出版社，2006.

[10]问建军 . 导游业务［M］. 北京：科学出版社，2005.

[11]杜炜，张建梅 . 导游业务［M］. 北京：高等教育出版社，2002.

[12]刘峰 . 现代导游职业技能自我提升实用指南［M］. 北京：中国旅游出版社，2008.

[13]胡静 . 实用礼仪教程［M］. 武汉：武汉大学出版社，2003.

[14]佟瑞鹏，孙超 . 旅游景区事故应急工作手册［M］. 北京：中国劳动社会保障出版社，2008.

[15]郭书兰 . 导游原理与实务［M］. 大连：东北财经大学出版社，2002.

[16]侯志强 . 导游服务实训教程［M］. 福州：福建人民出版社，2003.

[17]赵湘军 . 导游学原理与实践［M］. 长沙：湖南人民出版社，2003.

[18]陶汉军，黄松山 . 导游服务学概论［M］. 北京：中国旅游出版社，

2003.

[19]王连义 . 海外旅游领队 20 谈［M］. 北京：旅游教育出版社，1990.

[20]王连义 . 怎样做好导游工作［M］. 北京：中国旅游出版社，1997.

[21]王连义 . 导游技巧与艺术［M］. 北京：旅游教育出版社，2002.

[22]王连义 . 幽默导游词［M］. 北京：中国旅游出版社，2003.

[23]蒋炳辉 . 导游带团艺术［M］. 北京：中国旅游出版社，2001.

[24]蒋炳辉 . 导游人员带团 200 个怎么办［M］. 北京：中国旅游出版社，2002.

[25]韩荔华 . 导游语言概论［M］. 北京：旅游教育出版社，2000.

[26]韩荔华 . 实用导游语言技巧［M］. 北京：旅游教育出版社，2002.

[27]帕特里克·克伦 . 导游的成功秘诀［M］. 北京：旅游教育出版社，1989.

[28]导游服务规范 . 中华人民共和国国家标准（GB/T 15971—2023）.

[29]导游管理办法 . 中华人民共和国国家旅游局令〔2017〕第 44 号 .

[30]导游人员管理条例（2017 年修正版）. 中华人民共和国国务院令〔2017〕第 687 号 .

[31]旅行社条例（2020 年修正版）. 中华人民共和国国务院令〔2020〕第 732 号 .

[32]旅行社条例实施细则（2016 年修正版）. 中华人民共和国国家旅游局令〔2016〕第 42 号 .